亨利·福特家族传

陈润 黄伟芳 著

HENRY FORD
FAMILY'S BIOGRAPHY

http://www.hustp.com

中国·武汉

图书在版编目(CIP)数据

亨利·福特家族传 / 陈润，黄伟芳著. —武汉：华中科技大学出版社，2019.3（2024.4 重印）
（全球财富家族传记系列）
ISBN 978-7-5680-4811-8

Ⅰ. ①亨… Ⅱ. ①陈… ②黄… Ⅲ. ①福特（Ford，Henry 1863—1947）—家族—传记 Ⅳ. ①K837.120.9

中国版本图书馆CIP数据核字（2018）第289961号

亨利·福特家族传　　　　　　　　　　　　　　　陈　润　黄伟芳　著
Henglifute Jiazuzhuan

策划编辑：亢博剑　娄志敏
责任编辑：娄志敏
责任校对：刘　竣
封面设计：三形三色
责任监印：朱　玢
出版发行：华中科技大学出版社（中国·武汉）　　电话：（027）81321913
　　　　　武汉市东湖新技术开发区华工科技园　　邮编：430223
印　　刷：武汉科源印刷设计有限公司
开　　本：710mm×1000mm　　1/16
印　　张：17
字　　数：233千字
版　　次：2024年4月第1版第7次印刷
定　　价：39.80元

本书若有印装质量问题，请向出版社营销中心调换
全国免费服务热线：400-6679-118　竭诚为您服务
版权所有　侵权必究

前言

众所周知,世界上第一辆汽车诞生于二十世纪末的欧洲,然而真正让汽车驶入千家万户,为世界装上轮子的却是美国福特汽车公司。福特汽车公司自1903年成立起,就在汽车行业风生水起,一举成为世界汽车市场上的巨无霸企业。

福特存在的意义,在于它对汽车行业所起到的值得彪炳史册的推动作用,在于它在当今汽车市场上难以撼动的王者地位,更在于它所缔造的百年家族传承奇迹。由亨利·福特而始,福特家族的辉煌与荣耀已经延续百年,在美国乃至全球商业史上都留下了浓墨重彩的一笔。

在全球商业史上,很少有企业能像美国福特集团一样,只凭借着一个家族的控制与管理,就让如此庞大的公司维持上百年。福特汽车公司经历了一百多年的风风雨雨、起起落落,但一直在努力成长,这离不开福特家族专注而持久的家族传承理念。

作为一个超级家族,福特家族成员众多,不可避免地存在大家族通常会有的复杂关系问题,然而,福特家族却在几次领导核心接班中均实现了顺利衔接,很少出现"兄弟阋墙""手足相残"的局面,根源在于福特家族成员之间的团结和礼让是其家庭教育的核心。对外,他们始终保持着浓厚的家族观念,在面临整个家族利益时,他们的观点通常会保持高度一致。

为了维护家族感情,调节家族成员之间的利益,尽量避免冲突与分歧,促进彼此之间的沟通,多年来,福特家族形成了一套富于特色且颇有成效的制度,也建立了若干常设机构。

首先,在福特家族内部,所有人都达成了家丑尽量不外传的共识。大家尽力维护自己也维护别人的隐私,董事会成员与公司管理层基本上谢绝一切有关内部矛盾的媒体采访,如今福特家族已经有第六代了,但即使是稚嫩小儿,也懂得在外人面前对家事守口如瓶。

其次,福特家族在迪尔伯恩专门设立了一个家庭办公室,通过这个家庭办公室,家族成员可以互通情报,针对各种问题进行沟通。当家族成员出现个人问题,甚至本人或小家庭出现了困难,也可向家庭办公室寻求帮助。家庭办公室每季度出版一本家族专刊,与其他家族类刊物不同之处在于,它除了传递家族内部信息,还特地通报可以让大家知道的公司最新经济季度报表等要闻。

再次,福特家族还有一个传统:每隔两年,家族成员会在特定时间到公司总部聚会,会后还轮流到部分成员家里参加宴会或舞会,有时也会一起参加乡间风味十足的夜总会活动。通过这些传统活动,家族成员之间的亲情得到了维系和增强。

开明的接班制度也是这个百年大家族始终兴盛的秘密。福特家族的接班制度是,在家族成员中如果有适合的人选,就尽量选用家族成员作为继承者,并由忠诚而且能干的"老臣"辅佐;如果家族成员中无人能担当重任,就从职业经理人或者助手中培养接班人。

福特家族已经传承了上百年,成功打破了"富不过三代"的魔咒,其优秀的经验和方法值得当今中外所有的家族企业学习与借鉴。福特家族之所以能成就百年基业,正是因为不执着于权力的家族内部传承。无论是亨利·福特严格培养埃德塞尔·福特,还是亨利·福特二世选择"外人"菲利普·考德威尔作为接班人,这个家族始终都明白,一个不合格的领导者会给公司带来难以挽回的损失，甚至动摇这一家族赖以生存的根基。因此，无论家族内外，永远只选最适合的人接班。

在中国传统文化中，家族制度是一个非常重要的组成部分，而血缘关系和"家本位"则是家族制度的重中之重。与西方个人主义文化追求个人价值的实现不同的是，中国传统的家族文化要求每个家族成员都必须为家业而奋斗，家族所有权的持续性导致了对控制权的强化。所以，在这一制度下，家族企业创始人不愿意交出"指挥棒"也就不难理解了。很多中国的家族企业，从成立的那天起就烙上了强烈的个人烙印，创始人的价值观和形象与企业堪称骨肉相连、难分彼此。对他们来说，退出企业管理层或者只是考虑安排接班人，就意味着个人时代的终结，需要放弃的不只是权力，还有以往树立起来的威信。因此，他们总是本能地抗拒谢幕那一刻的到来。如果家族下一代扶不起，职业经理人又不敢用，家族企业的百年传承从何谈起？

所幸的是，越来越多的中国家族企业已经开始借鉴如福特家族一般的成熟的家族文化。更多的家族企业开始尝试管理权与经营权的分离，在企业中引入职业经理人，为家族的长期生存做出努力。

像福特家族一样，打破"家本位"思想所带来的桎梏，在尊重亲情与血缘的前提下，以恰当的家族和企业治理制度为保障，在所有权和控制权之间找到一个合理的平衡点，或许这会成为中国家族企业寻找"永续经营"发展道路的一个开始。

目录

第一章 少年的疯狂梦想（1847—1896年）

/001

爱尔兰移民的美国梦 // 002
亨利·福特诞生 // 005
机械迷 // 007
闯荡底特律 // 010
莫尔之地 // 015
疯狂实验 // 019

第二章 汽车王国雏形初成（1896—1913年）

/023

第一次创业以失败告终 // 024
福特汽车公司问世 // 028
"A型车"亮相 // 032
控制权之争 // 036
"T型车"热潮 // 040
专利大战 // 044

第三章 独揽大权（1913—1919年）

/049

"水晶宫"没有秘密 // 050
首创流水线 // 052
5美元和8小时 // 055
与库茨恩斯分道扬镳 // 059

清洗道奇兄弟 // 063

大权在握 // 066

第四章　父子博弈（1919—1926 年）

/ 069

温和的埃德塞尔·福特 // 070

活在父亲的阴影下 // 074

被架空的总裁 // 077

与索伦森对垒 // 080

埃德塞尔的挑战 // 083

收购林肯汽车 // 086

第五章　陷入低谷（1926—1939 年）

/ 091

迎战通用 // 092

重回冠军宝座 // 095

大萧条 // 098

"V8"诞生 // 101

惨淡的欧洲市场 // 104

完善产品线 // 106

第六章　二战岁月（1939—1944 年）

/ 111

纳粹陷阱 // 112

战时军工厂 // 115

柳木场计划 // 118

埃德塞尔之死 // 121

罗斯福访问 // 125

重回总裁之位 // 127

第七章　接班人之争（1944—1947 年）

/
131

亨利·福特二世归来 // 132

哈利·贝内特阴谋 // 136

艰难处境 // 139

寻找盟友 // 141

"逼宫" // 145

权力交接 // 147

第八章　勇敢的开拓者（1947—1949 年）

/
151

亨利·福特离世 // 152

福特的新主人 // 156

"蓝血十杰" // 160

布里奇的到来 // 165

福特新车 // 168

走进新时代 // 171

第九章　多变的权利格局（1949—1960 年）

/
175

本森与林肯 - 水星部 // 176

威廉的大陆车 // 179

钩心斗角 // 183

里斯 - 克鲁索计划 // 188

"雷鸟"的荣耀 // 191

"埃德塞尔"败笔 // 194

第 十 章　巅峰后的危机（1960—1970 年）

/ 199

李·艾柯卡崛起 // 200
"野马之父" // 203
"野马"狂潮 // 207
抢占小型车市场 // 209
危机四伏 // 212
"花马"风波 // 215

第十一章　重新崛起（1970—1998 年）

/ 219

李·艾柯卡时代终结 // 220
寻找接班人 // 223
菲利普·考德威尔的复兴 // 226
大放异彩的"金牛座" // 229
全球收购行动 // 233
卡车撑起半边天 // 236

第十二章　"回到根基"（1998—2017 年）

/ 241

冉冉升起的比尔·福特 // 242
雅克·纳赛尔的陷阱 // 245
费尔斯通轮胎召回案 // 249
百年庆典 // 252
退位让贤 // 255
车轮永远转动 // 258

参考文献 // 262

第一章
少年的疯狂梦想
（1847—1896年）

爱尔兰移民的美国梦

19世纪40年代,对于约翰·福特来说,是一个刻骨铭心的黑暗年代。当时的爱尔兰人只依赖一种作物生存——马铃薯。1845年夏天,爱尔兰人惊恐地发现,马铃薯霜霉病席卷而来,并逐渐蔓延到了整个国家。大量幼苗还没等到收获就烂在了地里,导致马铃薯大面积绝产,一场大饥荒不可避免地降临了。

饥肠辘辘的约翰·福特不知道这场马铃薯病害将会持续多久,眼看着家中的存粮见了底,这位朴实的农民陷入了绝望之中。孩子们因为饥饿而不断发出的哭喊声,更是令他心烦意乱。逃命,成了约翰·福特和其他爱尔兰人唯一的选择。

1847年春天,冒着春寒,约翰·福特和妻子托马辛娜带着孩子们,拖着沉重的行李登上了前往美国的轮船,他们要寻找新生。

对约翰·福特一家来说,此行的目的地——美国并不陌生。早在1832年,福特家族的成员就已经在美洲的土地上留下了脚印。约翰·福特的两个弟弟塞缪尔·福特和乔治·福特踏上北美大陆后,并没有像同乡们一样到一些大城市打工,农民出身的他们怀着对土地的眷恋,乘坐着一辆破旧的牛车,来到了位于底特律西南的小镇迪尔伯恩市,在这里定居了下来。那时的迪尔伯恩市还是一块未经开发的处女地。尽管修建了铁路,还有一条一直延伸到芝加哥的密歇根大道,但大部分地区仍然被茂盛的原始森林覆盖着,

第一章 少年的疯狂梦想（1847—1896年）

狼、狗熊和鹿等动物自得其乐地栖息在这片森林里。在这里，他们依然恪守着庄稼人的本分，在荒郊野地里勤勤恳恳地耕耘，靠着在土地上的点滴辛劳获取在这片陌生的土地上生存下去的资本。

如同一代又一代"拓荒牛式"顽强拼搏的美国人一样，塞缪尔·福特和乔治·福特在这片广袤的原始之地，开辟出了属于自己的一片天地，成为当地首屈一指的富豪。他们经常给约翰·福特写信，在信中，他们满怀激情地描述了美国西海岸廉价的土地、丰茂的森林和自由的生活，每个读到信的人都会受到强烈的感染。因此，约翰·福特一家一直对被称为"移民者和冒险家的乐园"的美国充满了向往。或许在那时，在他们心中，一个"美国梦"已经开始悄然萌芽——在那里，每个人都可以得到机会，只要努力奋斗，都可以实现自己的梦想。

正是在这种梦想的指引下，约翰·福特忍受着在海上颠簸的煎熬，憧憬着未来的新生活，不过，那时的他一定不会想到，多年后，他的家族将会成为美国最显赫、最具实力的财富家族之一，他的孙子亨利·福特缔造的传奇将会在全世界流传。而所有的故事，都由他的这次长途跋涉发源。

对于逃亡的爱尔兰人来说，轮船如同地狱一般，到处都挤满了人，每个角落都堆满了破破烂烂的行李。船舱里不但闷热，而且臭气熏天，成了细菌和蚊虫的"乐土"，它们在这里尽情肆虐，很多人都因此病倒了。托马辛娜本就弱不禁风，此时更是难以抵御病毒的侵袭，登船后不久，她就一病不起。约翰·福特眼睁睁地看着妻子的生命一点一点地流逝，却无能为力。没过多长时间，托马辛娜就撒手人寰，她的身躯，永远地留在了波涛汹涌的大海之中。

历经九死一生后，福特一家终于来到了纽约。

当时，移民美国的大部分爱尔兰人都会被纽约这个繁华的大都市所吸引，选择留在这里，在拥挤的贫民窟里找个安身之所，到当地的工厂打工，赚取微薄的工资养家糊口。但福特一家却显得有些特立独行，他们在约翰·福特的带领下，离开纽约继续西行，辗转来到了迪尔伯恩市，投奔他的弟弟们。

在塞缪尔·福特和乔治·福特的帮助下，约翰·福特一家在迪尔伯恩市定居下来。他花光了自己的全部积蓄——350美元，在这里购买了一块将近500亩的土地，成了一个农场主。凭借着勤劳和能干，约翰·福特不但很快就在迪尔伯恩市扎下根来，还娶妻生子，过上了安宁的生活。

约翰·福特有五个儿子，威廉·福特是他的长子。移民美国时，威廉·福特已经21岁了，母亲不幸离世后，他就成了父亲的得力助手，与父亲一起挑起了家里的重担。农忙时，他和父亲一起不分昼夜地在田地里劳作，清理土地，耕种庄稼，每天披星戴月，不辞劳苦。农闲时，他也闲不住。当时，密歇根中央铁路正在紧锣密鼓的建设中，威廉·福特于是到工地上当木工，尽己所能填补家用。

在一家人齐心协力的努力下，福特一家的生活越来越红火。就在这时，加利福尼亚的一个磨坊中发现了金子，这个消息通过新闻传播开来，一时间，美国沸腾，世界震撼。无数人涌向加利福尼亚"淘金"，农民典押田宅，工人扔下工具，海员把船只抛弃在了港湾，士兵离开了营房，甚至连传教士也离开了布道所。远在迪尔伯恩市的福特一家也感受到了"淘金热"的威力，约翰·福特的儿子们纷纷前往加利福尼亚淘金。

只有威廉·福特留了下来。虽然他也有些心猿意马，但身为长子的责任感还是让他决定留在迪尔伯恩市，与父亲一起经营农场。

威廉·福特的选择是对的。在淘金热潮兴起之初，的确有些幸运儿因掘金而一夜暴富，成为百万富翁，但和所有的繁荣一样，淘金热也会退潮。没几年工夫，轻而易举就能挖到金子的情形不复存在，那些四处勘探金子的淘金者全都销声匿迹、不知所踪。约翰·福特的几个儿子也不例外，他们最后全都没了音信，据说他们都死在了加利福尼亚的一场暴乱之中。

第一章　少年的疯狂梦想（1847—1896年）

亨利·福特诞生

威廉·福特在农场里默默地耕作了将近十年的时间，1861年，在父亲的安排下，他与邻居家一个叫玛丽的女孩结了婚。

约翰·福特的邻居奥赫先生是迪尔伯恩的头面人物，他与塞缪尔·福特和乔治·福特是差不多同一时期来到这个小城镇的。他曾经是一名英格兰军人，驻扎在加拿大，不过，部队枯燥单调的生活令他厌烦不已，便选择了退役。退役后，他从魁北克乘坐轮船辗转来到了迪尔伯恩，在这里白手起家。

半生闯荡，奥赫积攒下了丰厚的家业。但遗憾的是，他和妻子却始终没有自己的孩子。后来，一位叫作威廉·利特戈特的比利时移民在修葺房屋时不小心从屋顶跌落下来，不治身亡，他的四个年幼的孩子从此孤苦无依。奥赫和妻子便好心收养了当时只有三岁的玛丽，并把她视为掌上明珠，对她悉心照料、用心教育。

随着时间的推移，玛丽逐渐出落成一位漂亮的姑娘。她有一头棕色的秀发，脸蛋圆圆的，眼睛乌黑，看上去很招人喜欢。威廉·福特和玛丽的结合虽然是"父母之命"，但两个年轻人却也算得上彼此钟情。1861年，玛丽从苏格兰殖民地学校毕业后，他们就举行了婚礼。

这场婚姻对于威廉·福特有着至关重要的意义。因为它，威廉·福特不仅拥有了一个贤良能干的妻子，还得到了一笔极其慷慨的馈赠——奥赫先生把500亩肥沃的土地以非常低廉的价格转让给了威廉·福特，唯一的条件是要求他与玛丽相伴一生，不得主动提出离婚。威廉·福特毫不犹豫地答应了奥赫先生的要求，并且用自己的一生履行了这个承诺。

19世纪60年代，美国北部的经济发展进入了快车道，在时代洪流的裹挟下，迪尔伯恩也发生了翻天覆地的变化。这座偏居一隅的小城镇，逐渐发展成了一个繁华的工业城市，原本野兽出没的原始森林被推平，变成了铁路、工厂，冶炼厂、制材厂、毛纺厂等，现代工业快速建立起来。

不过，威廉·福特对工业并不感兴趣，他还像以前一样辛勤劳作，积累财产，扩大农场。他把自家房子周围的土地全都买了下来，除了在这块土地上种植小麦和玉米外，还把部分土地开垦成了果园和草地。

自从结婚后，勤劳的玛丽就承担起了一个农妇所能操持的一切家务和农活，与威廉·福特齐心协力建设他们的家。没过多久，他们就建起了属于自己的一栋两层小楼。小楼一共有七个房间，一楼是客厅、客房、起居室和厨房，二楼全部是卧室，地板和墙壁都被粉刷成了玛丽喜欢的白色。

威廉和玛丽的生活看上去如此美满，唯一美中不足的是，他们的第一个孩子在生下来后不久就不幸夭折了。这给威廉和妻子带来了沉重的打击，那段时间，玛丽几乎每天都以泪洗面，威廉也时常伤心不已。

幸运的是，命运之神很快就眷顾了他们。没过多久，玛丽再次怀孕了。1863年7月30号，在一阵阵剧烈的腹痛之后，玛丽生下了一个男孩。

福特家族有一个传统，用长辈的名字给孩子取名，男孩的名字随着家族代代相传。在经过认真考虑后，威廉·福特决定给儿子取名"亨利·福特"，与他的弟弟同名。威廉·福特的弟弟亨利·福特当时已经在加利福尼亚定居，算得上是福特家首屈一指的大人物，不过，与刚呱呱坠地的亨利·福特相比，这位住在加利福尼亚的亨利·福特实在算不上什么大人物，因为，这个躺在襁褓中用好奇的眼睛打量新世界的亨利·福特，就是以后鼎鼎有名的汽车大王。

机械迷

亨利·福特的少年时代是在父亲的农场里度过的。从小，他就对机械有着超乎寻常的兴趣，那些由精巧的齿轮和各种小零件组成的神奇玩意儿令他着迷不已，家里的各种钟表、玩具、机器都难逃他的"魔掌"。每次它们都会被亨利·福特拆得七零八落，这个过程令他无比享受。不过，当他费尽心思再把它们组装起来的时候，却发现不是多了一个螺丝，就是少了一个表针。

因为亨利·福特时常搞破坏，在父亲威廉·福特眼中，他是一个令人头疼不已的捣蛋鬼。这个终日在农场里劳作的农场主不理解为什么一个孩子会对机械如此着迷。他一直认为，作为家里的长子，亨利·福特应该像他一样，把全部心思都放在经营农场上，以便日后接过家族的接力棒。

不过，他的母亲却不同，在她看来，儿子是一个"天生的机械师"，因此，她不但是亨利·福特的支持者，还常常引导他去做自己感兴趣的事情。当亨利·福特做出各种各样的"破坏"行为时，威廉·福特会忍不住大发雷霆，玛丽却始终柔声细语劝慰丈夫，并尽可能为亨利·福特提供帮助。她曾经在厨房里为亨利·福特制作了一个小小的工作台，让他在那里自由地拆装玩具，还鼓励他修理家里的一些坏掉的电器。她把最暖和的房子给亨利·福特住，这样当亨利·福特为了修理那些机械熬到深夜的时候也不会挨冻受冷。她还允许亨利·福特可以晚一点起床，而他的兄弟姐妹们却总要早早起床去做一些力所能及的农活。

12岁那年，母亲送给亨利·福特一只亮闪闪的手表。这是亨利·福特人生中的第一只手表，但这只崭新的手表刚到了亨利·福特手里就结束了它的寿命——他把手表拆掉了，却没法重新安装起来。这之后的日子里，亨利·福特一直想尽办法想把这只手表修好，为了买一些小零件，他常常独自一人走很长的路到附近的底特律去。

用了一年的时间，亨利·福特终于把那只坏掉的手表修好了，而且它还能准确报时，这让他兴奋不已。的确，正如玛丽所言，亨利·福特在机械方面有着特殊的天赋，到15岁的时候，任何坏了的钟表到了他手里都能恢复工作，而他完全无师自通。

不过，他的探索和研究过程却让家人们非常头疼，那段时间，家里人的每只手表都被他大卸八块。他的兄弟姐妹们每次看到他都会迅速躲开，并且把自己的玩具、手表小心翼翼地收起来。只有一个叫阿德夫的德国长工愿意把自己的怀表拿出来给他玩，还耐心地给他讲解怀表的内部构造。

很快，家里的几只钟表已经没办法满足亨利·福特的好奇心了，于是他经常趁着父母不注意的时候溜到附近的钟表店，站在钟表店的柜台前看钟表匠修理钟表。时间长了，钟表师傅注意到了这个"奇怪"的孩子，还和他成了忘年交，不但把一些坏掉的手表送给他，还传授给他很多关于钟表的原理，而且不厌其烦地教他修理钟表的小技巧。

那时，亨利·福特几乎以钟表店为家，常常一待就是整整一天，等到天黑钟表店打烊了才依依不舍地离开。回到家以后，他饭都不吃就把自己关在屋子里，一门心思摆弄那些手表，不断地拆解、组装……每天都要等到天蒙蒙亮才疲惫地睡去。

这个经历让亨利·福特领悟到了一个道理，一个机械师想要真正了解机械的工作原理，最佳途径就是亲自动手去拆解、组装它，一味拘泥于书本知识而忽略动手能力的人，永远都不可能成为出色的机械师。

在少年时代，除了修理坏掉的手表，还有另一件事给亨利·福特留下了深刻的印象，那就是第一次见到蒸汽机车。有一次，他跟着父亲去底特律，在底特律火车站，他看到了一个奇特的庞然大物，在父亲的介绍下，他才知道那是蒸汽机车。他好奇地打量着这个冒着白烟，呜呜作响的机器，这台蒸

第一章 少年的疯狂梦想（1847—1896年）

汽机车看上去很简单，轮子上安装着便携的蒸汽机和汽锅，后面是水箱和煤车箱，有一条链子连接着蒸汽机和上面装了汽缸的马车车架的后轮。一个人正站在汽锅后面的平台上不断地铲煤，观察着活塞的变化并控制着前进的方向。

这是他第一次看到不用马拉的交通工具，当它发动时，那巨大的轰鸣声让他震撼不已。

回家以后，他产生了一个奇思妙想：自己制作一个小型"蒸汽机车"。他立刻开始了自己的实验，先是在厨房里找到两个水壶，又偷偷拿出一对雪橇，把水壶放在雪橇上，然后在一个水壶里面灌满了滚烫的开水，另一个放满了烧得通红的炭。根据他的设想，放满炭的水壶会持续不断地给另一个水壶里的水加热，产生的蒸汽就能驱动雪橇向前走。

这个模拟的蒸汽机车让亨利·福特骄傲不已，他兴致勃勃地把它带到了学校，神气活现地向同学们描述他看到的蒸汽机车是多么神奇，并且用自己的模型为他们演示。他原本期待同学们能看到他制造的奇观，却没想到竟然闯了一场大祸。因为装炭的水壶被他塞得满满的，空气无法流通，于是"轰"的一声爆炸了。水壶的碎片在空中乱飞，他的同学们遭了殃，有的被砸得头破血流，有的被烫得嗷嗷直叫，就连他自己，嘴角也被划得鲜血淋漓。

威廉·福特得知这件事之后，暴怒不已，把他狠狠地打了一顿。玛丽虽然也很生气，却没有过多地斥责他，而是告诉他实验时一定要注意安全，并且要在多次试验，万无一失之后才能向别人展示自己的实验成果。

从那之后，亨利·福特就得到了一个绰号——"疯狂的亨利"。后来，亨利·福特在自己的自传中回忆："那时候我就产生了一个想法：制造一种能够自己行驶的交通工具，让人们驾驶着它，前往世界各个地方。"

玛丽对亨利·福特怀着热切的期望，她不仅耐心教导亨利，还在他五岁半的时候就把他送进了学校读书。在学校里，亨利·福特的表现并不出众，他的注意力总是难以集中到学习上，总是时不时地在课堂上捣蛋、搞破坏，是众所周知的调皮鬼。他喜欢和同桌埃德塞尔·瑞德曼用老师看不懂的"鬼画符"来交流，一起做一些稀奇古怪的事情。因为志趣相投，埃德塞尔·瑞德曼成为他少年时代为数不多的好朋友之一。

母亲是亨利·福特一生中最重要的人，她的教诲令亨利终生难忘。成名之后，福特曾对身边的朋友说："我从母亲那儿学到了现代社会中的生存方法。她教会我，家庭幸福是一个人幸福的开始……她给我勇气，教我忍耐和自律，这是克敌制胜的法宝。她还教导我不要对那些永远无法得到的东西寄予厚望。当我受委屈时，母亲常说，生活会给你带来许多烦恼，你时刻会面临艰难、失败和痛苦，但你必须好好干。你可以有同情，但切记不要同情自己。"

童年幸福，一心钻研机械的亨利·福特并没有预感到，接下来生活会带给他沉重的一击，更没有想到命运之神将在不久之后带走他的母亲。

1876年3月29日，玛丽历尽千辛万苦生下了她和威廉·福特的第九个孩子，然而，这个可怜的婴儿很快就夭折了，更令福特一家伤痛不已的是，在生下孩子十二天之后，玛丽也撒手人寰。

母亲的骤然离世让亨利·福特的世界一下子失去了色彩，对他来说，无忧无虑的生活从此结束了。那些日子里，他性情大变，每天躲在一个小小的角落里黯然神伤。他一直认为这是上帝所做的最大的错事，而这个失去了女主人的家庭"仿佛没有发条的手表一样"。

闯荡底特律

母亲离世后，"疯狂的亨利"变得不再那么疯狂了，他一直郁郁寡欢，

第一章 少年的疯狂梦想（1847—1896年）

对读书的兴趣越来越匮乏，与家人的交流也越来越少。只要一有时间，他就把自己闷在屋子里，不知疲倦地摆弄各种各样的机械，一门心思地沉浸在关于机械的各种构思和遐想中。

对此，威廉·福特忧心忡忡。他想了各种办法，想把儿子从悲痛中拉出来，却收效甚微。他不了解这个在他看来有些古怪的儿子，而亨利·福特也不愿意向他敞开心扉。与此同时，威廉·福特也没有放弃将儿子改造成一个农场主的计划，但尽管他做了很多尝试，却始终没有成功。

相反，他的这些行为反而将儿子推向了另一端，使亨利·福特对农场里的生活越来越厌烦。亨利·福特在自己的自传中曾经回忆："我清楚地记得，当时我的工作主要是照顾家中饲养的奶牛、马、猪和鸡等家畜、家禽。我最讨厌的工作莫过于去鸡舍捡鸡蛋、打扫卫生，那里面的气味实在太糟糕了。但是如果我偷懒的话，立刻就会招来父亲的拳脚相加，可能正是这些原因，让我对农场工作极其厌烦，甚至鸡肉和牛奶都会令我反胃。"

在流经迪尔伯恩的荣格河右岸有一片静谧的小丛林，这是亨利·福特最喜欢的地方。需要静心思考或者心情不好的时候，他就会到这里散步。有时，他的好朋友埃德塞尔·瑞迪曼会陪着他，与他一起聊聊天，他也是当时能和亨利·福特谈心的唯一一个人。一次散步时，亨利·福特告诉埃德塞尔·瑞迪曼，他知道父亲的想法，自己只能让父亲失望，但他并不是自暴自弃的人，他只是觉得，自己在等待着什么。

他究竟在等待什么呢？也许，他在等待一次摆脱枯燥生活的机会；也许，他在等待一种新的生活方式。无论如何，他不愿意再把自己束缚在农场这个方寸之地，不愿意再继续过这种令人厌倦又乏味的生活了。

1879年12月的一个清晨，亨利·福特像往常一样，与妹妹玛格丽特和弟弟约翰一起离开了家。走到一个路口时，他让弟弟妹妹们先去学校，而自己则走上了通往底特律城的密歇根大道。

亨利·福特以这样一种决绝的方式开始了自己的新生活。他想用实际行动告诉父亲,他一定能成为一名优秀的机械师。在很多人看来,亨利·福特的这种做法是一时心血来潮,不过,他的妹妹玛格丽特——这个除了母亲以外唯一了解亨利·福特的亲人,后来谈到此事时说:"我觉得亨利是精心策划了这一步的,因为他总是想好了才去做的,他的动机总是十分明确。"

在密歇根大道上,他搭上了一辆马车。坐在马车上,他就像一个站在桅杆上瞭望无边大海的水手一般,心中充满了对未来人生的憧憬。

底特律,这个福特家族的发迹之地、后来的美国汽车之都,曾拥有一段不平凡的历史。

早在欧洲殖民者到来之前,印第安人已经在这里繁衍生息了数千年。1701年,法国军官安托万·德拉莫特·凯迪拉克发现这里拥有得天独厚的地理条件,于是便以海军大臣蓬查特兰伯爵为名,向法王路易十四递交奏章,恳请他在底特律建设要塞,以便控制伊利湖到圣克莱尔湖之间的狭长水道,与北美另一个殖民大国——英国展开竞争。掠夺成性的路易十四马上同意了他的请求。于是,凯迪拉克在这里建立了底特律河畔蓬查特兰堡。在法印战争期间,英国军队控制了该地区并将地名简化为底特律。要塞建成后,大批法国移民陆续来到这里,底特律逐渐发展成为五大湖地区最早、最大的移民区。

18世纪末,底特律建造了大量镀金时代建筑,并因此被称为"美国的巴黎"。因为占据五大湖水路的战略地位,底特律逐渐成了一个交通枢纽。随着航运、造船以及制造工业的兴起,底特律从19世纪30年代开始稳步成长,并逐渐成为美国最重要的城市之一。

到19世纪70年代,底特律已经成长为一个繁华的工业中心,人口大幅度增长,造船、钢铁制造、化工品生产、金属加工以及各种各样的机械工艺在这个城市中崛起。在底特律的杰斐逊大道两边,可以看到很多机械工厂、红砖仓库和木材堆置场。

到达底特律，亨利·福特做的第一件事就是找一份工作谋生。这对他来说并不难，虽然当时的他只有16岁，但凭借着他多年研究机械积累下来的精湛手艺，他已经算得上是一个熟练技工了。在底特律这样一个工厂林立的工业城市，熟练的技工一点也不必为找不到工作而犯愁。很快，亨利·福特就被密歇根机车公司录用了，而且这家公司给他的工资非常高——日薪1.1美元。这在那个年代已经算是非常高的工资，足可以养家糊口了。

但亨利·福特的第一份工作只持续了六天的时间。不是因为他无法胜任，而是因为他轻而易举地就解决了令很多老员工都一筹莫展的难题，还对机器的传动装置进行了一个小小的革新，提高了机器的工作效率。"木秀于林，风必摧之"，亨利·福特的经历恰好说明了这一点。那些自诩经验丰富的老员工们都觉得颜面尽失，于是他们编造了很多对亨利·福特不利的谣言，还联合起来逼迫厂长将他辞退。虽然厂长认为他是个不可多得的人才，想把他留下，但他更需要其他人，于是，亨利·福特不得不卷起铺盖走人。

"别轻易露出你的全部本领。"离开密歇根机车公司时，母亲的话一直在他的脑海中盘旋。

失去了工作，亨利·福特顿时陷入了困境中。他离家出走时本来就没带多少钱，在底特律租完房子付了房租后，一下子囊中空空。现在工作没了，生活自然难以为继。走投无路时，他只好给父亲写信，向他求助。

收到信后，威廉·福特马上赶到了底特律。在看到亨利·福特已经下定决心远离农场生活后，他终于放弃了将儿子改造成农场接班人的计划。因此，与儿子见面后，威廉·福特没像以前一样对他大加斥责。他先帮亨利·福特偿还了房租，然后又托朋友帮他在一家叫詹姆斯·弗劳尔兄弟公司的工厂找了份实习生的工作。

对这份工作，威廉·福特并不满意。因为每周必须工作60个小时，却只能拿到6美元的工资。不过，为了解决"经济危机"，他还是接受了这份工作。

詹姆斯·弗劳尔兄弟公司是一家生产各种各样的阀门、汽笛、信号钟、消防栓的工厂，亨利·福特在这里学到了很多以前没有掌握的技能，他不但熟悉了各种机器部件，还学会了阅读图纸。不过，在工作半年后，他就向老板递交了辞呈，不只是因为薪水低、工作累，更是因为他觉得在这家工厂已经学不到东西了。年少时的亨利·福特就有着与众不同的见解，在他看来，工资高低并不是最重要的，学习机会才是最重要的。

辞职后的亨利·福特依然面临"经济危机"，为了交每周3美元的房租，他只得每天晚上去钟表行打工。虽然钟表行每晚只有50美分的工资，但这份工作很合他的胃口，他从中得到了很多乐趣。那段时间他开始思考，是否有办法制造出价格更便宜的钟表，让更多的人有能力拥有。他甚至还产生了大批量生产钟表的想法。不过，在精打细算后他发现，扣除材料费和工资，非得日产60万只才能回本！60万只手表卖给谁呢？所以最后他只得放弃了这个想法。

亨利·福特的第三份工作是在底特律船坞机械厂当学徒。底特律船坞机械厂是底特律规模最大的造船厂，但这里的工资很低，每周只有2美元，为此亨利·福特不得不节衣缩食，避免一些不必要的开支。他之所以会心甘情愿地接受这样一份工资如此之低的工作，完全是出于对机械的喜爱。在这家工厂，他每天都能接触到各种型号的蒸汽机，这让他心满意足。

在造船厂工作期间，亨利·福特第一次听说欧洲大陆上已经出现了一种新型动力机械——汽油发动机。一天午间休息时，亨利·福特随手翻阅从一个同事那儿借来的一本《世界科学杂志》。突然，一篇文章吸引了他的注意力，文章的题目是《异想天开的设计方案——汽油发动机》。在当时那个年代，瓦特发明的蒸汽机几乎是所有机械的动力源。因此，这篇文章的作者也是以怀疑的口气和笔调介绍和描述了德国人弗里德里希·奥托发明的汽油发动机的。

第一章　少年的疯狂梦想（1847—1896年）

亨利·福特感到非常惊讶，他一边阅读着文章，一边摇头，认为这是不可能的。不过，看着看着，他就被文章中介绍的观点和设计创意深深吸引了。一个想法在亨利·福特的脑海里闪现出来：要想发明出更好的发动机，必须跳出蒸汽机的限制，寻找新的能源。

亨利·福特在机械方面的确拥有极高的天赋，经过两年的学徒生涯，他已经成为一名非常出色的机械师了。1982年秋天，他再次辞职，离开了底特律船坞机械厂。

莫尔之地

从船坞机械厂辞职后，亨利·福特没有急着找新工作，而是回到了阔别两年的家乡迪尔伯恩。

亨利·福特的回归令威廉·福特惊喜万分，他以为儿子终于想通了，知道外面的世界并不精彩，能安心和他一起经营农场了。但不久后的一席谈话，却给他泼了一盆冷水。在这次谈话中，亨利·福特向威廉·福特吐露了自己内心的真实想法：虽然他回了家，但这并不意味着他放弃了对机械的兴趣。他仍不打算做一位像父亲一样的农场主，总有一天，他会离开农场。看着已经长大却依然固执的儿子，威廉·福特叹了口气，只能无奈地接受这个现实。

重返农场的亨利·福特已经不再是那个令人避之唯恐不及的捣蛋鬼，而是一个优秀的机械师了。他的机械才能也不再用来搞破坏，而是发挥了更大的作用。当时，他的邻居约翰·格里逊购买的一台西屋公司生产的小型蒸汽机出了故障，找了很多善于修理机器的能工巧匠也没能把它修好。他听说亨利·福特回来了，于是就跑来请他帮忙。

亨利·福特欣然应允了。他来到约翰家的后院，在那台坏机器前开始了紧张的忙碌。当时的蒸汽机虽然在构造上都非常相似，但各个厂家的产品还是存在着一些差异。西屋公司生产的这种蒸汽机，亨利·福特以前从来没有接触过。不过，这难不倒他。他小心翼翼地把机器拆开，将全部零件清洗了一遍，然后一个零件一个零件地仔细琢磨起来。经过一天的努力，当夕阳的余晖照到这个小院落时，那台令它的主人苦恼不已的蒸汽机终于发出了久违的轰鸣声。

蒸汽机重新工作后，约翰·格里逊将其委托给了亨利·福特，以每天3美元的报酬，让他带着机器走街串巷为其他农户服务。亨利·福特带着这台机器，走遍了迪尔伯恩的每个农场。"天才机械师"的美名，随之在迪尔伯恩小镇传了起来。后来，这台蒸汽机所属的西屋公司在密歇根州的代理机构也慕名找到了他，请他做西屋公司的机械师和业务推销员。

就这样，亨利·福特幸运地成了西屋公司的员工，他喜欢这份工作，每天背着工具箱，干劲十足地奔波在密歇根半岛的各个农场之间。村民们也都非常喜欢这个勤劳能干的小伙子，在迪尔伯恩附近，不管哪个村子有社交活动，大家都会邀请他来参加。

1884年秋天的一个夜晚，亨利·福特受邀参加了一个庆祝丰收的月光舞会。在这次舞会上，亨利·福特的妹妹玛格丽特·福特向他介绍了一位一头栗色秀发，娇小迷人的女孩。这个叫作克拉拉·布莱恩的女孩是附近绿地村的一个农场主的女儿，与玛格丽特·福特是非常要好的朋友。因此，在认识亨利·福特之前，她已经从玛格丽特那里听说了很多关于他的事情，对他产生了浓厚的兴趣。

亨利·福特也被克拉拉·布莱恩深深吸引了，那天晚上，他的视线始终缠绕在这个可爱的女孩身上。他邀请她一起跳舞,并和她一起谈心。直到晚会散场,亨利·福特仍然意犹未尽,他非常渴望再次见到这个聪明活泼、善良可爱、有主见的女孩子。后来,玛格丽特·福特回忆说,回家的路上,亨利·福特告诉她:"我和她仅仅相处半小时后就明白了,她就是我的'玛什'!""玛什"是当时非常流行的俏皮话,意为"情人"。

亨利·福特和克拉拉·布莱恩双双坠入了情网之中。他们的关系稳定而又迅速地发展着。

看到两个年轻人谈起了恋爱,最高兴的莫过于威廉·福特了。他心中的希望之火再次燃烧起来,他希望出身农场主之家的克拉拉·布莱恩能够把儿子留在迪尔伯恩。他向亨利·福特许诺,只要他愿意留在农场,就送给他500亩土地。这片被称为"莫尔之地"的林地是他多年前购买的,那里草木繁盛,还有一间小木屋。

没过多久,亨利·福特就搬进了"莫尔之地",不过,这只不过是他的权宜之计。在"莫尔之地",亨利·福特做了一架风车、一台便携式马达用来伐木,将砍下的黑橡树、枫树和榆树进行修理,然后卖出去,其间使用的正是蒸汽驱动的锯木机。当亨利·福特依靠伐木积攒了足够的金钱时,他向克拉拉·布莱恩求婚了,克拉拉·布莱恩毫不犹豫地答应了他的求婚。

1888年4月11日是克拉拉·布莱恩的生日,就在这一天,她和亨利·福特携手走进了婚姻的殿堂。结婚那天,亨利·福特找人为他们画了一张像,他穿着一件蓝色西装,脸上露出一丝淡淡的笑容,眼睛里闪烁着一种冷淡而又坚毅的目光;克拉拉·布莱恩穿着一件优雅迷人的白色婚纱,长发高高地挽起,一双眼睛明亮而有神,嘴角的那丝微笑显示着她正沉浸在幸福之中。

婚礼结束后,这对新婚夫妻没像其他年轻人那样到外地旅行度蜜月,而是乘坐着一辆马车直接来到了"莫尔之地"。他们住进了小木屋,开始了幸福的生活。克拉拉·布莱恩希望在这片林地上建一座新房,亨利·福特便开始忙碌。他根据妻子的设想设计出了新房的草图，然后寻找合适的木料，亲自到林中砍伐。那时在"莫尔之地"的上空总是会听到蒸汽机的轰鸣声。经过几个月的忙碌，他们的新房终于建好了，他们为新房起名为"方屋"。"方屋"有上下两层，四周有雕满各种图案花纹的护栏，屋后还有一片菜园，克拉拉·布莱恩亲手种了很多蔬菜。

自从母亲离世之后，亨利·福特已经很久没有这么快乐了。了解亨利·福特的人都说他仿佛变了个人一样，浑身充满了活力，对生活无比热爱。这段时间里，亨利·福特白天在树林中砍伐木材，在伐木间里将它们加工成自己所需的形状。克拉拉·布莱恩在一旁做针线活，并不时地为他送上水或毛巾。晚上，亨利·福特摆弄一阵子他的那些小机械，然后和妻子围坐在火炉边聊天或看书。有时候，克拉拉·布莱恩还会坐在钢琴前弹上一曲，屋子里顿时环绕着动听的旋律。

在"莫尔之地"的生活实在是太安逸了，久而久之，一丝担忧涌上了亨利·福特的心头。他担心自己的理想就此搁浅，也担心家庭的经济来源。"80英亩的林地没多久就会被砍光的。"后来亨利这样告诉自己的朋友。

1891年的一天，亨利·福特在底特律修完一台蒸汽机后正打算回家，路过一家工厂时，一台由汽油驱动的机器引起了他的注意，想到自己在几年前还曾经想过要将这种动力应用到打谷机中去，但是苦于那时没有条件，现在他的那种激情重新又被点燃了，他瞬间在心里做了一个决定：回到底特律。

回到家中后，亨利·福特并没有直接把自己的计划向克拉拉·布莱恩和盘托出，而是用一种委婉的方式来征求妻子的意见。那天晚上，克拉拉·布莱恩在客厅里弹着钢琴，亨利·福特则陪在旁边心不在焉地哼唱着。忽然，他拿起钢琴架上的一张乐谱纸，在乐谱背面空白处潦草地画出了一个发动机的简图。

克拉拉·布莱恩认真地看着那张图纸，发现上面画的是利用旧车床的整

第一章　少年的疯狂梦想（1847—1896年）

速轮和齿轮做成的长仅3厘米的气管，管中还装有活塞。这是一个实验用的简单的机械设计。亨利·福特凝视着妻子，告诉她这就是他正在设计的汽车构造，但他在农场里无法做到这一点，而且他需要钱来购买工具。

克拉拉·布莱恩看着表情越来越激动的丈夫，一下子明白了他的意思。事情的发展超出了她的想象，她几乎要哭出声来，但理解丈夫的她立刻意识到必须忍住。虽然克拉拉·布莱恩无法预知丈夫在乐谱背面画下的发动机设计图在未来的某一天将成为称霸美国的福特汽车的模型，并行销全世界，但她预感到，要改变丈夫重返底特律的坚定念头，比她一个人挑起家庭这副重担要难得多。于是，她告诉亨利·福特，如果有必要的话，她愿意和亨利搬到底特律去住。亨利·福特激动得差点儿跳了起来。

1891年9月，亨利·福特和克拉拉·布莱恩把最后一件家具装上了四轮马车后，义无反顾地来到了底特律。

疯狂实验

重返底特律的亨利·福特没过多久就接到了爱迪生照明公司抛来的橄榄枝，他们为他提供了一份机械师的工作。

爱迪生照明公司是当时底特律最大的企业之一，它是由托马斯·爱迪生创建的。爱迪生不但是一个成功的发明家，也是一个出色的企业家。他在发明电灯后不久就创办了电力公司，依靠各种类型的蒸汽发电机为电灯用户提供电力。当时，底特律地区80%的居民用电都是爱迪生照明公司提供的。

亨利·福特在公司担任修理蒸汽发动机的工作，工作很辛苦，因为发电厂供电的时间大多在晚上，而且也非常危险，上一任机械师就是在值班时遭遇事故去世的。不过，亨利·福特却乐此不疲，因为在爱迪生照明公司他能学习到很多关于电力方面的知识。没过多久，他就用自己对机械精通的知识和敬业负责的精神证明了自己的实力。

与亨利·福特的如鱼得水相比，克拉拉在底特律的生活就煎熬多了。在这个人生地不熟的地方，克拉拉感觉很不适应。因为工作劳累，亨利·福特每天下班后往床上一躺就呼呼大睡起来，醒来后第一件事是吃饭，填饱肚子后就一头扎进厨房里，摆弄他放在那里的机器。他太投入了，有时克拉拉跟他说话他都充耳不闻。克拉拉寂寞极了，唯一值得她高兴的事就是有亲朋好友来访，不过，这样的机会并不多。

亨利·福特在机械方面的天赋的确是令人惊讶的，只用了很短的时间，他就晋升为爱迪生照明公司市区主电站的首席机械师，工资也涨到了每年1000美元。这样一来，他的工作就更加紧张了。他几乎二十四小时待命，公司有重要事情时就会打电话给他。因此，他在睡觉的时候也会保持警觉。

得到提升的亨利·福特还获得了一项特别的福利——他可以自由地使用公司的机器车间，这为他的汽车设计实验带来了极大的便利。只要一有时间，亨利·福特就会到车间里画电路图、做实验。很快，他的同事们就发现他竟然在私下制造不用马拉的四轮车。不过，每当有人问起这件事时，亨利·福特总是讳莫如深。

正当亨利·福特为他的四轮汽车梦全力以赴时，克拉拉怀孕了。亨利·福特不得不暂时把自己的精力从实验转移到家庭。他拿出了更多的时间陪伴克拉拉，然而，就在此时，汽油做动力的汽车开始在美国出现了。

1893年9月，一个令人震惊的消息出现在了美国的各大报纸上：住在美国马萨诸塞州的杜里埃·查尔斯·埃德加和吉姆斯·弗兰克·杜里埃兄弟二人联手制造出了美国第一辆用汽油做动力的"无马之车"，并在本州的斯普林菲尔德试车成功。不过，在亨利·福特眼中，他们发明的汽车过于笨重，他设想中的汽车应该是那种轻便而富有流线型的机器，他要打造一种与众不同的汽车。

1893年11月6日上午，在年轻的助产士威廉·麦克唐纳的帮助下，克拉拉生下了一个男孩。这是亨利·福特和克拉拉唯一的孩子，因为克拉拉在生产时留下了后遗症，后来不得不去医院重新做手术，虽然侥幸活了下来，却永远失去了生育功能。亨利·福特用他少年时代最好的朋友埃德塞尔·瑞德曼的名字给儿子起名为埃德塞尔·布莱恩·福特。

埃德塞尔出生以后，亨利·福特一家搬到了新家。新家的后院有一个小屋，亨利·福特把这里当成了他的工作间。因为爱迪生照明公司的总裁亚历山大·道担心亨利·福特在车间里使用汽油做实验会给工厂带来危险，亨利·福特只好在家里进行他制造汽车的实验。从那之后，只要一下班，亨利·福特就会一头扎进那间小屋里。

克拉拉对亨利·福特的实验并不感兴趣，对丈夫的过度投入感到非常无奈，不过，她仍然是他的热心助手。亨利·福特做实验时通常是这样的：他负责旋转机器的飞轮以打开活塞，而克拉拉则负责把汽油从机器的加油孔中缓缓地注入，两个人的操作必须同步进行，这样才能把雾化的汽油和空气一起吸入汽缸，来启动机器。终于，有一次机器点火了，发出了巨大的响声，同时冒出了阵阵黑烟，响声越来越大，克拉拉担心起来，因为儿子埃德塞尔还在房间里的床上睡觉。而此时的亨利·福特却惊喜不已，因为他终于用买来的零部件装配好了一台名副其实的汽油发动机。

天道酬勤，在经历过无数次的实验、失败、再实验之后，亨利·福特终于制造出了一台令自己非常满意的汽油发动机。1896年6月4日，他又参照了蒸汽拖拉机的做法，组装出了他的第一辆汽车。

这辆汽车在现在看来或许太过简陋：亨利·福特从一台报废的蒸汽机

上拆下了一节导管，截短以后将其作为机器的输油管，车的主体由四只轻巧的自行车轮子和一个木制底盘构成，那台历经多次实验才发明出来的汽油发动机则被安装在底座上。车子上可以坐两个人，车座就挂在一根柱子上。驾驶员需要通过方向舵来操纵汽车，在方向舵的顶部是一个汽车喇叭，它是亨利·福特用一个门铃改装成的。但就是这辆简陋的四轮汽车，却是亨利·福特历经无数个不眠之夜，挥洒了数不尽的辛勤汗水研发而成的，凝结了他的全部心血和智慧。这是亨利·福特研制的第一辆汽车，也是底特律的第一辆汽车。这辆汽车是亨利·福特开创美国现代汽车工业的一个小小的开端，也是奠定福特汽车王国的一块基石。

不过，当亨利·福特打算把这样一辆车开到底特律的大街上时，却恍然发现，这辆庞然大物是不可能从小屋的小门中开出去的。亨利·福特把这个问题忽略了，当然，这难不倒他。他从车上跳了下来，拿起一把大锤，照着砖墙就砸了下去，为他的新车开辟了一条出路。

那天凌晨，当底特律人还沉浸在美梦中时，亨利·福特正驾驶着他的第一辆汽车在大街上兜风。高亢的汽车马达声在底特律上空一直回响着。有几个行人看到了亨利·福特驾驶的"怪物"，被惊得目瞪口呆。

接下来的几天，亨利·福特每天都开着他的汽车在底特律的大街上穿行，底特律人对他发明的这个稀奇古怪的汽车表现出了超乎寻常的热情。每当亨利·福特把车停在路边，人们马上就会围过来，问这问那，还有人伸出手来，在车上到处摸，这时的亨利·福特总会胆战心惊，唯恐激动不已的人们弄坏他的宝贝汽车。

后来，亨利·福特还特意请摄影师来为自己和汽车照了一张合影。戴着黑色礼帽、蓄着整齐胡须的亨利·福特站在高高的汽车顶上，目光炯炯地凝视着前方，仿佛在他面前展开的，正是未来福特汽车王国的辉煌蓝图。

第二章
汽车王国雏形初成
（1896—1913年）

第一次创业以失败告终

就在亨利·福特的第一辆汽车试驾成功后不久,他再次得到了晋升,1896年8月,他作为总工程师与底特律分厂经理一起前往纽约参加了爱迪生照明公司的第十七次年会。

在这次年会的闭幕晚会上,亨利·福特与他的偶像爱迪生有了一次短暂的交流。亨利·福特与爱迪生相谈甚欢,他还把自己制造的汽车运行草图画给爱迪生看,他的设计令爱迪生赞叹不已,一再表示愿意为他提供更好的平台,让他发挥自己的天赋。爱迪生的鼓励令亨利·福特激动不已,这不但是对自己多年来持之以恒投入研究的一种认可,也是对自己继续努力向前的一种有力支持。

回到底特律后,亨利·福特开始着手研制他的第二辆汽车。因为新车研发需要经费,亨利·福特把他的第一辆汽车以200美元的价格出售了,不过,没过多久他就买回了那辆汽车,并把它一直存放在自己的收藏室里,如今它已经成为福特汽车博物馆中最古老的展品。

经过两年的努力,1898年初,亨利·福特的第二辆汽油动力汽车问世了。相对于第一辆汽车,第二辆汽车不但重量更轻、马力更大,轮胎和座椅也更加舒适了。不过,它是在第一辆汽车的基础上设计出来的,采用的仍然是传送带驱动装置,天气一热,这样的驱动装置就容易出现故障。吸取教训后,在之后生产的汽车中,亨利·福特就放弃了传送带,改用齿轮进行传动，相较于传送带驱动，齿轮的性价比更高，驱动装置的体积也更小。

自从研制出第一辆汽车后，亨利·福特一下子变成了底特律的明星人物。他在汽车制造方面的精益求精也让很多人对这个"疯亨利"大加赞扬，威廉·梅波利就是其中之一。

威廉·梅波利是底特律市市长，他与亨利的父亲威廉·福特是老相识。当年亨利·福特还是个孩子时，威廉·福特和妻子玛丽还曾一起前往底特律参加了威廉·梅波利的婚礼。他对亨利·福特的汽车一直抱有浓厚的兴趣，并且十分看好亨利·福特。他为亨利·福特颁发了底特律的第一张驾驶执照，在某种意义上，这张许可证或许是人类历史上第一张以政府的名义颁发给个人的汽车"驾驶执照"。

威廉·梅波利还为亨利·福特提供了宝贵的经济援助。当时的亨利·福特虽然拿着高薪，但他的工资几乎全都用来研发汽车了，生活捉襟见肘。有一次，一个制造汽车零部件的铁匠来讨债，囊中羞涩的亨利·福特实在是拿不出钱来，多亏了威廉·梅波利赶来为他付了钱。也正是在他的慷慨解囊下，从1897年1月到1898年底的两年时间里，亨利·福特不仅还清了以前所欠的债务，还在自己那间简陋的工棚里设计并制造出了两台汽车。

亨利·福特是个知恩图报的人，1898年8月，他获得了自己的第一项专利——化油器的专利权，这项专利是以威廉·梅波利的名字来申请的，他用这种方式来感谢威廉·梅波利对自己汽车梦想的支持。

威廉·梅波利认为汽车事业大有可为，建议亨利·福特离开爱迪生照明公司，组建一个汽车公司。不过，当时的亨利·福特并没有接受他的建议，他希望留在爱迪生照明公司学习更多的电气方面的知识。与此同时，他在这里的发展也算得上是步步高升，年薪涨到了1900美元。

1899年，爱迪生照明公司总裁亚历山大·道决定提拔亨利·福特为公司总监，负责新项目的研发，但他向亨利·福特提出了一个苛刻的条件——必须放弃内燃机的研究，把精力放在符合公司利益的地方。在亚历山大·道的心中，只有电才是值得耗费心血去运用的有价值能源，他不希望亨利·福特将更多的精力投入到使用汽油做动力源的车辆实验中。

站在十字路口的亨利·福特左右为难，是放弃高薪职位继续自己的汽车之旅，还是放弃自己一直坚持的梦想，专心于与电有关的工作？最终，亨利·福特选择了前者，在他看来，未来的世界会是一个汽车的世界。1899年8月，亨利·福特离开了工作多年的爱迪生照明公司，开始了自己全新的事业生涯。

辞职后的亨利·福特全身心投入到了自己的汽车事业中，1899年8月5日，底特律汽车公司成立了。在威廉·梅波利的积极倡导下，这家公司得到了一些底特律商人的投资，亨利·福特作为合伙人出任总工程师，他的任务是完成一系列汽车设计，并将它们生产出来。

当时美国汽车业亟待解决的一个难题，就是怎样才能尽快实现汽车从机械师们的实验室里投入生产。在美国汽车业兴起之前，生产马车和自行车的交通工具制造业已经走向了穷途末路，原来属于这两个生产行业的大批生产商和工程技术人员逐渐向新兴的汽车行业转移。在这些人当中，有斯蒂倍克二纳什、杜兰特和著名的费希尔七兄弟，还有亚历山大·温顿、约翰·威里斯、查尔斯·杜里埃、巴尼·奥德弗和道奇兄弟。高手角逐，谁能领先他人，大家都在拭目以待。

1900年1月12日，底特律汽车公司的第一辆汽车终于诞生了。这是一辆商用的货运卡车，这辆汽车有着高贵的样式，豪华的装饰，可以乘坐一名驾驶员和一名乘客。

各家媒体的记者都应邀参加了这辆车的揭幕典礼，然而，他们的评价却走向了两极。《底特律日报》的记者用"平庸"概括了对这辆新车的看法，认为这种车与当时美国的其他汽车相比，没有什么出色之处，在文章中，这

第二章 汽车王国雏形初成（1896—1913年）

位记者甚至还讽刺道："车身和城里跑得较好的马车相比没有什么区别，而且整个结构使人无法知道它的动力源……"而《新闻论坛报》的记者却表现出了截然不同的态度，他详细描述了自己参加试车的经历，说这辆车的声音是"新世纪里最新鲜、最完美的声音"，并引用了一段他当时与亨利的对话。

记者："学会驾驶需要很长时间吗？"

亨利·福特："只需要几天，也可能几小时就足够了，就跟学骑自行车差不多。"

记者："汽车在行驶时会冒出浓烟，而且车里还有大量的汽油，是不是非常危险？"

亨利·福特："绝对没有危险！"（说到这里，亨利·福特非常自信地指了指路边的马车店后，笑着对记者）"这下子他的生意恐怕干不下去了。"

然而，首先"干不下去"的不是路边的马车店，而是信心十足的亨利·福特和他的底特律汽车公司。样车研发成功后，由于造价高、制作周期漫长，并且产量极低，很长时间都无人问津。

公司的投资者和其他合伙人纷纷要求亨利·福特改变生产方式，采用新的生产流程，进行大规模生产，但亨利·福特却始终坚持自己的原则不肯做出调整。这导致公司在一年多的时间里只生产了十几辆汽车，而且每辆车的造价比实际出售的价格还要高很多，总计亏损了近9万美元。

公司的严重亏损使亨利·福特与其他股东之间的矛盾日益激化，最后甚至势如水火。1900年11月，亨利·福特愤而辞职，随后公司也宣告破产。

第一次创业的失败，使亨利·福特陷入了迷茫之中。他开始思考作为新兴商品的汽车，背后的产业应该是什么样子的。经过一年多的思考，他发现无论何时，如果一个人可以把他的工作做得很好，他就应该会因此获得回报，利润和金钱自然会接踵而来。一个企业应该从小的地方做起，才能逐渐地发展壮大；没有积累就意味着浪费时间，意味着这个企业并不适合在这一行业中生存。在当时的汽车行业，主流的倾向是只要卖出去就算是成功，至于汽车卖出去后的事情并不重要。但是亨利·福特却认为，将汽车卖出去仅仅是汽车行业中的一个组成环节而已，只有为客户提供全方位的服务，才能得到客户的认可。

在亨利·福特事业上遭遇"滑铁卢"的这段时间，美国的汽车业却得到了飞跃式的发展。当时的美国已经生产出近4万辆汽车，其中有三分之二是蒸汽汽车和电力汽车，另外的三分之一是汽油汽车，并且汽油汽车的比例在迅速地增大。1899年，美国总统西奥多·罗斯福成为美国历史上第一位乘坐汽车的总统，他在华盛顿检阅游行队伍时乘坐的是汽车而不是马车。

福特汽车公司问世

20世纪初，赛车运动开始兴起，这种速度与技术的较量、意志和胆量的竞争吸引了无数人的眼球，一时间，它超越了赛马，成为各个阶层最为欢迎的娱乐方式。在赛车场上，男人豪气冲天地投下巨额赌注，而女人们则展示着自己的时髦衣着，结交好友。

赛车场也是汽车制造商们展示自己产品的最佳场所。1900年，兰塞姆·沃尔兹曾委托一位车技精湛的代理商驾驶一辆"快乐的沃尔兹"牌汽车参加赛车比赛，并取得了不错的成绩。这种特殊的亮相方式给大众留下了深刻的印象，比赛结束后，这种汽车顿时成为人们竞相追捧的对象，订单源源

第二章 汽车王国雏形初成（1896—1913年）

不断地向沃尔兹汽车公司飞来。

受此启发，亨利·福特决定进行一个新的尝试——研发赛车。做出这个决定对亨利·福特而言并非易事。因为他对当时赛车的发展方向并不乐观，在他看来，过度追求速度会导致汽车的真正功能被忽略，这反而会对这一行业的发展造成恶劣的影响。但他深知，在赛车比赛中取得胜利，是证明汽车实力的最简单、最直接的方式。

1901年5月，在威廉·梅波利和另一个股东威廉·墨菲的支持下，亨利·福特租下了原来属于底特律汽车公司的一部分车间来继续他的汽车实验。这时的亨利·福特不再是单兵作战，他组建了一支强大的技术队伍，与他并肩奋斗的有退休的著名自行车比赛冠军汤姆·库伯、能力超群的青年制图家兼工程师哈罗德·威利斯、文思泉涌的设计师奥利弗·巴塞尔。

1901年10月10日，亨利·福特驾驶着他制造出来的赛车出现在底特律郊外，第一次参加赛车比赛的他以不可思议的速度成了赛车场上的一匹黑马，一举击败了当时最著名的赛车手，也是赛车纪录保持者的亚历山大·温顿，赢得了比赛的最终胜利。

从亨利妻子克拉拉写给弟弟弥尔顿的信中可以窥见这次比赛的盛况："亨利简直被他的荣誉和汽车扬起的灰尘同时淹没了……当时我真希望你也能在那里，看到他的模样，听到他超过温顿时人们的欢呼声。观众们都疯了，一个男人把自己的帽子高高地抛向空中，等它落地后又不停地用脚踩。另一个男人用手杖来回挥舞，就连手杖打晕了自己的妻子也浑然不觉……亨利达到这一步是多么不容易！"

亨利·福特在赛车场上的胜利使幸运之神再次降临，1901年11月30日，以威廉·墨菲为首的一群投资者决定再次集资组建一家新的汽车公司，这家新公司被命名为亨利·福特汽车公司，亨利·福特在公司中拥有一部分股份，并担任公司的总工程师，全权负责汽车的研发工作。

但是，此时的亨利·福特又犯了一个致命的错误，他把全部精力都投入到了一种速度更快、马力更强的赛车的研发中，在他看来，只有这种方式才能扩大自己的声誉。然而，威廉·墨菲和其他投资者们却与他存在着严重的分歧，他们认为，亨利·福特汽车公司的发展目标应该是造价低廉的轻型大众汽车。在董事会上，亨利·福特始终坚持己见，拒不接受董事会提出的生产设计方案。股东们对此大为不满，为了避免重蹈覆辙，他们决定让亨利·福特退出这家公司。

亨利·福特平静地离开了，只带走了他设计的赛车图样以及他自己姓名命名的完全使用权。

在他辞职后不久，亨利·福特汽车公司改名为凯迪拉克汽车公司，以底特律创立者的名字走上了新的发展之路。在亨利·利兰的指导下，凯迪拉克汽车公司设计了一款单汽缸发动机的汽车，上市后马上获得了大众的认可。

已近不惑之年的亨利·福特又翻了一个大跟头。后来，亨利·福特在自传中曾这样描述自己的离职："1902年3月，我辞职了，那时我就发誓，从此以后再也不将自己置于别人的命令之下了。"这也就是后来亨利·福特始终坚持把公司实权牢牢掌握在自己手中的原因之一。

冷静下来的亨利·福特开始思考自己未来的路应该怎么走。思前想后，他决定继续研发他的赛车。不久之后，他的赛车"999"新鲜出炉了。"999"是美国一辆家喻户晓的火车的名字，这辆火车曾经创造了从纽约到芝加哥的最快行驶纪录。亨利·福特以此来命名自己的赛车，其用意不言而喻。

1902年10月，一年一度的美国汽车博览会在罗得岛如期举行。在这场比赛中，一位叫作埃利·巴尼·奥德菲尔德的年轻赛车手出人意料地战胜了包括亚历山大·温顿在内的4名对手，捧走了冠军奖杯。5公里的赛程，他只用了5分28秒的时间就完成了，领先了第二名足足半公里，美国赛车记录由此被

第二章 汽车王国雏形初成（1896—1913年）

刷新。这个风驰电掣般的速度不但让埃利·巴尼·奥德菲尔德在美国声名鹊起，也让亨利·福特再次成为镁光灯聚焦的中心。因为埃利·巴尼·奥德菲尔德在比赛中所驾驶的正是"999"。

这次比赛的胜利使很多投资者开始关注亨利·福特，第一个找上门来的是煤炭商人亚历山大·马尔科姆森。这位在底特律拥有很高声望的企业家是一位热衷于冒险的投资者，他经常投资一些有潜力的新兴行业。他和亨利·福特一拍即合，新公司的组建很快就提上了日程。在亚历山大·马尔科姆森的引荐下，地产商阿伯特·斯特劳雷、汽车零部件生产商道奇兄弟、银行家约翰·格雷纷纷加入了投资者的队伍中，向这家前途未知的新公司注入资金。

亚历山大·马尔科姆森是一个精明的生意人，他深知一个人的精力是有限的，他的煤炭公司就足够他费神的了，根本不会有大量的时间和精力来插手新公司的事务。但他又不甘心彻底将权力交给亨利·福特，于是，他将自己的一位得力干将安插在了福特汽车公司，此人名叫詹姆斯·库茨恩斯。

库茨恩斯来自加拿大，他体格矮小，有着一张皱巴巴的胖脸和一双锐利的小眼睛，时常戴着一副金丝夹鼻眼镜，他总是表情冷峻，脸上很难见到一丝笑容。但是，别看他其貌不扬，却是个不可多得的管理天才。马尔科姆森想让他充当自己在汽车公司的代理人，不过，库茨恩斯却打着自己的小算盘。

1903年6月13日晚上，新公司召开了第一次股东大会，在这次会议上，组建了公司的董事会，成员分别有：约翰·格雷（董事长）、约翰·安德森、约翰·道奇、亨利·福特和亚历山大·马尔科姆森。公司的组织管理机构也随之成立，格雷任公司总裁，福特任副总裁兼总经理，马尔科姆森任财务主管，库茨恩斯任秘书兼商务经理。

1903年6月16日，申办公司的法律文件得到批准，福特汽车公司正式成立，注册资金高达10万美元，亨利·福特任副总裁，占有25.5%的股份。

亨利·福特并不傻，多次创业的失败让他的嗅觉变得越来越敏锐，他知道，马尔科姆森找来的那些股东大部分都是他的人，他必须增加自己的势力。正是出于这种考虑，他极力说服哈罗德·威尔斯加入福特汽车公司，继续做自己的得力助手。

哈罗德·威尔斯是一个才华横溢的年轻人，亨利·福特设计的第一款赛车中就有哈罗德·威尔斯的一份功劳，后来名声大噪的"999"赛车，也少不了这个天才设计师的鼎力相助。亨利·福特非常看重这个年轻的助手，与他的合作也一直十分愉快。为了留住哈罗德·威尔斯，亨利·福特不仅许以高薪，还提出将自己10%的股份收益送给他。

哈罗德·威尔斯为福特汽车公司做出了巨大贡献，他的第一份礼物就是精心设计的福特汽车标志。威尔斯模仿亨利·福特签名的大写字母"F"，并用花式字体写出了"Ford"的字样。一个椭圆形将其环绕其中，整个设计清新明快，简单明了。就是这样一个标记，后来成为福特汽车王国的象征，遍布美国，走向世界的每一个角落。

"A型车"亮相

在亨利·福特所处的19世纪末20世纪初，汽车不是一种交通工具，而是作为一种奢侈品存在的，通常富有阶层买来当玩具。有些地区甚至还规定，如果开汽车的话，白天要有人扛着旗子在前面喝道，夜间还要有人挥灯。但亨利·福特却不赞同汽车的这一定位，他的梦想是"制造人人都买得起的汽车"。福特汽车公司成立之后，他一直致力于寻找一个平衡点，使生产出来的车既价格合理易于被大众接受，又具有较高的生产水准，能满足更多人的需求。

1903年夏天，福特汽车公司生产的第一款汽车终于正式投入生产。雄心勃勃的亨利·福特突发奇想，决定按照字母表的顺序来命名自己的汽车车型。于是，这种马力大、速度快的双缸实用型赛车被命名为"A型车"。

"A型车"是一款小型车，有双人座椅、结实的弹簧和红色的车身，还有能从座位拉出的车篷，最引人瞩目的是它的两个汽缸和8马力的发动机。在当时，广受欢迎的配备了曲线仪表板的奥兹莫比尔和7马力发动机的凯迪拉克汽车使用的都是单汽缸发动机，这种发动机使得汽车在爬坡时非常吃力。而相比之下，装载着更大马力发动机的"A型车"却能在爬坡时如履平地。令人惊讶的是，性能超群的"A型车"走的是中低档路线，售价仅为850美元。

"A型车"亮相后，福特汽车公司的所有人都在为推销这种车而奔波忙碌，其中最为卖力的莫过于库茨恩斯。他亲自撰写了"A型车"的第一个广告"福特汽车公司以生产适用于公众日常生活的汽车为己任……'A型车'拥有令每个人满意的、足够快的速度，而非令人谴责的危险速度。"他还在当时受众很广的《汽车世界》杂志上发表了一篇车评，对"A型车"毫不吝啬溢美之词："它是世界上最可靠的机器，它拥有双汽缸的强大动力，可以征服所有的陡坡和泥泞的道路。这款价格中等、极其实用的汽车设计者就是他，曾经设计出创造世界纪录的'999'赛车的发明天才——亨利·福特。"

然而，尽管他们在报纸上将自己的汽车吹得天花乱坠，在最初的一个月里，"A型车"始终没有买家上门。公司里的氛围变得越来越压抑，大家的情绪从一开始的信心满满逐渐演变成了焦虑、担忧。更令他们郁闷的是，"A型车"一辆都没卖出去，本来就捉襟见肘的流动资金日益减少。这种令人沮丧的日子一直持续到1903年7月15日，这一天，福特汽车公司的账面上开始出现了赤字——亏空223.65美元。

原本乐观不已的亨利·福特这时也不免垂头丧气起来，难道自己的这次创业仍然会以失败而告终？这个问题很快就得到了答案，因为就在这一天，一位远在芝加哥的牙医向他们下了第一笔订单，他购买的是一辆没有车篷的敞篷车。

随着牙医的订单一同送来的，是一张750美元的汇票（没有车篷的敞篷车定价低100美元）。这张汇票一下子扭转了福特汽车公司的局面，它将令众人心惊胆战的赤字冲掉，标志着公司的资金从此开始了正常流转，也意味着福特汽车公司的辉煌之路迈出了第一步。

以此为开端，来自美国各个州市的订单如雪片一般滚滚而来，亨利·福特和哈罗德·威尔斯不得不废寝忘食地投入到工作中，几乎24小时连轴转。虽然身体疲惫不堪，但他们的内心却无比振奋。道奇兄弟公司负责生产"A型车"的发动机，一台台发动机被装到马车上运到麦克大街工厂，由亨利·福特、哈罗德·威尔斯与工人们一起对发动机进行测试，然后装上新的车身和轮胎，准备发货。眼看着一辆辆崭新的"A型车"驶出车间，驶向全国的各个地方，亨利·福特难以抑制心头的欣喜。

以下的数据足可以说明"A型车"在当时市场上的火爆：在公司成立后的前两个月里，福特汽车公司一共售出了215辆汽车；公司成立一周年时，已经有1000辆"A型车"被运出工厂；随后三个月，福特汽车公司又生产了708辆汽车。丰厚的利润令马尔科姆森和其他股东们高兴得合不拢嘴。

首战告捷，亨利·福特决定一鼓作气，接着研发、生产"B型车"。但老问题再次出现了——董事会要求他设计一款大型、高档次的四缸汽车，功率至少是"A型车"的一倍，装饰也要极尽奢华。这是马尔科姆森的主意，这位以追逐利润为唯一乐趣的商人认为，生产价格昂贵的豪华汽车会比那些小型汽车有更大的利润空间。但亨利·福特却坚持认为，福特汽车公司应该将产

第二章 汽车王国雏形初成（1896—1913年）

品定位于生产低价、实用的大众车，而不是那些笨重的、大马力的高档车。

为此，在他们之间还爆发了一次激烈的争吵。最终，资本的力量战胜了一切，马尔科姆森与其他股东联手压制亨利·福特，使他不得不接受了"B型车"的设计方案，不过，他们也做出了一些妥协，允许亨利·福特将下一款设计的"C型车"定位于大众车，售价800美元。

B型高档车很快就问世了。亨利·福特对"B型车"的设计在当时那个年代是非常先进的，然而，高达2000美元的售价使这款车注定在市场上遭到冷遇。两个月的时间过去了，"B型车"一辆也没卖出去。

这下子，马尔科姆森和道奇兄弟再也坐不住了，他们可不想让自己的利益蒙受损失，于是，他们打算在圣克莱尔湖的冰面上举行一次广告性质的赛车表演。他们希望由亨利·福特亲自驾驶汽车，在冰面上完成一公里的冲刺，用这种吸引眼球的方式来扩大福特汽车公司的知名度，为"B型车"打开市场大门。

1904年1月12日，一向冷冷清清的圣克莱尔湖冰面上挤得人山人海，大家都翘首以待，因为马尔科姆森早已广而告之：亨利·福特将挑战速度极限，刷新世界赛车纪录！

此时的亨利·福特已经41岁了，对他来说，参加这样的赛车活动并非易事。他曾经去找埃利·巴尼·奥德菲尔德，希望由他来进行这次汽车表演，但却遭到了拒绝。无奈之下，他只能亲自上战场。比赛前几天，他把手头的一切事情都放了下来，精心检修准备用来参赛的汽车。这辆车就是和大名鼎鼎的"999"汽车在同一时期制作出来的"利箭"。

下午一点，亨利·福特和"利箭"准时出现在了圣克莱尔湖上。他虽然表面上不动声色，内心却非常紧张。他紧盯着冰面上的一道道裂纹，他知道，在强大的速度和压力冲击下，这些裂纹肯定会变大，并阻碍他前进的车轮。虽然工作人员已经在赛道上洒上了煤粉来掩盖这些裂纹，但它们依然使亨利·福特的前行充满了危险与挑战。

哨声一响，车如其名，"利箭"如同一支离弦的箭一样冲了出去，亨利·福特踩着油门的脚始终没有松过。当"利箭"到达终点时，计时员大声地报出了时间：39秒4，即车速每小时90公里，一项新的世界纪录诞生了！车停了下来，人们却仍然愣在那里，过了好一会儿，大家才反应过来，欢呼声如山崩一般响起。这时，脸色惨白的亨利才从车里钻了出来，他不可思议地喊道："天哪，我竟然还活着！"

这次赛车表演成功地向人们展示了福特汽车的出众品质，这之后的几个月里，那些积压在车间里的"B型车"全都顺利地卖了出去，就连在"A型车"基础上设计的马力稍大的"AC型车"和外形稍大的"C型车"也备受欢迎。这时的亨利·福特不得不承认，马尔科姆森的确有一套！

控制权之争

福特汽车公司的发展蒸蒸日上，1905年，公司搬进了皮奎特大街的一幢新楼里，员工从最初的十多人发展到将近三百人，在市场上推出了B、C、F三种车型，然而，对于这之后公司将走向何方，亨利·福特和马尔科姆森却始终存在着巨大的分歧。在公司内部，他们之间的明争暗斗时有发生。

在1905年6月召开的一次董事会上，这种矛盾发展到了白热化的程度。马尔科姆森提出，公司应该把更多精力投入到高档汽车的生产上，尽快占领这一市场。为此，马尔科姆森和道奇兄弟要求亨利·福特设计一款安装有六缸发动机的超级豪华型旅游车。他们甚至没有征求亨利·福特的意见就把这种

第二章 汽车王国雏形初成（1896—1913年）

车命名为"K型车"。对此，亨利·福特非常不满，他坚持应该生产面向大众的廉价车，拒绝向马尔科姆森妥协。

但马尔科姆森始终信心十足，在他看来，道奇兄弟和其他股东大多站在自己的阵营中，库茨恩斯是"自己人"，不用说，肯定也会支持他。但出乎意料的是，库茨恩斯竟然选择了和亨利·福特站在一边！

福特汽车公司的人都知道，公司之所以能发展得如此迅猛，库茨恩斯居功至伟。库茨恩斯堪称管理天才，他以一己之力承担了福特汽车公司的所有管理任务。每天，他都会像一条嗅觉敏锐的猎犬一样在工厂中来回巡视，车间的每个角落、每名员工的言谈举止、每个零件的进出他都了如指掌。他虽然对如何制造汽车一窍不通，但工人们装配汽车的每个环节，他都会在一旁认真地观看。就连在美国企业界一向以工艺严谨而著称的道奇产品，也逃不过他挑剔的眼光。

在进入福特汽车公司之前，库茨恩斯一直是马尔科姆森的忠实手下，对他唯命是从，正因为此，马尔科姆森才会选中他到福特汽车公司当自己的代言人。但马尔科姆森其实并不了解库茨恩斯，事实上他是一个很有见地的人，他对马尔科姆森的很多观点并不赞同。

亨利·福特洞察到了这一点，因此，他从来都不会像其他人一样把库茨恩斯当成是马尔科姆森掌控福特汽车公司的工具，他第一次见到库茨恩斯的时候，就知道这个人将会为自己所用。第一次董事会结束后，亨利·福特曾与库茨恩斯有过直截了当的交流。他问了库茨恩斯一个问题："在你看来，'我们'应该向那些家伙开出什么价码？"库茨恩斯心知肚明地说："马尔科姆森总有一天会沉不住气的，'我们'会得到应该得到的东西。"从那时起，他们就已经是"我们"了。

在这次董事会上，他们终于决定摊牌了。马尔科姆森一直等待着自己的得力干将给亨利·福特致命一击，但令他目瞪口呆的是，库茨恩斯却站出来支持亨利·福特的意见，并且举出一系列详细的数据和材料，以此来说明公司如果在未来单纯地把产品集中在多汽缸、大功率的豪华旅游车和赛车会招致什么样的严重后果。库茨恩斯的背叛让马尔科姆森气得直跳脚。

亨利·福特和马尔科姆森的针锋相对、各持己见，让董事长约翰·格雷大伤脑筋。在经过一番唇枪舌剑后，他做出了最终决策：公司在1905—1906年度按照马尔科姆森等大多数股东的意见生产高档豪华型赛车和旅游车，而亨利·福特和他的技术团队则继续研究开发新型的价格低廉的大众车。如果本年度高档豪华车的销售状况并不理想，那么从下一年度开始，公司将以亨利·福特的设想大规模生产廉价大众车。

一场争端终于暂时平息了，但马尔科姆森的报复随之而来——他要求库茨恩斯交出管理权。库茨恩斯当然不会屈服，他拒绝交权。恼羞成怒的马尔科姆森又要求董事会辞退库茨恩斯，但股东们纷纷明确表示反对，因为大家都知道，公司根本离不开库茨恩斯，就连道奇兄弟也投了反对票。

屡遭挫败的马尔科姆森伤心不已，当初如果不是自己费尽心思拉来了这么多股东，福特汽车公司根本就不可能建立。但现在，作为最大的功臣，自己竟然得不到公司的管理权！他原本想把亨利·福特架空，却没想到最后却是竹篮打水一场空！气急败坏的他随之做了一个更加错误的决定，他宣布要成立一家完全属于他自己的汽车制造企业。

马尔科姆森的要挟丝毫不起作用，亨利·福特早就想好了对策。他也效仿马尔科姆森，宣布打算投资10万美元，成立一家名为"福特汽车制造公司"的企业。名义上是扩大企业规模，更好地为福特汽车公司提供零部件，实际上是为了逐渐挤掉道奇兄弟对零部件的垄断，削弱马尔科姆森的力量。

这一招是熟知马尔科姆森伎俩的库茨恩斯想出来的。这对道奇兄弟来说无异于釜底抽薪，他们马上站起来大声反对，一时间，会场乱作一团。最后，道奇兄弟不得不妥协了，毕竟，他们虽然会损失一些生意，却也因此能拿到更多的分红，也算相互抵消了。考虑到自身的利益，董事长约翰·格雷并没有对亨利·福特的计划加以阻挠，但年事已高的他被会上的争吵弄得筋疲力尽，散会后不久就住进了医院。

就在亨利·福特与马尔科姆森的控制权之争愈演愈烈之时，一个不幸的消息从迪尔伯恩传来：威廉·福特去世了。虽然亨利·福特与父亲一直不合，但父亲的离世仍然令他悲痛不已。"我唯一遗憾的是父亲没能看见后来在我身上发生的一切。"亨利·福特后来曾不止一次地这样说道。

1905年11月，福特汽车制造公司正式成立，亨利·福特和库茨恩斯实现了削弱马尔科姆森的第一步。在亨利的安排下，福特汽车公司的股东成了新公司的股东，但马尔科姆森却被排除在外。福特汽车公司的利润被转移到了福特制造公司，福特汽车公司仅仅维持收支平衡，停止分红，堵住了马尔科姆森的资金源。这样一来，马尔科姆森的处境就变得极其艰难。他享受不到新公司的分红，而组建自己的汽车公司又需要投入大量资金，资金匮乏使他陷入了两难之中。

对于其他股东来说，一切如常，只是原来在福特汽车公司的股票价值和分红转移到了福特制造公司的股权上。然而，对于马尔科姆森而言，福特汽车公司的股票却是价值难料了。在1905年12月的董事会会议上，亨利·福特和库茨恩斯又以他即将成立的汽车公司将会对福特汽车公司造成利益上的威胁为由，向马尔科姆森再度施压，要求他辞掉董事和财务主管的职务。忍无可忍的马尔科姆森以要起诉公司为回击，没有再被要求辞职。这期间，也有股东厌恶亨利·福特和库茨恩斯的这种"背信弃义"的做法，有一位股东就是因为怕家乡人知道他与"小人"有合作而选择退出公司。

就在双方陷入胶着状态时，一件有利于亨利·福特的事情发生了。1905年11月，小股东阿伯特·斯特莱罗决定退出福特汽车公司，他把自己的股份以区区2.5万美元的价格卖给了亨利·福特，得来的资金用于投资南美洲的金矿生意。至此，亨利·福特持有的股份已经超过了马尔科姆森，形势开始向他所期盼的方向发展。

在1906年7月召开的董事会上，马尔科姆森终于爆发了，他再也无法忍受亨利·福特的紧追不舍，而且他新成立的"飞行汽车公司"又迫切需要投入大量资金，于是，他干脆放弃了福特汽车公司的控制权，并将自己的股份以17.5万美元的价格出售给了愿意吸纳股份的亨利·福特。这样一来，亨利·福特持有的股份上升到58.5%，成为公司的第一大股东。

恰在此时，身体一向孱弱不堪的董事长约翰·格雷病逝了，亨利·福特毫无悬念地成了他的接班人。约翰·道奇任副总裁，库茨恩斯则接下了之前由马尔科姆森担任的财务主管一职。

这场控制权之争终于落下了帷幕，至此，福特汽车公司的大权真真正正地掌握在了亨利·福特的手中。在过去的两次创业中，亨利·福特总是备受牵制，有时甚至生出"人为刀俎，我为鱼肉"之感。如今，他终于成了公司的掌舵者，可以自由地决定要带领公司走向何方了。

那天晚上，回到家中，他兴奋地对克拉拉说："这个公司的主人终于是我了！"

"T型车"热潮

一场轰轰烈烈的明争暗斗虽然终于告一段落，但这场争斗所带来的后果却是不可挽回的。1906年底，福特汽车公司进行年终总结，这一年的销售记录使股东们大跌眼镜。因为马尔科姆森坚持生产售价高昂的高档汽车，导致

第二章 汽车王国雏形初成（1896—1913年）

这一年福特汽车公司的销量骤减，利润只有10万美元。"昂贵就是灾难！"亨利·福特在会上痛心疾首地说。

从1907年开始，福特汽车公司停止了对豪华车型的开发和生产，制定了降低售价、薄利多销的新战略，将生产方向转为规格统一、价格低廉、用途广泛、广为大众所接受的新车型。三种车型的敞篷车和小客车很快投入生产，这三种车型只在外表上有所区别，在材料和配件上完全一样。当然，最重要的是这三种型号的车中最便宜的售价仅为600美元，最贵的也才750美元。这三种车型一经推出，立刻受到了消费者的追捧，当时福特汽车公司的最高组装纪录是在六个工作日内，组装了311辆汽车！不到一年的时间，他们的销售量就达到了8433辆车，是1906年的五倍之多！福特汽车因此一跃成为行业销售冠军。

1907年底，在美国经济总体不景气的情况下，福特汽车公司却创造了一个奇迹——盈利125万美元。1907年底的董事会上，董事们一致同意将亨利·福特的年薪从3600美元提高为36000美元。当然，亨利·福特早已不在乎年薪多少，因为这个数字与年底分红相比，实在是不值一提。

从1903年成立到1907年，福特汽车公司总共推出了A、B、AC、C、F、K、N、R和S型一共九种不同类型的汽车，其中大部分车型都取得了巨大的成功。尤其是最新推出的轻便、廉价、高速的"N型车"，它的销售速度几乎和生产速度一样快。但如此傲人的成绩仍不能让亨利·福特满足，在他的心中，有一个想法越来越清晰："我要研制一种大众汽车，让每个人都能拥有一辆属于自己的汽车。"

1908年3月19日，这是一个值得亨利·福特永远纪念的日子，在这一天，他心中的"大众车"终于驶下了工厂的生产线，这就是在美国经久不衰的"T型车"。

这款看似平淡无奇的新车与以往的汽车大有不同：四缸汽油发动机，

最大功率20马力，还有很高的底盘、粗大的轮胎和弹簧。驾驶方便，可靠耐用，最重要的是价格低廉，最初的售价只有825美元，相当于同类车型的三分之一。

性能这么高又如此廉价的"T型车"一推向市场，立即引起了一场购买热潮。人们都觉得难以置信：普通人竟然也能买得起汽车了。订单如同雪片一样飞向了福特汽车公司，与此同时，很多人还向报社和公司打电话，诉说他们对"T型车"的赞美和热爱。第一年，"T型车"就创造了一个销售神话——产量达到10660辆，创下了汽车行业的纪录。

但"T型车"的畅销使亨利·福特和他的团队面临着另一个难题：公司的生产能力根本无法满足消费者的需求。"T型车"进入市场后不到两个月，福特汽车公司就不得不在各种媒体上发布公告，宣布"T型车"的存货已经售罄。但尽管如此，消费者的热情仍然持续高涨，订货的电话、电报、信函依旧源源不断，分布在美国各地的公司推销人员甚至来到底特律，坐等发货。

为了在最短的时间里提高产量，1908年底，工厂管理专家沃尔特·弗兰德斯应亨利·福特之邀来到了福特汽车公司。他的任务是将工厂的生产能力扩大到年产量在1万辆以上。

弗兰德斯大刀阔斧地进行了改革，简化了各项工作流程，引进了效率更高的设备，只用了9个多月的时间就使得福特汽车公司生产了1万多辆汽车。这些"T型车"驶入了美国千千万万的普通家庭，它奔驰在乡村的路上，驰骋于城市的各条街道，在美国到处都能看到"T型车"的影子。

每一件超级产品的背后，都隐藏着设计者极度的偏执，"T型车"的热销也离不开亨利·福特的精益求精以及对细节的执着。亨利·福特曾经向德国一家汽车零部件制造商订购了一批价值2000万美元的汽车零部件。在签订购买协议的时候，他向对方提出了一个条件：这批零件必须装在木箱子里，木箱的大小尺寸、木板的厚度、木板的结合、螺丝钉的大小、结合的位置都要按照他的要求去设计，而且木箱上不能有不一样的铁钉。等到货物运到后，亨利·福特亲自带领工人卸货，他还特别叮嘱大家开箱要谨慎，不得破坏木板。等到全部拆卸完后，亨利·福特拿着办公室铺设地板的设计图出来，这些零部件的木箱板刚好铺满他的办公室。

"T型车"的价格如此诱人，这也意味着，它的成本必须远远低于整个行业水平。为了降低成本，亨利·福特采用了一种名为矾钢的合金钢。它不但重量轻，而且强度还高，用在汽车上可以极大地减轻汽车的重量。然而，这种合金材料的冶炼技术以当时美国的冶金实力来说还很难。矾钢的冶炼要求温度达到华氏3000度，而当时美国普通的熔炉最高只能到2700度。亨利·福特只得自己大炼钢铁，花费了很大精力，最终掌握这种金属的属性。同时，根据硬钢、韧性钢、弹性钢等不同金属的属性，对整车材料进行了统筹，使每一个零部件都能用最适合的材料制造，降低了成本与重量，也提高了汽车的整体性能。

从第一批"T型车"驶出福特大门到1927年5月停产的近二十年时间里，福特汽车公司总共生产了1500万辆"T型车"，销售总额达70亿美元，占据了世界汽车产量的半壁江山。在后十年里，它的生产率曾达到每10秒钟一辆。"T型车"的生产线曾经关闭了整整一年，当年美国汽车销售总量就下降了100万辆，足见福特汽车公司在美国汽车市场上的地位。

"'T型车'就是我的名片！"亨利·福特曾经骄傲地宣称。"T型车"是值得福特家族骄傲的。"T型车"的诞生不仅仅是一种车型或者设计的创新，而且是汽车生产方式乃至大工业生产方式上具有划时代意义的创新。它的更伟大之处在于，汽车的普及改变了美国的文化经济生活。当"T型车"走进无数普通美国家庭，美国人的生活区域随之得到了拓展。如果美国人被誉为车轮上的民族，那么"T型车"对民族意识的成功塑造可谓功不可没。正如著名动画片《汽车总动员》中描绘的那样，创建汽车小镇的是一辆"T型车"，"T型车"同样也算得上是美国汽车文化的奠基者，它锻造了美国汽车工业的灵魂。毫不夸张地说，美国四通八达的高速路，强盛一时的汽车产业都缘起于"T型车"。

专利大战

福特汽车公司驶入了发展的快车道，但就在此时，一场风波向亨利·福特席卷而来。1909年5月28日，他与美国授权汽车制造商联盟的诉讼开庭了，亨利·福特不得不站在被告席上，接受法官的审判。

事实上，这场风波已经酝酿很久了。

事情要追溯到19世纪70年代。乔治·赛尔登是美国的一位专利律师，他像亨利·福特一样从小就对机械有着浓厚的兴趣，并在1877年发明了筒式的内燃机。1879年，出于职业的敏感性，乔治·赛尔登为自己申请了一项公共车辆专利权，也就是说，从1879年起，美国任何想研制内燃驱动车辆的人都必须得到他的许可，并向他支付专利使用费。

当时谁也没有预料到，几十年后竟然出现了汽车。但到了1899年，华尔街的一些嗅觉敏锐的金融家们意识到了赛尔登专利的价值，于是，他们花了一万美元以及以后收取的特许权使用费的20%买下了这项专利。就这样，这项专利成了他们谋取利益的工具。他们曾先后向五家汽车公司发起诉讼，全都赢得了胜利。

原本对这个专利并不在意的汽车厂商们不得不开始重视起这个问题，其中的一些厂商便与那些掌握着赛尔登专利权的金融家们谈判，并与他们达成了共识。1903年3月5日,授权汽车制造商联盟成立。联盟决定授权所有成员的汽车相关专利,当然核心是赛尔登专利。联盟决定对每辆汽车收取标价1.25%的许可费,0.5%给电动车公司,0.5%给联盟,剩下的0.25%给核心专利的发明人赛尔登。

凭借着赛尔登专利,授权汽车制造商联盟聚敛了大量财富,专利授权生产的汽车销量成倍增长,许可费源源不断地流进了联盟的口袋里。最兴旺时,授权汽车制造商联盟的被授权企业占汽车制造企业总数的87%,这些企业的汽车产量占美国汽车总产量的90%以上。

而在联盟之外的,则是一小群被称为"独立分子"的强硬汽车生产厂商,其中就有福特汽车公司。事实上,亨利·福特也曾申请赛尔登专利许可,但没有成功,授权汽车制造商联盟拒绝对他授权,他们将福特的工厂看作装配车间,当时业内很多人都这么认为。

亨利·福特的一些"离经叛道"的行为原本就使他成了同行们的眼中钉,如此一来,他更是成了众矢之的,一场针对福特汽车公司的"围剿"很快拉开了序幕。1903年7月26日,美国授权汽车制造商联盟在底特律的两家日报上发布警示广告,告诫人们不要购买未经赛尔登专利授权的汽车。授权的汽车都在仪表板或者门芯板上有个小铜牌,如果没有小铜牌,就可能面临侵权诉讼。

作为未经授权汽车厂商的领头羊,福特汽车公司马上应战,他们也购买了整页的广告版面,向代理商和消费者们阐述赛尔登专利的不合理性,表示绝不妥协,并做出承诺:"我们将保护你们免受所谓的专利侵权的起诉,因为赛尔登专利根本没有涉及任何现实可行的机器,而且我们也相信,按照专利上所说,不可能制造出任何实用的机器来。"

颇具商业头脑的亨利·福特意识到了联合会诉讼可能带来巨大的宣传价值,还曾公开宣称,如果联合会对自己的诉讼能帮助推广福特品牌,他就给这个托拉斯1000美元。联合会的厂家们被气得直冒青烟。

1903年秋天到了，所有汽车厂商们都屏气凝神地关注着摆好阵势准备厮打的双方。媒体上的针锋相对很快就引发了实质性的行动，1903年10月22日，美国授权汽车制造商联盟正式对福特汽车公司提起了侵权诉讼。

但这场诉讼进行得非常缓慢，因为他们的本意并不是让亨利·福特缴纳专利使用费，而是想把刚刚成立的福特汽车公司拖垮，使亨利·福特在汽车行业失去立足之地。对此，美国授权汽车制造商联盟胸有成竹，毕竟，在成立之初，整个福特汽车公司只有30万美元的资产，根本无力与他们抗衡。

但出乎他们意料的是，福特汽车公司先后推出的几款汽车都得到了市场的认可，销售汽车所得的巨额利润给了亨利·福特与他们斗争到底的底气，因此，他们想打垮亨利·福特的计划一直未能得逞，于是，诉讼也就这样继续拖延着。

一直到1909年5月28日，他们才真正对簿公堂。在法庭上，当原告律师开始介绍赛尔登专利时，法官打断了他："谁告诉我液氢燃料发动机是什么？"由此可见，这个法官对技术一窍不通。原告的策略非常简单，就是反复强调赛尔登专利是基础、关键的专利，发动机类型并不重要。为亨利·福特应诉的律师帕克就累多了，他耗费了大量时间普及基本常识，讲解技术发展历史，发言就显得冗长乏味。帕克说，首先，赛尔登的发明是用一个动力代替另一个，然后将其他众所周知的部件组合起来，没有产生新的结果，这种简单替代和简单组合不应该授权专利；第二，赛尔登专利的保护范围应该限定在特定的发动机，也就是布雷顿发动机。

双方的辩论结束后，法官带着大量案卷补课去了，双方休息等他的判决。这一年的9月，法官终于做出了判决，他认为赛尔登的专利非常基础，意义深远，覆盖了每一个石油驱动的现代汽车。因此，他判定美国授权汽车制造商联盟胜诉。

固执的亨利·福特拒绝妥协,他给代理商和媒体编辑发电报:"我们将战斗到底!"

此时,他唯一的希望就是第二次审判能有不同的结果。幸运的是,上诉法庭由两个法官组成,其中的一位审判过多起重要的专利诉讼案件。亨利·福特了解到新的法官后很满意:他终于等来了懂专利的法官。

经过为期一个半月的研究后,上诉法官最终做出了不同的裁决:在说明书和权利要求中,赛尔登提出所有类型的液氢燃料压缩发动机都能用,保护范围太广,组合起来不能授予专利。法官的结论是赛尔登专利的权利要求应该缩小到只覆盖赛尔登对特定技术的贡献,也就是布雷顿发动机机车,被告使用的是奥特四冲程发动机,因此福特汽车公司并不侵权。

这场专利大战的胜利,标志着亨利·福特打破了汽车行业的专利枷锁,也意味着他把自己推向了汽车行业领军人物的位置,预示着未来美国人将把亨利·福特,而不是乔治·赛尔登,看作是汽车的发明人。

亨利·福特并未偃旗息鼓,而是继续扩大攻击范围,向整个专利系统发起挑战:"我绝对相信自由竞争,坚信废除扼杀竞争的专利。"在1961年出版的一本名为《垄断车轮》的书中,作者威廉·格林利夫写道,"通过赋予他的抗争挑战专利基本准则的意义,福特将一场精疲力竭的专利战争演变成一场一个人发起的争取无障碍机遇的战役。"

第三章
独揽大权
（1913—1919年）

"水晶宫"没有秘密

福特汽车公司的蒸蒸日上,使皮奎特工厂已经无法满足日益增长的生产需求。有时为了生产一辆汽车,工人们不得不费尽力气把很多零部件从一栋楼拖到另一栋楼,时间和人力都大量地浪费在了这些无用功上。

为了改变这种状况,亨利·福特开始筹划建设一个新的工厂。在他的设想中,新工厂应该是一个能够以最大效率生产汽车的一幢大建筑或是一个紧密的建筑群,在这里,汽车生产的所有环节都能结合在一起,实现规模化生产。

亨利·福特最终选定了位于底特律西北部的高地公园,这里有60亩空地,原先是个跑马场。为了设计出自己心目中的理想工厂,他请来了著名建筑师艾伯特·凯恩。

当亨利·福特把艾伯特·凯恩带到高地公园并充满憧憬地描述自己想象中的工厂时,艾伯特·凯恩以为他发疯了。即使这个建筑师以建筑风格标新立异而著称,也从未听说过亨利·福特所说的那种建筑。

不过,在两个天才大师的密切合作下,只花了几年的时间,一栋神奇的建筑就在高地公园拔地而起,并于1910年元旦正式投入使用。这座工厂是完全按照亨利·福特的设想来建设的。主工厂是一座有四层楼的长条形建筑,沿伍德沃德大道延伸865米。主建筑所使用的材料(大多数是混凝土和玻璃,红砖主要用在楼角处)使它拥有了一个清洁、现代化的外表。玻璃屋顶上的

第三章 独揽大权（1913—1919年）

通风口几乎同墙上的玻璃一样多，因此高地公园工厂的工人们能够享受到新鲜的空气。这一优点，在这之前任何产业的任何工厂都不具备。

更值得一提的是，艾伯特·凯恩还设计出了独一无二的玻璃屋顶，每一面墙也是用玻璃制成的。这样的屋顶和墙在阳光下显得非常耀眼，如同水晶一般，正因为如此，高地公园工厂又被称为"水晶宫"。亨利·福特对这种独特的设计非常满意，因为用玻璃做屋顶，阳光就可以直射到车间，让工人们能更清楚地看清楚机器，提高工作效率。

"水晶宫"诞生之后，福特汽车公司的生产效率得到了大幅度提高。当时的工人们是这样工作的：吊车把原材料运输到四楼，在那里，工人们把这些原材料加工成各种汽车零件，比如挡泥板、车篷等。在零部件被铸造、加工完毕之后，工人们会通过由滑槽、传送机和管道构成的上千条通道把它们送往下面的楼层。三楼的车间是用来制造汽车底盘的，除此之外，工人们还会把轮胎安装到车轮上，并给汽车涂上颜色。在二楼，整辆车会完成装配，然后沿着一个斜坡开到一楼，在那里有验车台，所有的车都会得到检验。

亨利·福特和艾伯特·凯恩联手打造的这座"水晶宫"，在当时的美国堪称最先进、规模最大的现代化工厂。刚一问世，就成了众所瞩目的焦点，很多人慕名前来参观。"水晶宫"更是美国汽车行业的"圣地"，来自世界各地的汽车制造商蜂拥而至，其中不乏"偷师学艺"者。

不过，亨利·福特丝毫没有保守生产秘密的意思，福特汽车公司甚至还为前来参观的人们提供导游服务。这与其他工业企业大不相同，通常来说，为了避免自己的技术和理念被窃取，大多数公司都会将同行拒之门外。但在亨利·福特看来，"水晶宫"没有秘密，他甚至坦诚地向竞争者们敞开大门。

高地公园工厂与全美国乃至全世界其他汽车工厂的最大区别在于，在它投入使用的那一天，它并没有完全建成，而且也永远不会完全建成。当生产开始时，福特人也开始寻找通过进一步机械化来节省时间、资金和人力的方式。这是一种通过永不停止的改进来促进公司发展的思想，而从本质上说，这一管理上的不变信条就是人们所说的"福特主义"，一种将在此后的15年内席卷工业化世界而且至今仍被尊为商业规范的理念。它的基本思想是，产品本身可能会也可能不会进步（在19年的生产期内，"T型车"没有多大变化），但产品背后的系统必须进步，而且必须不断地进步。

"水晶宫"很快就在高效生产方面发挥了巨大的魔力。在它投入生产的第一年就生产了19000辆"T型车"，第二年这个数字涨到了45000辆，第三年更是达到了78440辆。不断飙升的数字，让人惊叹不已。

首创流水线

1913年在福特汽车公司的历史上，留下了浓墨重彩的一笔。这一年，福特汽车公司安装了世界上第一条生产流水线。这种能大幅度提高生产效率的程序就像藤蔓一样迅速蔓延，最终渗透到了福特汽车公司的所有生产流程，甚至传遍了整个重工业界。

如今，到底是谁发明了福特汽车公司的流水线，这个问题已经找不到答案。亨利·福特在他的自传中声称是他最先开创了这项具有革命性的创举。有一次，他在参观一家手表生产厂商时，手表的传递装配过程令他惊叹，于是产生了将这种流程引进到汽车生产中的念头。

还有一种说法是福特汽车公司的工头威廉·克努恩发明了这条流水线。威廉·克努恩的灵感来自对芝加哥斯威夫特肉食品加工厂的一次访问。在亨利·福特博物馆的档案室中,有一份1912年威廉·克努恩参观这家工厂后提交的文件。从文件中可以看出,这家工厂的分解流水线给威廉·克努恩留下了深刻的印象。线上,猪被倒挂在空中,从一个工作台传送到下一个工作台。在第一台,猪会被绞死,在此后的每一台,工人们都会把死猪身上的某个特定部分割下来,直到什么也不剩。就是通过这种方式,猪变成了可以出售的猪肉食品。任何一个崇尚效率的人都会为此感到震撼,在这里,每道工序都无缝链接,工人们不必浪费一分钟或做多余的动作。

在当时,威廉·克努恩知道,要想把这种工序转移到汽车生产中,福特汽车公司所要做的不仅是设计一种零部件传输系统那样简单。毕竟,大多人都认为汽车生产太复杂,不可能使用装配线系统。不过,威廉·克努恩还是将这种想法汇报给了当时的生产主管彼得·马丁,虽然马丁对此持怀疑态度,但还是决定让他试一试。

经过四个多月的努力,福特汽车公司的第一条生产流水线安装完毕。它的主要工作任务是用来生产磁电机线圈。威廉·克努恩先是把生产线圈的工作分割成许多部分,然后把它们按一定的顺序排列成工人们要遵守的工序。试验是成功的——最终使"T型车"的近1500个其他零部件都被整合进了装配线程序中。作为开端,威廉·克努恩使用一种由传送装置驱动的装配线生产整个发电机飞轮。这条生产流水线把福特汽车公司生产一只飞轮的时间从20分钟(人工)减少到了13分10秒。

接下来,威廉·克努恩又安装了一条流水线,生产重量为120磅的曲轴箱。作为操作的一部分,每一道工序上的工人都得在曲轴箱传过来的时候尽快把它从传送带上钳下来,否则,箱子就会掉下来砸伤人。很快这样的惨剧真的发生在了一个忘记使用钳子的工人身上。掉下来的曲轴箱砸断了他的大腿。

事件发生之后,库茨恩斯要求威廉·克努恩关闭曲轴箱流水线,在他看来，工人的安全必须置于生产效率之上。但威廉·克努恩却不愿意放弃，于是他向生产主管彼得·马丁和他的助手查尔斯·索伦森求助，寻求他们对流水线继续使用的支持。不到一个月，通过使用更好的钳子以及增加一个操作钳子的人手等方法，安全问题得到了解决。最终，曲轴箱流水线成了一个开创性的表率，证明了即使是最沉重的部件，也能通过生产流水线高效地生产出来。

到1913年夏天，福特汽车公司的所有车间全都安上了自动生产流水线。汽车的生产工序被分割成了一个个的环节，工人之间的分工更加细致，产品的质量和产量也随之大幅度提高。川流不息的传送带，将整个工厂紧密地联系在了一起，标准化、流水线和科学管理融为一体的现代大规模生产就此开始了。

整个高地公园工厂就像一个巨大的机器一样高速运转着，犹如第一次工业革命时期诞生了现代意义的工厂，生产流水线的创造成为人类生产方式变革进程中的又一个里程碑。每一天，都有大量的煤、铁、砂子和橡胶从流水线的一头运进去，有2500辆"T型车"从另一头运出来。

生产流水线对于福特汽车公司，甚至整个工业企业都产生了巨大而深远的影响，它带来的是工业生产方式和管理方式的真正革命。在福特汽车公司建立起生产流水线之前，当时的汽车工业完全是手工作坊型的，两三个人合伙，购买一台发动机，设计个传动箱，配上轮子、刹车、座位，装配一辆，卖出一辆，每辆车都是靠手工装配出来，每辆车都是一个不同的型号。因为启动资金要求少，生产也非常简单，所以每年都有五十多家新开张的汽车作坊进入汽车制造业，但大多数的存活期不超过一年。生产流水线的诞生使得这一切都改变了。在手工生产时代，每装配一辆汽车要728个人工小时，而福特汽车公司的生产流水线设计把这一工期缩短为12.5个小时。

在实现自动化生产流水线之后的一年里，福特汽车公司的产量再次实现了翻番。1万3千名工人生产了26.7万辆汽车，而同一时期美国其余299家汽车工厂的66万名工人仅生产了28.6万辆汽车，福特汽车公司的人均效率大约是其他公司的47倍。从1913年开始的十年里，福特汽车公司的产量几乎每年都翻一倍，因为成本的大幅度节省和生产量的迅猛增加，"T型车"的价格也从刚上市的850美元下降到了360美元，这使得它在不断降价中迅速占领了市场。福特汽车公司的市场份额从1908年的9.4%上升到1911年的20.3%，1913年达到39.6%，1914年达到48%，月赢利更是达到600万美元，在美国汽车行业占据了绝对优势。

作为第一个吃螃蟹的人，福特汽车公司从一家杰出而又成功的汽车公司变成了世界上最伟大的工业企业。对生产流水线的率先尝试，也使得福特汽车公司超越了商业领域，成了社会巨变的先锋。

5美元和8小时

福特的生产流水线创造了一个工业奇迹，但这也意味着，从产生之日起就应用于生产、用于更多地榨取工人血汗的"福特制"正式诞生了。

与迅速飙升的产量和源源不断地流入亨利·福特以及其他股东腰包的钞票形成鲜明对比的，是工人劳动强度的增大和收入的降低。库茨恩斯是最先发现这种不公平的人。他虽然总是面色阴沉，看似铁面无情，实际上却有仁者之心。

在工厂管理过程中，他发现，在流水线上，每个工人都被固定在一个工位上，长期进行动作单一的操作。手工业时代匠人们通过一双巧手制造一个产品的成就感荡然无存，汽车制造的工作变得越来越乏味枯燥。工人们感觉自己仿佛变成了劳动机器，他们发现自己在生产过程中的作用越来越小，即使拥有再高超的技能，在循环往复的流水线生产中也完全得不到发挥。也正因为如此，工人们旷工和怠工的频率越来越高。

虽然移民潮和周期性的经济萧条使得劳动力供大于求，但汽车制造中长时间乏味的工作实在没什么意思。在流水线被采用，因而机器对人的控制取代了人对机器的控制之后，福特汽车公司所提供的工作机会更没有吸引力了。重复劳动——一遍又一遍以相同的方式做同样一件事情，是枯燥而可怕的。

库茨恩斯还曾经让他的下属们做过一项统计，根据统计，因为新的生产方式的实施，福特汽车公司工人的劳动强度，视工种的不同是其他工厂工人的0.5倍或数倍，他们手中的半机械的动作每过四个小时才能得到片刻休息，神经更是高度紧张，然而他们的工资水平却仅相当于整个底特律的平均水平——每天2.34美元。除此之外，在1913年夏天公司实行流水线作业之后，福特汽车公司还取消了"多劳有奖"的分级工资制度，以最原始的计时工资制取而代之。这样一来，工人更加失去了劳动积极性，于是，大批工人在工作了一段时间后，就纷纷辞职，转去其他工厂从事劳动强度较低且报酬更高的工作。1913年，福特汽车公司的员工变更率高达380%，年底的时候，公司每增加并稳定100个工人，招聘的定额必须要达到963人才能完成这一任务。

库茨恩斯意识到，必须尽快解决这个难题。而使这件事成为燃眉之急的是，"世界产业工会联合会"开始在福特汽车公司的工人中散发传单和各种资料，称福特汽车公司为"血汗工厂"，指责亨利·福特加大劳动强度剥削工人，鼓励工人争取自己的利益，并且鼓动他们进行大罢工。

库茨恩斯将自己的担忧向亨利·福特进行了汇报，然后直截了当地向他提出了自己的大胆设想：必须给工人增加工资。

第三章 独揽大权（1913—1919年）

事实上，库茨恩斯的观点与亨利·福特一直以来的想法不谋而合。他早就认识到，工人们必须得到另外的补偿，才能够寻找到工作的意义。

1914年1月5日，福特汽车公司召开了一次董事会，在这次会上股东们通过了一个决议："本公司将实施5美元工作日！任何合格的工人，无论年纪大小，无论什么工种，都能领到他自己的一份。"当然，精明的亨利·福特也留了一个心眼，他把这种加薪定义为"利润分享"，这样一来，即使在未来有了麻烦，福特汽车公司也可以堂而皇之地终止这一制度。与此同时，福特汽车公司还宣布废除每天工作9小时的制度，而代之以每天8小时的三班倒制度。

董事会结束后，在记者招待会上，库茨恩斯正式宣布了这一里程碑式的政策。亨利·福特则神态悠闲地坐在一边，回答记者们提出的问题。当有记者问亨利·福特对这项改革措施有什么看法和打算时，亨利·福特做出了这样的回答："我宁愿我的公司里有两万富裕起来的新一代的工人，也不愿我的公司里只有一小撮新贵族和百万富翁！"

日薪5美元和8小时工作时间，这样的工作待遇在当时的美国算得上是石破天惊。福特汽车公司的新工资标准几乎相当于当时汽车业工人平均收入的两倍。如果把这个数字与其他行业的平均收入水平进行比较，这种加薪幅度显得更加令人震惊——比如，当时炼钢业的工人工资为每天1.75美元，煤矿业大约为每天2.50美元。如此算来，新政策在第一年内就会给福特汽车公司新增1000万美元的成本。

这个爆炸性的消息一出，很多人都认为亨利·福特发疯了。一些企业的管理者也批评说日薪5美元是一家富得流油的公司所耍弄的一个不切实际的花招。1914年1月11日的《纽约时报》刊登了一篇名为《亨利·福特解释他为什么要发掉1000万美元》的长篇报道。文章是这样写的："星期二，全世界都被报纸的一份宣告震惊了。它宣称福特汽车公司已经通过了一个和雇员平分利润的方案，据说公司将拿出1914年50%的利润，约为1000万美元在雇员中分配。它将按照现在日工资的比例，装在员工每周的工资袋中。红利的价值是如此之高，以至于可能超过他们的工资。即使是每天只挣2.34美元最低工资的清洁工，也将得到5美元。"

而同样在这篇报道中，亨利·福特这样解释他这么做的原因："我想强调，这并不是增加工资而是利润分享的方法。员工的工作效率一直很高，而且很忠诚，我们认为他们应当和我们一道来分享成果。如今你想从别人那里得到点什么，那你就必须出个好价钱。如果你想得到他的最佳发挥，你必须真正地酬谢他，必须给他生活的希望。"

高工资所带来的效益很快就显示出来。从这项政策宣布的第二天开始，就有上万名求职者聚集在工厂的大门口，一场求职大潮席卷而来。前来求职的人来自美国各个州，包括职员、工人、水手、农民和矿工，而且每天还有大量求职者源源不断地来到底特律。根据当时一些学者的分析，按照"福特制"实行后的生产和工作效率，亨利·福特当时甚至能为每名员工支付每个工作日20美元的工资，那么其他的钱去哪里了，答案不言而喻。

与此同时，福特汽车公司的劳动纪律也得到了加强。"挣5美元的日薪，就要有5美元工资的纪律。"这是亨利·福特的口头禅。日薪5美元制度实施后，福特汽车公司的工人变更率降低了90%，每天无故旷工的工人比重从原先的10%下降到3‰。实施这一政策的当月，就有900名希腊籍和俄罗斯籍的福特工人被解雇，原因是他们"擅离工作岗位"去庆祝属于自己的节日。以高工资为诱饵，亨利·福特开始在福特汽车公司中建立起了一个专制王国。

当然，并不是所有人都能得到5美元的诱人工资。比如，福特汽车公司规定，新工人只有在干满6个月的试用期并合格后，才能得到5美元的工资，而那些女工、22岁以下的未婚男员工、不赡养家眷独立生活的已婚男员工、涉及离婚诉讼的男员工以及其他"生活方式有问题"的工人都拿不到5美元。根据公司1916年的统计,当年有1.4万名工人的日工资达不到5美元。而从1914—1919年的5年中,总共有5%～10%的工人没能得到他们向往的5美元工资。

"日薪5美元是我进行过的最重要的一次成本削减。"亨利·福特后来曾经得意扬扬地说。通过把工人的生产率提高到可以预测的高度——由机器来设定速度,福特汽车公司无异于重新定义了工业资本主义。作为第一家能够把大规模生产全面机械化的厂商,福特汽车公司也是第一家认识到没有员工的热情付出,整个生产程序就会脆弱无力的制造商。于是,这家先锋企业用它开创性的日薪5美元买来了这种热情——可能还远远不止这种热情,因为高薪是所有劳动者都执着追求的一种东西。

与库茨恩斯分道扬镳

在创业初期,福特汽车公司拥有一支非常优秀的管理团队,然而,从1914年开始,亨利·福特几乎每年都会看着团队中的一个人离开,无论离开的人是谁,他都丝毫不露遗憾之色,也从不挽留。

事实上,这种变化早就露出端倪,因为亨利·福特的性格随着福特汽车公司的迅猛发展发生了微妙的变化。1914年,亨利·福特51岁,虽然已到了知天命之年,但刚刚品尝到权力滋味的亨利·福特却变得越来越激流勇进。"T型车"的热销和日薪5美元给他带来的巨大声望,使他沉浸在炫目光环之中,同时,一种可怕的变化也发生在他身上——他变得独断专行,他不想再和他的团队在一起,相反,他想摆脱过去的伙伴们,独揽大权。

在福特汽车公司,唯一一个能使亨利·福特心生敬畏的人就是库茨恩斯，他想把权力掌握在自己手中，库茨恩斯是最大的障碍。只要有库茨恩斯在，权力欲日渐膨胀的亨利·福特就会感到一种巨大的威胁。

于是，亨利·福特开始关注起詹姆斯·库茨恩斯的行为。他发现，在1915年的前九个月内，库茨恩斯出现在工作岗位上的次数只有84次，还不到之前同时期工作日的一半。事实上，在这方面，亨利·福特自己也没好到哪里去——那一年他也经常不在工厂。但谁又能和他相提并论呢，毕竟，他是公司总裁，他是与众不同的。亨利·福特开始对库茨恩斯的旷工大发牢骚。无论他自己去不去公司，他都希望他的员工能规规矩矩地待在自己的岗位上，勤勉工作为公司赚取利润。

库茨恩斯对亨利·福特的不满并非一无所知，事实上，他对这位自负又固执的老板也有很多怨言。他们之间的龃龉在第一次世界大战爆发后愈演愈烈。

1914年6月28日，随着奥匈帝国的斐迪南大公夫妇在萨拉热窝倒在刺客的枪下，7月奥匈帝国进攻塞尔维亚，8月德国、俄国、法国和英国参战，第一次世界大战全面爆发。此时，摆在美国面前的有两条路，一是置身事外，毕竟战争是大洋彼岸的事；二是与英国、法国和它们的盟友站在一起。在美国国内，持有这两种观点的人分成了两派，势如水火。

亨利·福特是一位坚定的反战派，作为一个和平主义者，他对战争极端厌恶。1915年初，《纽约时报》上刊登了亨利·福特发表的慷慨激昂的反战演说："我个人认为，'战争'这个词是用穿过每个士兵胸膛的血淋淋的字母拼成的。除了放债人、军火商和恶棍，没有人会需要它……"当然，他也没有忘记在这样的场合抨击那些他所憎恶的人："也许，华尔街的那帮人会需要它。"

1915年9月，一直以来都非常反感各种名目捐献活动的亨利·福特破天荒地发出了一个倡议，号召富人们为了和平而慷慨解囊，建立反战基金。他还

第三章 独揽大权（1913—1919年）

建议美国政府鼓励生产各种农用机械，反对增加军事开支，并且宣布把五千台农用机械拖车运往英国，用于救济陷入危机的英国农业。

1915年12月，他甚至还发起了"和平船行动"。这年的11月23日，美国总统威尔逊在白宫接见了亨利·福特，以彰显他对福特所致力的"和平主义事业"的关心。在这次会见中，亨利·福特提出了一个大胆计划：由他租下"奥斯卡二号"游轮，邀请包括美国总统威尔逊在内的政界和商界的著名人士，乘坐这艘"和平之船"前往欧洲，对那些"已经对战争感到厌烦的国家"进行调解，从而促使战争尽快结束。不过，到了启航那天，亨利·福特失望地发现，他邀请的政商界名人们没有一人前来，这注定是一次以失败而告终的行动。

亨利·福特的反战言论激怒了库茨恩斯。当美国还在为是否参战而左右摇摆时，库茨恩斯就旗帜鲜明地表明了支持战备和武力干涉的态度，他认为美国能够结束这场战争。库茨恩斯与亨利·福特在参战问题上的分歧，是他们多年密切合作中第一次出现的严重的意见分歧。

但他们之间的不合远远不止于此。作为财务主管，库茨恩斯最大的才能在于理财，他成功创办了高地公园银行，从而使福特汽车公司的支付状况得到了极大的优化。与福特汽车公司的员工们一样，亨利·福特也把自己的钱存进了这家银行。不过，战争爆发后，马上就要发生商业银行挤兑的流言传遍了美国各地。亨利·福特对此深信不疑，为了确保财务安全，他想把自己的钱从高地公园银行撤出来。尽管库茨恩斯一再向他保证，他的钱在那里非常安全，但亨利·福特还是决定把自己账上的资金转到更为安全的储蓄银行。

看到亨利·福特如此不信任自己，库茨恩斯感到一种彻底的背叛，他马上发了一封火药味十足的电报给亨利·福特："在这种关键时期，人不可避免地会展现出自己的本性。我们正在安排转走你的钱。"或许从那时起，他与亨利·福特之间的裂痕就已经无法弥补了。

1915年10月12日,亨利·福特和库茨恩斯的矛盾终于来了一次彻底的爆发。

起因在于,亨利·福特指示下属们,在向顾客销售福特汽车时,随车向顾客赠送一份由公司主办的《福特时报》,上面刊登了亨利·福特本人的一系列反战言论和许多反战文章,尤其是里面对美国准备向英国和法国提供战争贷款和物资的行为进行了猛烈的抨击。库茨恩斯再也无法容忍这样的行为,在他看来,福特汽车公司不应该成为总裁政治观点的喉舌,尤其是当某些观点可能侵犯到顾客或其他人的时候。

愤怒的库茨恩斯带着一份《福特时报》闯进了亨利·福特的办公室,怒火中烧地对他说:"你不能随意发表这样的言论!"亨利·福特用眼角瞥了瞥那份报纸,态度强硬地说:"你不能阻止在这里发生的任何事情。"库茨恩斯马上领会了亨利·福特的意图,说道:"既然如此,那我就辞职!"

这正是亨利·福特想要的回答。他淡然地同意了库茨恩斯的辞职,没做任何挽留。

库茨恩斯离开的消息在《福特时报》上刊登时只有两行,他对福特汽车公司所做出的巨大贡献更是丝毫没提。从来就不愿承认办公室工作有多大价值的亨利·福特似乎想在库茨恩斯刚刚离开就抹杀他的功绩。亨利·福特想让公司的投资者、顾客、经销商和员工们知道,没有库茨恩斯,公司仍然能够取得如今的辉煌。库茨恩斯的工作很快就被其他人接手,在一段时间内,福特汽车公司的运转与以前并没有什么不同,会计、融资、采购等一切如故。然而,库茨恩斯带给公司业务部门的那种活跃与效率,在这之后的岁月中,亨利·福特再也未曾看到过。

清洗道奇兄弟

随着福特汽车公司的利润日益丰厚，亨利·福特对其他股东们的不满与日俱增。在他看来，股东们都是公司的寄生虫、吸血鬼，他们没为公司做出什么贡献，却毫不费力就能得到不菲的分红。他越来越不甘心自己辛辛苦苦赚来的钱流入这些"食利者"的口袋，尤其是道奇兄弟。

道奇兄弟与福特汽车公司之间的关系非常微妙。作为股东，他们从福特汽车公司那里得到了丰厚的分红，但与此同时，他们的公司也在与福特汽车公司做生意，是福特汽车公司最重要的零部件供应商。在亨利·福特忙于福特汽车公司的扩张时，道奇兄弟也在费尽心思扩大道奇公司的规模。

1908年，约翰·道奇在哈姆特拉米克的约瑟夫·坎佩欧大街为自己的公司建造了一家将近五十万平方米的新工厂。如果说福特汽车公司的工厂是全世界最大的汽车工厂，那么，道奇兄弟公司的新总部则算得上是全世界最大的汽车零部件工厂。新工厂布局巧妙而且设施齐备，足以完成向福特汽车公司大量提供"T型车"底盘及其他部件的任务。不过，这家新工厂看起来并非只是简简单单的汽车部件加工厂，它拥有全套设施，有齐全的机器，有充足的空间，足可以做更多的事情。从某种意义上来看，这更像是一家全副武装的汽车制造工厂。

亨利·福特不断地完善高地公园工厂，希望能提高零部件的生产率，从而减少对道奇公司的依赖。而道奇兄弟所做的事情也如出一辙，他们不断地扩大工厂规模，希望尽早结束对福特汽车公司的依赖。双方就这样心照不宣地合作、对抗着。

1913年8月，道奇兄弟终于忍无可忍地爆发了。约翰·道奇成了第一个对亨利·福特那越来越严重的专横和自负失去耐心的人。作为正式程序，约翰·道奇给詹姆斯·库茨恩斯写了一封公函，退出了福特汽车公司的董事会。约翰·道奇还告诉詹姆斯·库茨恩斯，道奇兄弟公司与福特汽车公司目前的零部件供应合同将会是双方的最后一份合同。在那个时候，道奇兄弟仍然是福特汽车公司的股东，但他们与福特汽车的生产已经没有关系了。

此时的亨利·福特正在为解决一个难题而焦头烂额："T型车"的订购量远远大于福特汽车公司的最大生产量，虽然当时的生产速度已经达到了差不多每3分钟一辆。因为市场的持续膨胀，亨利·福特加快了生产速度。他的最大目标是每分钟生产一辆车，每小时60辆，每天1440辆。

当亨利·福特听说道奇兄弟要与福特汽车公司分道扬镳时，连眼皮都没眨一下。他根本无暇理会道奇兄弟。虽然谈到对重型机械的理解，道奇兄弟是整个汽车行业中唯一比他要强的人。不过，这或许正是他对两人的离开一点儿也不感到遗憾的原因。对亨利·福特而言，没有了时常发出反对意见的道奇兄弟在身边，关于他最热爱的东西以及他旗下企业的灵魂——机器，就没有比他更权威的声音了。

很快，道奇兄弟就成立了自己的汽车公司，主要生产中高档汽车。因为他们仍保留福特汽车公司的股份，因此，到了1913年年底他们依然心安理得地接受分红，并用得到的红利作为自己汽车公司的资金，生产和销售道奇汽车。仅1914年一年，道奇兄弟就从福特汽车公司那儿得到了144万美元红利，这些资金全被他们投入了新的汽车公司。对此，亨利·福特早就憋了一肚子的火，不过他觉得现在还不到摊牌的时候。

1914年夏天，道奇兄弟公司做出了一个令整个汽车制造行业都为之震惊的决定。道奇兄弟宣布，他们将致力于生产一种完整的汽车，一种他们自己设计的令人激动的新型汽车。他们深知，他们不可能凭借像"T型车"那样的低价车与福特汽车公司进行竞争。在当时的汽车市场上，几乎没有任何一家公司能与福特汽车公司匹敌，因为其效率已经无人能敌。不过，道奇兄弟敏锐地意识到，虽然"T型车"正在创造一个庞大的初次购车者阶层，但却没有给这些顾客购买更高价格的汽车提供其他选择。而他们的新型汽车却可以满足那些对汽车有更高要求的人的需求。新道奇汽车代表着一种进步，它也是强力汽车，但它的35马力超过了"T型车"的20马力。除此之外，它的传动装置也更加平稳、噪音更小。所有的进步都体现在了更高的价格上，它售价780美元，远远超过了"T型车"的价格。

第一款道奇汽车于1914年11月投入生产时，并没有引起亨利·福特的过多关注。当时的他最苦恼的是道奇兄弟仍然能赚取福特汽车公司的分红。因此，他一直在酝酿一个计划，确保在未来福特汽车公司的分红只会帮助福特，而不是其他任何公司。

1916年10月，亨利·福特一直等待的时机终于到来了。经过精心的策划，他向道奇兄弟发动了突然袭击。在一次董事会上，他以福特汽车公司要扩大生产规模，建立超大型的新生产基地需要资金为理由，宣布把上一年高达6000万美元的红利限制在120万美元，其余部分将用于新计划项目的建设资金。

亨利·福特的这个决定给了道奇兄弟一个重击，措手不及的他们先是慌乱了一番，紧接着就冷静下来，拉拢了几个股东，对亨利·福特展开了反击，一时间，董事会吵了个天翻地覆。

为了降低自己的损失，道奇兄弟提出了一个方案：将属于道奇兄弟的那一部分股票以3500万美元的价格出售给亨利·福特。但狡猾的亨利·福特怎么可能上当？他毫不犹豫地拒绝了这一提议。

被逼无奈的道奇兄弟于1916年11月2日对亨利·福特发起了诉讼，控告他侵害了股东的利益。这场诉讼案旷日持久，一直到1917年才有了最终结果。1917年10月，最高法院驳回亨利·福特向股东分配红利的理由，并根据公司向法庭提供的1916年公司财产申报单上的数额，判定亨利·福特应付清股东

1900多万美元的红利和150万美元的利息。

但无论结果如何,亨利·福特对道奇兄弟的"大清洗"已经完成,从此之后,道奇兄弟与福特汽车公司再也没有任何关系。

大权在握

道奇兄弟与亨利·福特的"股东分红案"裁决令股东们振奋不已,不过,他们高兴得实在是太早了。亨利·福特当然不会就此妥协,1918年11月,他宣布了一个爆炸性消息:自己将于这一年年底辞去总裁职务。

亨利·福特的釜底抽薪让股东们顿时乱了阵脚,在董事会上,不知所措的股东们拼命挽留亨利·福特,却无济于事。最终,亨利·福特只同意保留在公司董事会的位置,而总裁一职则由他的儿子埃德塞尔·福特接任。

会后不久,亨利·福特就抛下一切事务,与妻子克拉拉到加利福尼亚海岸度假去了,仿佛他真的从此要过上闲云野鹤一般的生活一样。不过,没过多久,就从加利福尼亚传来消息,亨利·福特在接受记者的采访时,畅谈他未来的新计划,他打算重新组建一家汽车公司,专门生产新一代的大众汽车,价格将比"T型车"降低一半,而性能却更加完美。

这个消息刚刚传出,"T型车"的销量就出现了断崖式的下降,看到这种情景,股东们急得如同热锅上的蚂蚁一样。就在此时,一些神秘的经纪人开始出现在这些股东周围,向他们询问是否有意出售股票,对福特汽车公司的前景并不看好的股东们恨不得马上抛出这烫手的山芋,很快,一笔笔交易就达成了。

第三章 独揽大权（1913—1919年）

而实际上，这不过是老谋深算的亨利·福特与儿子埃德塞尔·福特联手设下的一个圈套，他们的目的就是独占福特汽车公司。他让儿子埃德塞尔·福特站在台前稳定大局，而自己则躲在幕后指挥，最终花费了一亿多美元，将发展势头越来越好的福特汽车公司完全掌握在了自己的手里。为此，亨利·福特不惜举债7500万美元。

因为埃德塞尔·福特天衣无缝的配合，亨利·福特才能完成这次股权收购。为了奖励儿子，他把福特汽车公司42%的股权给了埃德塞尔，3%分给了妻子克拉拉，其余55%则留给了自己。就这样，福特一家三口控制了福特汽车公司的全部股权。

尘埃落定后，亨利·福特通过媒体宣布，在当前的情况下，另起炉灶组建新的汽车公司"已经没有必要"。后来一家报纸发表文章，揭露了亨利·福特的阴谋，作者辛辣地指出，因过于垄断而招致全国舆论一致谴责的石油大王洛克菲勒当时也只不过拥有自己公司28%的股权，这篇文章还把亨利·福特称为"美国最大的暴君"。

与此同时，亨利·福特的清洗计划还在继续。第一个遭到驱逐的是公司销售经理霍金斯。极具销售才能的霍金斯在加入福特汽车公司的这些年里，为公司建立了一张年推销能力将近100万台汽车，雇员达1万多人的高效销售网络。但他性格耿直，经常针对公司的现状发表一些自己的观点和意见，为亨利·福特所不容，于是，他首当其冲地成了被清理的第一个公司元老。

曾经与亨利·福特亲密无间的哈罗德·威尔斯也没有逃过被抛弃的命运。在福特汽车公司成立时，面对想要架空自己的马尔科姆森，为了挽留威尔斯，亨利·福特曾经许诺将来把自己所得红利的10%分给他。但在这些年里，威尔斯实际得到的却只有300万美元。这个才华出众的设计天才有两个致命缺点：嗜酒如命和风流好色。对此，亨利·福特深恶痛绝，并最终下定决心将威尔斯清除出去，在他的指示下，公司开始不给威尔斯安排工作，把他挂在那里，最后威尔斯不得不辞职。

紧接着，公司副总裁兼财务主管克林根·史密斯、社会部部长马奎斯牧师、主管人事工作的约翰·李，《福特时报》的主编查尔斯·布朗诺等人也先后离开了福特汽车公司。1921年，公司解聘管理人员达到了高潮，最多的一天竟然有二十多名中层管理人员离开公司。

亨利·福特越来越难与人相处了，大权在握后，他的个人专断开始极度膨胀，表现欲也越来越强。他给福特汽车公司的宣传部门下了一个命令，要求以后在公司向外发布的新闻稿中，唯一提到的人名只能是亨利·福特，绝不允许出现其他任何人的名字，就连出现埃德塞尔·福特的名字也必须经特别批准才可以。公司在向外宣传取得的每一项进展时，必须要有"在亨利·福特先生的天才指引下"的语句，并且宣传涉及的范围越来越广，最后连福特汽车公司设在密歇根州的农场生产大豆获得了好收成，在巴西的橡胶园质量提高，甚至福特的医院用丹宁酸为烧伤病人治疗等都离不开"亨利·福特先生"。

如果说亨利·福特的下属们过去经常被他的一些稀奇古怪的想法所困扰的话，那么现在则是被他随时爆发的坏脾气和独断专行搞得战战兢兢、如履薄冰，谁都不敢去向他提意见。有一次，一位来自外地分公司的销售经理在向他汇报工作时，针对产品的某些缺陷提出了一些建议，希望公司尽快将其改进，否则有可能影响产品的销量。亨利·福特听了以后，毫不客气地打断他的话："出去！我不想跟悲观主义者谈话，我想另外找一个乐观的人进来听听他的意见。"

变成专制王国的福特汽车公司再也没有了以往的活力，更没有了以往轻松和谐的合作气氛，所有人都谨小慎微，天天提心吊胆，唯恐惹怒亨利·福特，招致大祸。一位接受新闻记者采访的工程师曾经说过，在整个高地公园工厂里，恐怕只有羊羔才能逃得过亨利·福特的怒火。

第四章
父子博弈
（1919—1926年）

温和的埃德塞尔·福特

从1919年走马上任以来,埃德塞尔·福特一直坐在福特汽车公司总裁的位置上,直到生命的尽头。然而,在这个令人艳羡的位置上,他却饱尝痛苦与孤独。

埃德塞尔·福特是亨利·福特一生中唯一的孩子,他与亨利·福特长得非常相像,不过,他的个性与父亲却大不相同。与亨利·福特的倔强、暴躁相比,埃德塞尔·福特非常温和,甚至有些软弱。也正因为如此,埃德塞尔·福特与亨利·福特之间的父子关系更多地表现为亲密、依赖和顺从。

与亨利·福特和父亲威廉·福特之间的矛盾不断不同的是,埃德塞尔·福特和父亲的感情非常深厚。亨利·福特在爱迪生照明公司工作时,由于工作缘故经常需要出差。每当他不能回家时,年幼的埃德塞尔·福特都会给他写一封信,说一说自己这一天的经历,倾诉对父亲的思念之情。

当然,他们之间也曾有过冲突。在克拉拉的日记中曾经记载了这样一件事:1901年1月15日,亨利·福特把儿子的旧雪橇修理好后,要带儿子去滑雪。但是,埃德塞尔却因为雪橇太旧了而拒绝与父亲一同前去。亨利·福特非常生气,于是把儿子关在了房间里,让他自我反省。埃德塞尔·福特在房间里待了一会儿,然后来到父亲面前,向他承认了错误。这是有记载的埃德塞尔·福特在少年时代与父亲发生的最后一起由于任性而导致的冲突。

令亨利·福特欣慰的是,埃德塞尔·福特继承了他对机械和汽车的兴

第四章 父子博弈（1919—1926年）

趣。在埃德塞尔·福特很小的时候，亨利·福特就为他专门设计了一辆迷你小汽车。8岁那年，埃德塞尔·福特就已经成为当时世界上最年轻的汽车司机了。10岁时，驾驶福特汽车公司生产的"A型车"对埃德塞尔·福特来说就已经是一件非常熟练的事情了。14岁时，埃德塞尔·福特又拥有了一辆座位经过特殊加高的"N型车"。这是他们一家从美国大西洋城度假归来后，亨利·福特送给儿子的礼物。埃德塞尔·福特很喜欢这个礼物，每天，他都在同学们羡慕的目光中开着这辆车上学。

在亨利·福特的少年时代，曾经因为热爱机械而备受父亲的压制，因此，在他当了父亲之后，他下定决心绝不对儿子的兴趣进行干扰。当发现埃德塞尔·福特对机械尤其是汽车方面有浓厚兴趣时，亨利·福特喜不自禁，他总是尽自己最大努力为儿子的兴趣爱好提供支持和帮助。

看到埃德塞尔·福特时常好奇地拿着各种维修工具在家中钻研，亨利·福特专门在他的车库里开辟了一块地方给儿子当"车间"，里面放置着很多汽车的零配件，各种各样的修理工具，还专门安装了几台进行零配件加工的机床。对此，克拉拉有些不满，在她看来，对一个只有14岁的少年来说，这些工具实在是太危险了。

克拉拉担忧的事情很快就发生了。埃德塞尔·福特第一次在"车间"里尝试时，就被锋利的机床削掉了一个小手指尖。儿子的受伤使克拉拉心疼不已，她与亨利·福特大吵了一架，指责他不应该将孩子置于危险之中。不过，尽管如此，埃德塞尔·福特对机械的兴趣依旧不减，伤好后，他还是天天闷在"车间"里研究那些机器。

一有空闲，埃德塞尔·福特就会驾车来到父亲的工厂，坐在父亲的办公室里看他工作。在他眼里，父亲的工作是那么神奇。如果父亲外出不在，他就静静地坐在办公室的角落里，津津有味地翻阅最新的汽车杂志和各种图片。有时他还会去亨利·福特常去的试验车间，看看工程师们在忙些什么，有没有什么新奇的东西。亨利·福特也惦记着自己的儿子，每次回到工厂，他马上就会看看有没有埃德塞尔的汽车，然后问工厂的人知不知道儿子去了哪里。找到儿子后，父子两人就一起去车间忙碌，等到了下班的时间再一起回家。

"埃德塞尔天生就是我的事业继承人！"亨利·福特曾经这样告诉自己的朋友。

光阴似箭，1913年，埃德塞尔·福特完成了中学学业。20岁的他希望像自己的朋友们一样到大学深造，去看看外面的世界有多精彩。但亨利·福特却不赞同，在他看来，象牙塔里的学习没有什么用处，只有实践才能出真知，而福特汽车公司的工厂就是最好的课堂。因此，他希望儿子留在家中，与自己一起经营公司。虽然埃德塞尔·福特与父亲的观点并不一致，但温和的他还是接受了父亲的安排。

不过，埃德塞尔·福特向父亲提了一个条件，希望父亲同意他驾驶着一辆"T型车"进行一次从底特律到旧金山的自驾游。亨利·福特虽然并不希望儿子去冒险，不过，权衡之下，他还是同意了儿子的要求。

1915年春天，埃德塞尔·福特驾驶着一辆崭新的"T型车"，开始了他的长途旅行。旅行归来后，他正式来到福特汽车公司，成为亨利·福特的秘书和助手。性情温和、少年老成的埃德塞尔很快获得了公司上下的认可，尽管只有21岁，人们还是称他为"埃德塞尔先生"。因为在所有人的心目中，他是亨利·福特唯一的继承人，终有一天，他会从亨利·福特手中接过公司的权杖。

这时的埃德塞尔·福特和父母一起住在他们在迪尔伯恩的新居里，亨利·福特给这座豪宅取了一个名字——"光明巷"。他希望儿子能一直住在这里，不过，没过多久，年轻的埃德塞尔·福特就产生了离家的想法。

随着年龄的不断增长，埃德塞尔·福特发现，自己已经长大了，不再

第四章　父子博弈（1919—1926年）

需要像以往那样生活在父母的羽翼下。这时的亨利·福特沉迷于他的和平事业，即使父子两人一起在工厂巡视时，他也很少询问儿子心里的想法和感受，而是一遍遍向儿子灌输自己管理工厂的经验。而母亲克拉拉对他们父子俩的事业一点儿也不感兴趣。性格内向的埃德塞尔·福特渐渐发现，身边竟然没有可以交流和信赖的人。他开始寻找寄托，就在这时，一个名叫埃莉诺·克莱的女孩出现了。

埃莉诺·克莱是底特律哈德逊百货公司创始人约瑟夫·哈德逊的侄女，他们是在福特舞蹈专科学校里认识的，当时埃莉诺·克莱正在教孩子们跳舞。只看了一眼，埃德塞尔·福特就被她那出众的气质和曼妙的舞姿深深吸引了。

两个年轻人很快就坠入了情网之中，1916年8月，当他们结伴去纽约旅行时，埃德塞尔·福特向埃莉诺·克莱求婚了。这个消息令亨利·福特非常忧伤，他知道，他再也无法留住儿子了。

1916年11月1日，埃德塞尔·福特和埃莉诺·克莱举行了一场盛大的婚礼。福特王国继承人的婚礼当然是一件轰动底特律甚至是整个美国的事，许多社会名流出席，就连当时正与亨利·福特因为股东分红案而吵得不可开交的约翰·道奇也携夫人参加了这场盛世婚礼。

蜜月之后，埃德塞尔夫妇回到了迪尔伯恩，紧接着，他们就做了一件让亨利·福特和克拉拉伤心的决定：搬出光明巷，独立生活。虽然他们的这个计划与亨利·福特夫妇结婚时的决定如出一辙，但亨利·福特还是伤心不已。父子之间开始出现了裂痕，或许，亨利·福特和埃德塞尔·福特这对父子从原来的亲密无间发展到后来的激烈冲突、互不信任就是从那一天开始的。

活在父亲的阴影下

埃德塞尔·福特执掌帅印后,福特汽车公司依然在发展壮大着。1920年5月17日,一场声势浩大的点火仪式在福特汽车公司荣格河工厂举行。亨利·福特夫妇、埃德塞尔·福特夫妇和他们的儿子小亨利·福特全都参加了这场盛典,仪式的高潮是点燃高炉中的焦炭和木材。亨利·福特当然是点火的不二人选,不过,他却抱着孙子,让不到三岁的亨利·福特二世代替自己完成了这个光荣的任务。

这是福特家族史上一个里程碑的时刻。荣格河工厂的投产使福特汽车公司如虎添翼,1919—1926年这短短七年的时间里,荣格河工厂已经发展为拥有93幢建筑、75000名雇员和日产汽车4000辆的"巨人"。到1924年,荣格河工厂的雇员数量更增加到了五年前迪尔伯恩居民数量的十倍。

埃德塞尔·福特的办公室就在荣格河工厂,与亨利·福特的办公室相邻。这间宽大的屋子里摆满了埃德塞尔·福特收藏的艺术品,桌子上摆着他的儿子亨利·福特二世的照片。每天早上,埃德塞尔·福特都会准时来到办公室,把办公桌整理得整整齐齐后,他会坐在桌边阅读公司的各种文件和技术材料。

这时他们之间的关系还算和谐,两个人时常在办公室里讨论公司发展的各项规划,有时也一起到车间视察工作的进展。没办法面对面交流时,他们还会通过电话聊天。亨利·福特让电话局专门铺设了一条从光明巷的书房直通到埃德塞尔·福特的房子的专用电话线,几乎每天晚上,他们都会通过这条线路进行沟通。

亨利·福特也把儿子的照片摆在办公桌上,那是一张亨利·福特和埃德塞尔·福特并肩坐在一排老式靠背椅上的照片,两个人都面带微笑。因为十

第四章　父子博弈（1919—1926年）

分珍爱这张照片，亨利·福特还让人冲洗了很多份，送给许多亲朋好友。

一开始，亨利·福特费尽心思培养埃德塞尔·福特，并努力帮他在公司里树立起个人威信。当他和埃德塞尔·福特讨论公司事务的时候，如果有下属来向他汇报工作，他会指着埃德塞尔·福特告诉来人："去请示他，他说怎么干就怎么干，现在是他管理公司。"

一次，在接受媒体采访时，有位记者问亨利·福特："福特先生，既然您已经不再担任公司的领导职务，那么请问您现在究竟忙些什么呢？"亨利·福特指了指站在自己身边的儿子，说："我正在让埃德塞尔给我找事做。"在场的人都哈哈大笑起来，埃德塞尔·福特的脸却红了起来。

不过，这对父子之间的矛盾其实已经初现端倪。作为一个庞大的汽车王国的继承人，埃德塞尔·福特从一开始就犯了一个严重的错误：他视父亲为神话，对他唯命是从，从不敢有丝毫质疑。因此，即使当上了福特汽车公司名义上的最高领导者，他也时时刻刻与父亲保持着高度一致。但这恰恰是亨利·福特对儿子最为苦恼的一点：缺乏领导力的埃德塞尔·福特，如何扛起将福特汽车公司发展壮大的重任？

1922年，在与一位朋友谈话时，亨利·福特说出了自己的担忧："我可怜这个在优越顺利的条件下工作的幸运儿，这会造成感情脆弱和优柔寡断。有这样一种人……他们事业的失败来自性格的失败，他们的躯体从未达到能够使他们自立的强度。"这一番谈话究竟指的是谁，恐怕不言而喻。

此时的埃德塞尔·福特对父亲的失望并非一无所知。生活在父亲的阴影下面也令他倍感苦恼。一种强大的失落感紧紧地将他包围，无数人羡慕他年纪轻轻便已拥有财富、地位和荣耀，但在他心中，更多的却是空虚和痛苦。他所拥有的一切，不是通过自己的奋斗得来的，全都拜父亲所赐，他从中得不到任何快乐。而他头顶的光环，恰恰是他心中最沉重的包袱。

在妻子埃莉诺·克莱的鼓励下，埃德塞尔·福特一直致力于建立自己独立的、不受干扰的生活。但如此一来，在他的生活中就出现了一个矛盾：一方面，作为福特家族的唯一继承人，他必须要介入并管理庞大的福特王国，这种能力和魄力恰恰是他所不具备的，于是他不得不借助父亲的帮助，而亨利·福特也希望使自己的儿子在挫折中成长起来，因此他不断地采取各种手段去培养他、影响他、甚至打击他。另一方面，作为成年人的埃德塞尔·福特又希望不再受父亲对自己的影响和摆布。这个矛盾从此贯穿于这一对原来非常亲密的父子之间，终于在最后酿成了悲剧。

当然，在埃德塞尔·福特的生活中也有一些事情令他快乐，比如他幸福美满的家庭。埃德塞尔·福特时常感慨自己最大的幸运就是遇到了妻子埃莉诺·克莱，她是一个善良聪明的女人，最重要的是，她了解埃德塞尔·福特，总能在他最需要的时候给予他温暖和慰藉。埃德塞尔·福特深深地爱着自己的妻子，一次在给母亲的一封信中，埃德塞尔用一句话概括了自己对妻子的评价："我认为她是个完人！"

埃德塞尔·福特和埃莉诺·克莱一共生下了四个孩子，除了1917年出生的亨利·福特二世外，1919年又生下了次子小埃德塞尔，1923年生下了唯一的女儿约瑟芬，1925年生下了小儿子威廉·克莱。在次子小埃德塞尔出生后不久，埃德塞尔夫妇就帮他把名字改成了本森，如此可以看出，除了大儿子亨利·福特二世外，其他孩子的姓名均带有明显的克莱家族的特点，而不是福特家族。或许，埃德塞尔夫妇正是通过这种方式来表达他们追求独立生活，力求淡化福特家族影响的强烈愿望。

被架空的总裁

虽然埃德塞尔·福特成了福特汽车公司的总裁，但所有人都知道，真正掌握大权的人是亨利·福特。亨利·福特用一只无形的手牢牢地控制着福特王国，被架空的埃德塞尔·福特说话并不算数。

权力欲极强的亨利·福特始终不舍得将福特汽车公司的控制权全盘交出，但他又希望自己的儿子能成长为合适的继承者，这个矛盾几乎将他撕裂。正因为如此，亨利·福特的行为变得越来越古怪，习惯了发号施令且独断专行的他开始处处牵制着埃德塞尔·福特。但与此同时，他又想方设法要把儿子培养成名副其实的接班人，他认为唯一能使软弱而自卑的埃德塞尔·福特成长起来的就是挫折，因此，他对儿子实施了残酷的挫折教育，不断地给他制造干扰，并不顾儿子的感受而无情地打击他。

有一次，亨利·福特到荣格河工厂视察，看到工人们正在热火朝天地建一些新的炼焦炉。得知这是埃德塞尔·福特让他们做的之后，亨利·福特一声都没吭。然而，当新的炼焦炉建造完成，埃德塞尔·福特高兴地筹备庆祝仪式时，却收到了一个十分震惊的消息：亨利·福特派他的得力助手哈利·贝内特前来拆除炼焦炉。等到埃德塞尔·福特急匆匆赶到现场，那些已经竣工的炼焦炉已经变成了一堆废土。"这是亨利先生的命令，他说没有必要建这些，只需从别的工厂订购，然后通过铁路运来就行了。"这就是埃德塞尔·福特得到的最后答案。

1922年初，亨利·福特到纽约度假，离开之前他告诉埃德塞尔·福特，公司全权交给他，有事自己做决定即可，不需要汇报。在这期间，为了适应公司发展的需要，埃德塞尔·福特批准建造一座新的行政办公大楼。

工程进展飞速，当亨利·福特度假归来时，大楼地基已经挖好了。但看到这种场景的亨利·福特并不高兴,第二天,当埃德塞尔·福特像往常一样来上班后,眼前的一幕令他震惊不已:已经挖好的地基在一夜之间就被填平了。不仅如此,旧行政大楼的四楼也全都空空如也,不但没有一个员工,就连那些办公桌也都消失得无影无踪。

埃德塞尔·福特知道这一定是父亲搞的鬼,于是,他找到父亲询问理由,亨利却回应道:"我们的办公空间已经够大了,如果人太多的话,裁员就行了。我为你的新行政人员腾出了整整一层楼,这下应该够了。"

亨利·福特的话让埃德塞尔·福特愤怒不已。行政大楼的四楼主要是公司的营业部和会计部,而这两个部门正是他打算进行扩充的部门。但现在这两个部门不但没有扩大,反而被父亲扫地出门了。他努力压制住内心汹涌的怒火,什么也没说就回到了自己的办公室。

第二天,埃德塞尔·福特也如法炮制。当亨利·福特来到行政大楼四楼的时候,发现昨天被他裁掉的那些行政人员全都回到了自己的岗位上,就仿佛昨天什么也没发生一样。他知道这是儿子的反击,对此,他倒是觉得颇为欣慰。

20世纪20—30年代,类似的戏码在这对父子之间不断上演。对亨利·福特来说,这是对埃德塞尔·福特的考验和锻炼。但在埃德塞尔·福特看来,这些却是父亲对自己的伤害。他们之间的矛盾越来越深,有时,埃德塞尔·福特会刻意避开父亲,或者干脆放弃对父亲的反抗。亨利·福特则总是处在矛盾之中,他不喜欢儿子挑战自己的权威,他要让所有的人知道,自己才是福特公司真正的掌权者。但是,如果埃德塞尔对他言听计从的话,他又会很生气,认为这是儿子软弱的表现。

亨利·福特对儿子的行动非常关注,他常常问下属们埃德塞尔·福特去做什么了。如果得知埃德塞尔·福特去找他的朋友们了,亨利·福特就会暴跳如雷。在亨利·福特看来,埃德塞尔·福特的很多朋友都是非常虚伪的

第四章 父子博弈（1919—1926年）

人，就连后来连续四届当选为美国总统的富兰克林·罗斯福也不例外。

1926年，埃德塞尔夫妇和朋友一起到芝加哥度假疗养，在疗养院里遇到了因为脊髓灰质炎而中止了政治生涯的美国前任海军部长富兰克林·罗斯福。富兰克林·罗斯福曾经在媒体上批评过亨利·福特导演的"和平船运动"，但是埃德塞尔·福特并不介意，他和罗斯福谈得非常愉快。罗斯福谈到他想发起成立基金会，专门救助那些患有脊髓灰质炎也就是小儿麻痹症的病人，埃德塞尔·福特表示赞许，并送给罗斯福一张2.5万美元的支票，成为罗斯福想成立基金的第一笔捐款，这深深地感动了罗斯福，后来，两个人成了很好的朋友。

但这却惹怒了亨利·福特，他认为儿子的行为愚蠢至极。亨利·福特非常反感埃德塞尔·福特去见那些朋友，他甚至安排人监视自己的儿子。聪明的埃德塞尔很快就发现了这一点，可是他又不愿意与父亲发生正面的冲突，于是他就像一个10岁的顽童一样与父亲玩起了捉迷藏的游戏。他的那些助手们和工厂的工人也都在暗中帮他躲避父亲的监视。

亨利·福特不但监视着儿子的行动，对于他的各种爱好也极为不屑。与父亲一样，埃德塞尔·福特从小就热爱各种机械，不过，除了对豪华汽车情有独钟以外，他还喜欢飞机。

1920年前后，因为对飞机的痴迷与热爱，埃德塞尔·福特和福特汽车公司的另外一名机械师查尔斯·奥肯一起设计并制造了自己的飞机。这架飞机的整体框架是用金属做成的，他们还特意买来又轻又薄的中国丝绸做飞机的机翼，用几个自行车的车轮作为降落装置，埃德塞尔·福特还拆下一辆"T型车"的发动机来做动力装置。飞机终于发动了，不过在它歪歪斜斜地向前飞了几米，在离地面仅仅几米后就怒吼着撞在了一棵树上，差点儿散了架。

埃德塞尔·福特并未因此而气馁。他不厌其烦地向父亲游说，说明研制和生产飞机将会给福特汽车公司带来更大的收益，对飞机不感兴趣的亨利·福特终于很难得地被儿子说服了。不久，福特汽车公司的飞机工厂建立起来，后来还设计并制造出了安装有三台发动机的福特飞机。深受鼓舞的埃德塞尔·福特和他的工程师们紧接着设立了埃德塞尔·福特梦想中的"空中T型车"——廉价、省油、速度不是很快的"大众型"单翼飞机。然而，正当埃德塞尔·福特等人对这种飞机进行检验准备投入大批量生产时，一名福特工厂的试飞员死于飞行事故。于是，亨利·福特以此为借口拒绝埃德塞尔·福特在此方面继续发展。

埃德塞尔·福特一直希望自己能像父亲一样，设计并制造出一种深受公众欢迎的平价快艇，打造出属于自己的T型舰队，以此来证明自己是一个有能力的实业家。但是埃德塞尔·福特建造的一个快艇模型根本无法充分划水，因此他的"T型船"的梦想也彻底破灭了。

对于埃德塞尔·福特的这些活动，亨利·福特将其看成是不切实际的"瞎折腾"，因此，他是不可能让儿子把这些业余爱好发展为主业的。在其他领域的尝试全都以失败而告终后，埃德塞尔·福特只好把注意力集中在汽车上，他发现自己虽然是福特汽车公司的总裁，但是却只有责任，没有任何权力。

与索伦森对垒

为了使儿子变得强大起来，亨利·福特无所不用其极。他甚至还在福特汽车公司为埃德塞尔·福特培植了一个强大的对手——查尔斯·索伦森。

查尔斯·索伦森曾经是一位汽车铸模工人，1901年加入福特汽车公司。

第四章　父子博弈（1919—1926年）

他脾气暴躁但能力出众，在生产领域大胆改革，提高效率，降低成本，逐渐赢得了亨利·福特的信任，成为公司政策的积极推行者。在亨利·福特的授意下，查尔斯·索伦森处处与埃德塞尔·福特作对，使他始终无法在公司建立起自己的根基。

埃德塞尔·福特对查尔斯·索伦森极其反感，实际上，他们本来就是完全对立的两种人。埃德塞尔·福特温和、理性、勇于创新，而查尔斯·索伦森却粗暴、固执、因循守旧。在埃德塞尔·福特看来，让这样一个人在公司里为非作歹，会让公司滑向深渊。更何况，随着查尔斯·索伦森的权力日益扩大，埃德塞尔·福特感到自己的地位已经受到了严重的威胁。于是，埃德塞尔·福特找了个机会把查尔斯·索伦森解雇了。

查尔斯·索伦森当然不会坐以待毙，被辞退后，他马上找到亨利·福特，向他抱怨自己受到了不公平的对待。亨利·福特让他少安毋躁，几个星期后，这位被总裁解雇了的人就官复原职了。

这件事给埃德塞尔·福特带来了沉重的打击，他知道这是父亲给自己的下马威，同时也意识到，虽然自己身在总裁之位，但不过是一个摆设罢了，真正的权力始终掌握在父亲手中。

不过，埃德塞尔·福特并未轻易放弃，身处困境中的他认识到只靠自己的力量是不可能把查尔斯·索伦森赶出福特汽车公司的，于是，他给自己找了一个帮手，这个人就是恩斯特·堪兹勒。

恩斯特·堪兹勒是埃德塞尔·福特的好朋友，也是他的妹夫。他毕业于哈佛大学法律系，是一名律师。1919年8月，埃德塞尔·福特说服他加入了福特汽车公司。这个能干的年轻人很快就凭借自己的能力成了福特汽车公司的管理人员，并且做出了巨大贡献。他重新制定了公司的进货计划，并规定原材料和零部件只能按照计划购买，运送货车卸货后应立即将出厂的产品装运发售。这些举措大大加快了公司资金的运转。

在1920年的经济低谷中，福特汽车公司的销售额急剧下滑，而使其走出困境的正是恩斯特·堪兹勒。根据他的建议，福特汽车公司把库存的所有零部件都装配出售，从而将危机转嫁到美国所有的福特汽车经销商身上。为了不失去福特汽车的经销权，福特汽车经销商们不得不接受这个不平等的条款，福特汽车公司因此渡过了难关。1921年下半年，美国的汽车生意迅速好转，福特汽车经销商们才迎来了好日子。

谁也不能忽视恩斯特·堪兹勒的能力，不过，还有一点也是福特汽车公司的所有人都不能忽视的：恩斯特·堪兹勒与埃德塞尔·福特是站在同一阵营的，他的工作就是帮助埃德塞尔·福特加强管理、树立权威。

在福特汽车公司内，在管理能力和工作劲头上，唯一与恩斯特·堪兹勒旗鼓相当的就是查尔斯·索伦森。这两个人之间一直在进行着竞争，就如同埃德塞尔·福特与父亲之间的斗争一样。

查尔斯·索伦森将恩斯特·堪兹勒当成"眼中钉"，一天，两个人在讨论公司事务时，性格耿直的恩斯特·堪兹勒直截了当地表明了自己是站在埃德塞尔·福特一边，还对亨利·福特对埃德塞尔·福特的压制表示不满。查尔斯·索伦森听了这话非常不满，他马上跳了起来，怒吼着让恩斯特·堪兹勒"滚出去"。为了表示自己的忠心，第二天，查尔斯·索伦森又跑到亨利·福特面前，添油加醋地向他汇报。

亨利·福特对埃德塞尔·福特与恩斯特·堪兹勒之间的联盟也深为不满，在他看来，恩斯特·堪兹勒正在用堕落腐化的生活方式毒害自己的儿子。尤其令他深恶痛绝的是，埃德塞尔·福特竟然在恩斯特·堪兹勒的劝说下在风景胜地海豚港买下了一座度假别墅，而这个地方正是洛克菲勒家族和亨利·福特所厌恶的美国银行家们的聚集地。

1923年，埃德塞尔·福特力排众议，将恩斯特·堪兹勒提拔为福特汽车公司的副总裁。至此，福特汽车公司的管理队伍已经分裂成为旗帜鲜明的两个阵营,一个是以恩斯特·堪兹勒为首的埃德塞尔·福特的支持者们,一个是以查尔斯·索伦森为首的亨利·福特的死忠们。他们之间的斗争无时无刻不在进行着。

埃德塞尔的挑战

埃德塞尔·福特与亨利·福特的对抗逐渐发展到了白热化的程度。很快,埃德塞尔·福特就向父亲发起了一个挑战,这一次,他的目标是亨利·福特引以为傲的"T型车"。

恩斯特·堪兹勒来到福特汽车公司后不久,就发现导致福特汽车公司的发展脚步越来越缓慢的根源是"T型车"已经过时了。几年过去了,市场早已发生了天翻地覆的改变,"T型车"已经不再满足消费者的需求。恩斯特·堪兹勒的观点与埃德塞尔·福特不谋而合。

当亨利·福特仍陶醉于"T型车"创造的辉煌中时,在艾尔弗雷德·斯隆的领导下,后起之秀通用汽车公司正以高效管理和正确决策在市场上渐渐占据有利地位。在汽车市场上,福特汽车公司正逐渐失去自己的领地。通用公司的雪佛兰轿车以其完美的设计、合理的价格和优越的性能赢得了消费者的认可。1923年,通用汽车公司在全国范围推出了"每年设计和生产一种新型车"的战略,给福特汽车公司带来了巨大的冲击。另外,通用汽车公司在汽车的新技术开发方面投入了巨资,研制成功了自动点火器和液压刹车系统,并很快应用在了新型汽车上。与通用的雪佛兰相比,此时福特汽车公司的"T型车"简直就是一个令人望而生厌的古董。

就在通用汽车公司一步步瓜分"T型车"的市场时，福特汽车公司在新技术的研发方面却毫无进展。虽然1925年亨利·福特曾批准建立了一栋装修得富丽堂皇的实验大楼，但这栋楼并未用于技术研发，而是被他变成了一个宣传基地。他把《迪尔伯恩独立报》《福特新闻报》和一家地方广播电台搬了进去。为积极推广亨利·福特倡导的旧式舞蹈而特意成立的舞蹈培训班也占了其中几层楼，剩下为数不多的实验室在当时研究的对象不是汽车，而是农副产品。

在亨利·福特看来，没有比"T型车"更完美的汽车了，它不需要任何改进。福特汽车公司唯一需要做的，就是尽最大努力提高"T型车"的产量。

亨利·福特的抬陈蹈故令埃德塞尔·福特担忧不已，他认为，福特汽车公司想要继续在市场上保持领先优势，必须研发新的汽车。更重要的是，福特汽车公司还需要建立一个能与当时发展势头越来越迅猛的通用公司相抗衡的管理决策层。而这个决策层必须摆脱家长式的专制，鼓励激烈讨论，从而实现有效决策。

于是，在埃德塞尔·福特的支持下，恩斯特·堪兹勒开始着手进行改革，以便使福特汽车公司适应不断改变的市场形势。为此，恩斯特·堪兹勒以极高的效率建立了福特汽车公司的第一个生产控制部门。在做出生产决策之前，恩斯特·堪兹勒研究了从各推销点反馈回来的信息和预测数据，然后在由埃德塞尔·福特主持的生产会议上决定到底应该生产多少汽车，同时对下个月的情况进行预测。

为了留住日益流失的消费者，他们还曾在1924年设计了一款进行了大量改动的"T型车"。然而，当亨利·福特看到新设计出来的"T型车"时，他恼羞成怒地喊道："扔掉它！"

对"T型车"的任何改动都是亨利·福特无法容忍的，为此，他想尽办法对埃德塞尔·福特和恩斯特·堪兹勒的行动进行阻挠，而查尔斯·索伦森总是冲在最前面。一次，恩斯特·堪兹勒派工程师西奥多·盖尔到英国去调查当地的汽车市场。西奥多·盖尔在进行了周密的调查之后，得出了一个结论：因为"T型车"不符合英国消费者的需求，福特汽车公司在英国市场上占据的份额已经越来越小。1925年春天，西奥多·盖尔向恩斯特·堪兹勒提了一个建议：必须马上对"T型车"进行改进，从而适应当地的市场需求。

当西奥多·盖尔出差归来时，查尔斯·索伦森直接把他带到了自己的办公室，要求他向自己汇报。不过，忠心耿耿的西奥多·盖尔一回来，就马上把自己的报告交给了恩斯特·堪兹勒。恩斯特·堪兹勒与埃德塞尔·福特研究之后，提议西奥多·盖尔在会上将他的报告向众人公布。虽然西奥多·盖尔知道这样做有可能会使自己面临被炒鱿鱼的困境，但他仍然决定听从埃德塞尔·福特和恩斯特·堪兹勒的建议。

第二天，西奥多·盖尔在会上进行了详细的汇报。他的调查令亨利·福特非常不满，他怒气冲冲地向西奥多·盖尔提问英国人到底需要什么样的汽车。西奥多·盖尔坦诚地回答说，英国消费者更欢迎的是再小一些、轻巧一些、马力和油耗更低一些的汽车。

这番话彻底惹怒了亨利·福特，他跳起来怒吼道："我不需要你告诉我应该怎样设计汽车！"说完，他就离开了会议室。

恩斯特·堪兹勒是埃德塞尔·福特的忠实支持者，在埃德塞尔·福特与亨利·福特的对抗中，他总是全力以赴。然而，这个忠诚的年轻人过于相信埃德塞尔·福特的力量，当他发现自己已经面临被解雇的危险时，已经为时已晚。

荣格河工厂建成后，查尔斯·索伦森以退为进，故意将高地公园工厂的控制权让给了埃德塞尔·福特和恩斯特·堪兹勒，而自己则转移到了荣格河工厂。狡猾精明的查尔斯·索伦森知道，公司的中心迟早有一天会转移到这个新建成的大工厂，他的当务之急是在那里打好基础，建立一个稳固的堡垒。当1925年公司的大部分工作力量由高地公园工厂迁往荣格河工厂时，恩斯特·堪兹勒知道，他的危机到来了。

1926年，"T型车"的销量继续大幅度下降，福特汽车公司陷入了困境之中。恩斯特·堪兹勒决定破釜沉舟，他写了一份长达6页的备忘录，与亨利·福特摊牌，希望亨利·福特认识到这个严峻的事实，能够放弃对"T型车"的痴迷，设计并开发新型汽车。然而亨利·福特读完备忘录后，把它狠狠地摔在了办公桌上。

亨利·福特对一再挑战自己权威的恩斯特·堪兹勒终于忍无可忍，他决定将这个不知天高地厚的年轻人从福特汽车公司驱逐出去。趁埃德塞尔·福特和妻子到欧洲旅行时，亨利·福特将恩斯特·堪兹勒辞退了。当埃德塞尔夫妇结束旅行回到底特律时，才知道这一消息。

恩斯特·堪兹勒的离开令埃德塞尔·福特自责不已，从那之后，他一直沉浸在痛苦之中无法自拔。埃莉诺·克莱了解恩斯特·堪兹勒对丈夫的重要意义，她曾经到光明巷，流着眼泪向亨利·福特求情，请他恢复恩斯特·堪兹勒的职务，但亨利·福特想都没想就拒绝了。

就这样，埃德塞尔·福特向父亲发起的挑战再次失败了，这场父子之间的斗争，一次次以亨利·福特的压倒性胜利而告终。但埃德塞尔·福特并没有放弃，为了公司的利益，他坚持不懈地利用一切机会来说服父亲进行改革，使福特汽车的式样更加多样化，从而扭转败局。

收购林肯汽车

第一次世界大战后的经济萧条冲击了美国汽车市场，汽车厂家的增生

第四章 父子博弈（1919—1926年）

繁殖也随之暂停。1921年美国有88家汽车制造商，到1924年已经减少到了59家，一些曾经盛极一时的汽车品牌也难逃破产的命运，就连美国最早的汽车厂商，成立于1897年的温顿汽车公司，也在1923年倒闭了。

在汽车行业的寒冬中，唯有两家成长于底特律的汽车厂商傲视群雄，一家是福特汽车公司，另一家就是亨利·利兰创建的林肯汽车公司。

亨利·利兰是美国汽车工业的"精密生产大师"，早年他在一家军工厂从师学艺，掌握了精密的生产手艺。后来，他和一个学枪炮制造的朋友来到了汽车工业正如日中天的底特律，两个人合伙开办了一家工厂，把在枪械制造上学到的高精度工艺运用到汽车制造中去。1901年，亨利·利兰的加工厂给一家汽车公司生产了一批发动机，因为精度极高而在业内赢得了认可。第二年，底特律汽车公司慕名邀请亨利·利兰主持汽车生产，来摆脱公司的困境。亨利·利兰接手后，把底特律汽车公司改名为凯迪拉克汽车公司，专门生产豪华轿车。凯迪拉克一直是高档汽车领域的领导者品牌，不但在高价市场上一直稳坐冠军宝座，从1904年到1915年，它还始终位列美国汽车总销量排行榜的前十名。1909年，凯迪拉克汽车公司被威廉·杜兰特的通用汽车公司以450万美元的高价收购。

不过，就在凯迪拉克汽车公司并入通用帝国后一年，亨利·利兰就失去了对公司的掌控权。一些纽约和波士顿的银行家迅速表达了以1500万美元的投资接管通用汽车的兴趣，条件是由亨利·利兰全盘负责生产管理。亨利·利兰没让投资家失望，依靠别克和凯迪拉克的成功，通用汽车成了中高档汽车市场上的大赢家。

第一次世界大战爆发后，亨利·利兰决心要为祖国贡献自己的一分力量。于是他打算组织起凯迪拉克汽车公司最出色的工程师，成立一家生产飞机发动机的新公司，不过，他的这一举动遭到当时担任通用总裁的比利·杜兰特的反对。一气之下，亨利·利兰离开了他一手缔造的凯迪拉克公司，并于1917年创办了一家专门生产飞机发动机的公司，这就是以他心中的英雄亚伯拉罕·林肯总统命名的林肯公司。

第一次世界大战期间，林肯公司为美国政府生产了6000台飞机发动机。不过，战争结束后，林肯公司却陷入绝境：资金短缺，又没有订单。于是亨利·利兰开始把注意力转移到汽车上。1920年，第一辆林肯L型轿车问世，这款超强力、超舒适的豪华汽车得到了业内的一致好评。

然而，在战后经济衰退的大背景下，这种车型注定叫好不叫座。1921年，林肯"L型车"销售狂跌近一半。此时的林肯公司已经负债累累，因为它的工具和材料是在战后的通胀高峰期买的。为了公司能正常运转，亨利·利兰试图说服一些银行家向他们提供贷款。银行家们参观了工厂，但他们的结论是公司已经没有希望。

走投无路的亨利·利兰只好向亨利·福特寻求援助。他向亨利·福特说明了形势：一次注资可以让林肯公司回到正轨，使它在已经逐渐好转的经济气候中重新获得长足发展。但除了同情以外，亨利·利兰什么也没得到。因为，生产豪华汽车与亨利·福特的商业价值观是完全对立的。但埃德塞尔·福特却准备买下这家在美国汽车界闻名遐迩的机械大师的公司。他打算借着这个机会实现自己的抱负，让福特汽车公司以生产性能卓越的"林肯"牌高档轿车实现"新的飞跃"。

看到儿子热衷于此，亨利·福特给他泼了一盆冷水："这个主意糟透了。"一向温和的埃德塞尔·福特这次没有像以前一样唯命是从，他有根有据地说明买下林肯公司会给福特汽车公司带来些什么：亨利·利兰三十年来在美国乃至世界汽车界的声望、一大批经验丰富完全无须训练的工人和管理人员、曾经投巨资建起的大规模厂房以及许多高质量的汽车……

在埃德塞尔·福特以及他搬来的救兵克拉拉的一再劝说下，亨利·福特终于被打动了。他同意了儿子的收购要求，并亲自会见亨利·利兰，信誓旦

第四章 父子博弈（1919—1926年）

旦地向他做出承诺：一旦收购成功，亨利·利兰可以继续负责林肯公司的一切事宜。他们所欠下的巨额债务也会马上得到偿还，投资人的一切权利都能得到保障。亨利·利兰对亨利·福特的话毫不怀疑，因为以福特汽车公司当时的实力，要做到亨利·福特承诺的这一切可以说不费吹灰之力。

1922年1月11日，亨利·福特宣布他将出价购买林肯汽车公司。

如愿以偿的埃德塞尔·福特马上通过媒体发表了慷慨激昂的演说："三十年来，亨利·利兰以他卓越的技能为底特律做出了巨大的贡献，使我们的城市兴旺发达、广为人知。如果整个底特律视林肯公司破产而不顾的话，那是我们这些汽车行业者的耻辱！我们决不能允许这样一家出色的公司在底特律彻底消失！我们不需要林肯公司来发展我们的汽车生产，但是我们宁愿在拍卖中买下它，使它继续生产，使那些投资者保住他们的投资！"

林肯公司的收购价最初被定为500万美元，不过，监控拍卖的联邦法官为了保护债权人的利益，将这一价格抬到了800万美元。1922年2月4日上午，亨利·福特的代表第一个报出了800万美元的价格，因为无人竞价，福特汽车公司以起拍价买到了林肯公司。

老谋深算的亨利·福特在将林肯公司收入麾下之后，马上变脸，他不但骗了亨利·利兰，还把埃德塞尔·福特蒙在鼓里。就在收购成功的庆祝仪式结束后几分钟，查尔斯·索伦森就站出来宣布：根据福特汽车公司总裁埃德塞尔·福特的命令，原林肯汽车公司的雇员将被全部辞退。而对于这一切，身为总裁的埃德塞尔·福特却并不知情。

亨利·利兰此时也已是"人为刀俎，我为鱼肉"，1922年6月10日，也就是亨利·福特买下林肯汽车公司半年后，亨利·利兰被解雇了。亨利·利兰毕其余生不断在报纸和法庭上与亨利·福特争论不休，直至他于1932年逝世。

这样的结局令埃德塞尔·福特痛苦不已，他没想到父亲竟然完全不顾他的感受，将自己玩弄于股掌之中。"都是我的错！"埃德塞尔·福特不停地责备自己，"如果不是我向父亲提出购买林肯公司的建议，利兰父子不会落得如此下场。"

不过，即便如此，埃德塞尔·福特还是像以前一样默默地吞下了苦果。他的心中还存有一线希望：父亲能允许他领导工艺先进的林肯公司生产出世界第一流的汽车，这是他一直以来的梦想。他开始把精力集中到新型高档轿车的设计上，从新车的车型到所用的油漆，从发动机的选择到车厢的皮革内饰，无不精雕细刻，追求完美。经过几个月的艰苦努力，埃德塞尔·福特和其他设计人员终于完成了新型"林肯"牌高档豪华汽车的设计工作。

然而，当他把设计图纸和方案拿到父亲面前时，却被父亲的一盆冷水浇了个透心凉。亨利·福特让他以后不要再管林肯公司的事，查尔斯·索伦森将其取而代之。

埃德塞尔·福特伤心至极，从那之后，他彻底地退出了这场父子博弈，因为他对亨利·福特已经完全死了心。

第五章
陷入低谷
（1926—1939年）

迎战通用

在汽车工业的历史上,从未有任何一款汽车能像"T型车"一样在极其短暂的时间里让美国发生如此巨大的变化,它创造了一个汽车时代。然而,光环萦绕的偶像也有谢幕之时。

20世纪20年代,在亨利·福特把过去的功臣们一一解雇后,福特汽车公司的管理陷入了一片混乱之中。尤其是1921年他将威廉·克努森赶走之后,情况变得更加糟糕。威廉·克努森在约翰·凯姆公司工作时,因为表现优异被亨利·福特看中,1911年进入福特汽车公司,在1911—1921年的10年之内为福特汽车公司建立大规模流水化生产线立下了汗马功劳。但是,1921年,他也难逃"狡兔死,走狗烹"的命运。当时传闻,当亨利·福特宣布辞退他的消息后,两人之间甚至爆发了激烈的争吵,发下狠话,"我发誓,亨利,如果你这样对我,我会把你打垮!"这本来只是混乱管理中的一个小插曲,但后来,这位连亨利·福特也承认的"美国最棒的生产管理者",的确狠狠地报复了回来。

威廉·克努森离开福特汽车公司后,加入了通用汽车公司。当时的通用汽车在执行官阿尔弗里德·斯隆的规划下进行了更为科学的部门划分,各种系列的汽车有了各自的目标方向,每一种方向只针对一种消费者群体。凯迪拉克和别克位居最高档;奥尔兹和奥克兰(后被重新命名为庞蒂亚克)处于中档;而1921年时只卖795美元的雪佛兰是通用价格最低的汽车。

第五章 陷入低谷（1926—1939年）

威廉·克努森当上了雪佛兰分部的总裁。走马上任后，他做的第一件事，就是让雪佛兰的设计师们对雪佛兰汽车进行重新设计。于是，1925年最新推出的雪佛兰"K型车"完全脱胎换骨，它被涂成了鲜艳耀眼的糖果盘色，比之前的车型更长、更结实，消音性能也更加优良。作为一款封闭型汽车，它还有一些同类型高档汽车的特征，包括挡风玻璃刷和车内灯。这样的外观和性能在此之前还从来没有出现在这样的低档汽车上。雪佛兰最吸引人之处在于它是一种现代化的汽车，有变速排档传动系统、四轮水压刹车系统、低压轮胎和减震器。

而在"T型车"上是找不到这些东西的，1926年，T型双座敞篷车的售价是290美元一辆，如此低廉的价格在当时的汽车市场上是无人匹敌的。但它仍然依赖于1908年推出的那些可选择设备，没有可卸轮圈，也没有自动启动装置，如果车主想要再安装这两种设备，需要再付55美元，再加上其他一些小装备，买主需要付的总金额也超过了350美元，与性能更优越的雪佛兰汽车相比，这个价格已经毫无优势可言。

威廉·克努森孜孜不倦地用稳步上升的产量和大幅提高的质量为雪佛兰的营销战役提供支持。每年，他都会亲自开着一辆雪佛兰去拜访各地区经销商，激发他们的热情，听取他们的建议。雪佛兰的销量在1923年实现翻倍，在1924年的公司庆祝会上，威廉·克努森只说了一句话，"他们一辆，我一辆。"意思是：只要福特汽车卖出一辆，他的雪佛兰就要卖出一辆。这句话令在场的经销商们为之轰动。这是通用汽车公司第一次公开承认雪佛兰确实要与"T型车"正面竞争。1923年，福特汽车卖了180万辆，雪佛兰的销量是41.6万辆。"他们一辆，我一辆"成了雪佛兰的战斗口号。

面对市场的变化，亨利·福特依然顽固地坚持生产中心的观念。他不相信还有比单一品种、大批量、精密分工、流水线生产更加经济、更加有效率的生产方式。他甚至都不愿意生产黑色以外的其他颜色的汽车，他曾经宣称:"不管你需要什么颜色的汽车,我福特只有黑色的。"每当通用汽车公司推出一种新产品或者新型号时,亨利·福特总是坚持其既定的生产策略,以降低价格来应对。然而,降价策略成功的前提是市场的无限扩张,而在当时的市场上,消费者对"T型车"这种简单的代步型汽车的需求已经饱和,他们需要的是更舒适、更漂亮、更先进的新型汽车。

为了打败"T型车",通用汽车公司还采取了一种创新式的购车方式:允许顾客们用二手车充当首期付款。这样一来,旧汽车的价值就得到了极大的提高,于是,亨利·福特迎来了一个新的敌人——他以前所生产的"T型车"。唯一能将一辆新"T型车"击败的就是一辆价格打对折的旧"T型车"。这样一来,被福特汽车公司的"T型车"统治了将近二十年的廉价汽车市场再也保不住了。

在通用汽车公司的进攻下,从1926年开始,"T型车"失去了市场。一直咬紧牙关不肯认输的亨利·福特也不得不悲哀地说:"'T型车'唯一的缺点,就是人们不愿意再买它了。"1923年,福特汽车公司在美国汽车市场上所占的份额约为57%,到1925年降到了25%。而与"T型车"在市场上的衰退形成鲜明对照的是,1924—1925年,雪佛兰汽车在市场上的销售量从20万辆增加到47万辆,1926年又增加到73万辆。

面临日益萎缩的市场,亨利·福特终于从美梦中清醒过来。1927年年初,福特汽车公司开始为"T型车"的下一轮长期统治做准备。这一次,一成不变的"T型车"终于变了样,变得更长、更低,增加了新座饰,发动机罩和车前端线条也更加平滑了。除此之外,公司还打破了长久以来的惯例,开始提供颜色的选择,原来一律为黑色的车身可以根据买主的要求漆成灰色、棕色或者绿色。这一年,亨利·福特甚至还破天荒地做出了一些个人让步,比如他在《迪尔伯恩独立报》上针对以前所说的对犹太人的攻击言论发表了公开道歉。

第五章　陷入低谷（1926—1939年）

但埃德塞尔·福特知道，一切已经晚了。这些所谓的"改革"，不过是隔靴搔痒而已，对挽回"T型车"的颓势没有什么作用。

正如埃德塞尔·福特预料的那样，这一年，亨利·福特饱尝碰壁的滋味。亨利·福特决定做最后一次绝望的努力——宣布"T型车"大减价。然而，过去的效果不再有了！这一年，"T型车"的产量超过了订数。亨利·福特继续坚持大批量生产，结果就是巨大的库存积压。最终，亨利·福特不得不承认失败，并决定停止生产"T型车"。

1927年5月26日，在生产了15007003辆之后，最后一辆福特"T型车"开出了生产线，结束了它近二十年的生产历程。曾经闪耀一时的"T型车"就这样谢幕了。

亨利·福特从未想过"T型车"最终的结局竟然如此惨淡。显然，这是他不顾市场变化的顽固守旧造成了如此结局。当埃德塞尔·福特劝说父亲要跟上新时代时，亨利·福特的回答是："你懂什么？是我创造了新的时代！"亨利·福特的确创造了一个新时代，但他也同样不能阻止另一个新时代的到来。

重回冠军宝座

"T型车"时代的结束虽然令亨利·福特惆怅不已，却不足以将其击垮，他随时准备好了开始新的征程。

1927年，亨利·福特再次全身心投入到新车的研发工作中，并决定把新车命名为"A型车"。亨利·福特之所以以福特汽车公司推出的第一辆车为这款车命名，就是希望福特汽车公司能在这款新车的引领下走出低谷，并以此为新的起点，实现再次腾飞。

不过，在过去几乎长达三十年的时间里，福特汽车公司一直只生产"T型车"，因此，产品转型异常艰难。所有的设备、工艺都只能用于生产"T型车"，想要转而生产其他车型，必须在全面停产的条件下，花费大量的资金和时间对这些设备和工艺进行全面更新。为此，福特汽车公司被迫停产，重组生产线，更换1.5万台车床，重新设计制造2.5万台机床。这些庞大的调整工作耗用了亨利·福特1亿美元的资金和漫长的时间。

这项繁复浩大的工程，是由查尔斯·索伦森和彼得·马丁负责的，在他们的努力下，从1927—1928年，福特汽车公司进行了一场史无前例的设备大改装。尽管查尔斯·索伦森在公司里处处与埃德塞尔·福特作对，但即便是埃德塞尔·福特也不得不承认，他的工作热情和干劲是无人能及的。查尔斯·索伦森几乎把家都搬到了工厂，每天废寝忘食，一头短发因为无暇修剪都披到了肩上。

那年夏天，荣格河工厂的所有设备都被"大换血"，不是被改进，就是彻底更换了。这也是荣格河工厂第一次从头到尾生产完整的汽车——所有的"A型车"都将在这里生产。荣格河工厂的旧机器都被转移到了高地公园工厂，那里将会继续制造"T型车"的备用零部件。

与此同时，新车的设计工作也在紧锣密鼓地进行中。为了保持神秘性，只有十二个人自始至终参与到新一代"A型车"的设计中。其中有"T型车"的主要设计者约瑟夫·加拉姆和尤金·法卡斯，还有两名新引进的人才：从林肯汽车公司租来的首席机械师弗兰克·约翰逊，刚刚招募的劳伦斯·谢尔德里克，他负责设计一种全新的四缸发动机。

发动机大致确定后，工程师们开始设计底盘、制动装置、传动装置、仪表盘、车顶轮廓线等其他所有东西。埃德塞尔·福特也积极参与其中，他所

第五章　陷入低谷（1926—1939年）

设定的"A型车"车身长度比雪佛兰"K型车"更长，因为到1927年，美国的大多数道路都已经铺砌平整了，所以他坚持要让"A型车"的底盘低于"T型车"。此外，利用自己在林肯公司学到的知识，埃德塞尔·福特把豪华林肯的许多特征移植到了"A型车"身上：林肯汽车那样的三速排档，林肯汽车那样的水压减震器，林肯汽车那样的防碎安全玻璃，这使"A型车"具有了不可抗拒的诱惑力。最终，"A型车"提供了九种样式，有时髦漂亮的单排敞篷车，有威风凛凛的"福德尔"轿车，也有双排活顶轿车。

1927年10月21日，这款承载着复兴品牌辉煌重任的新一代"A型车"终于诞生了，奋战了将近半年的工程师们露出了欣慰的笑容。在福特汽车公司设在迪尔伯恩的实验大楼里，亨利·福特、埃德塞尔·福特、查尔斯·索伦森等人激动不已地围着刚刚完成组装的新型样车，他们期待着这款工艺精湛、技术先进、性能卓越的新车能使福特汽车公司重回销售冠军宝座。

没等正式宣布，福特汽车公司研制成功新一代"A型车"的消息就不胫而走。这引起了媒体的热烈关注，记者们纷纷来到荣格河工厂和福特汽车公司实验大楼外，希望能打听到关于"A型车"的消息，因为这是当时美国民众最为关心的新闻。福特迷们对它翘首以盼，投资者们也指望着这款车能给后半年的低迷经济注入一针强心剂。

在"A型车"上市之前，福特汽车公司就已经接到了超过十万辆汽车的订单。全国各大城市举办的"A型车"展销会都被淹没在人山人海中。在纽约的展销会上甚至出现一幕奇景：从凌晨开始，前来参观的人就把位于百老汇的福特陈列室挤得水泄不通。为了避免出现踩踏事故，福特经销商们不得不紧急租用麦迪逊广场分流人群。《纽约太阳报》上刊登的一篇文章这样形容："真好像是梅隆先生打开了他的金库一样。"

在1927年最后一个月里，所有福特汽车经销商手中的预订单已经达到了500万辆之多，很多人都把能买到一辆"A型车"看作是圣诞节最好的礼物。

就连詹姆斯·库茨恩斯也写信给埃德塞尔·福特，祝贺福特父子的成功，并且提出了一个请求，希望福特汽车公司能把运到华盛顿的第一辆"A型车"分配给他。埃德塞尔·福特欣然满足了这位前辈的要求，他马上指示下属，在运给参议员詹姆斯·库茨恩斯的"A型车"上，打上"35"这个车号，因为这是库茨恩斯当年在福特汽车公司时所乘坐的上一代"A型车"的车号。

新一代"A型车"使得福特汽车公司从通用手中重新夺回了汽车销量的头把交椅。1929年，福特汽车公司总共卖出了1851万辆汽车，占当年美国汽车销售总量的34%，而一度压倒福特汽车公司的通用汽车公司雪佛兰汽车的这一比例仅为20%。

不过，雪片一样飞来的订单却转化成了履行合同上的灾难。荣格河工厂的生产线还没有完全改造成功，因此，面对如此巨大的需求，显得有些无能为力。所以，在1927—1928年度，虽然每一个消费者都急于购买，每一个经销商都急于销售，但所有人都必须经过漫长的等待。"A型车"以大约每天300辆的速度流入市场，而需求却比这高20倍。

大萧条

新一代"A型车"的成功令福特汽车公司重新恢复了活力，福特父子对未来充满憧憬，在他们看来，福特汽车公司重回巅峰指日可待。但谁都没有想到，一场巨大的危机即将席卷而来，所有人都将被裹挟其中，无人能幸免于难。

1929年10月29日，纽约证券交易所里所有的人都陷入了抛售股票的漩涡

第五章 陷入低谷（1926—1939年）

中。股票价格大幅下跌，股票指数从之前的363最高点骤然下跌了平均40%，成千上万的美国人眼睁睁地看着他们一生的积蓄在几天内烟消云散。这是美国证券史上最黑暗的一天，也是美国历史上迄今为止影响最大、危害最深的经济危机，其影响波及西方国家乃至整个世界。这个"黑色星期二"被后来者形容为"屠杀百万富翁的日子"，并且"把未来都吃掉了"。也是从这一天开始，美国和全世界进入了长达十年的经济大萧条时期。

在股市上，亨利·福特并未遭受什么损失，他向来远离股市，除了福特汽车公司的股票，他手中几乎没持有任何企业的股票。而福特汽车公司的股票是不会像其他股票一样崩溃的，因为它们是不做交易的。因此，面对这场突然而至的危机，亨利·福特不以为意，他始终认为，只要依靠生产，福特汽车公司就能安然度过危机。对此，他信心十足，甚至还在这场危机爆发一周后降低了"A型车"的价格。

为了应对经济危机，很多企业降低工薪甚至大幅度裁员，但亨利·福特却反其道而行之，他宣布将把福特汽车公司的日薪从当前的6美元上涨到7美元。在危机到来的时刻，亨利·福特的这个举动如同一声响雷，使整个美国为之震撼，亨利·福特和他的公司又一次成为舆论焦点。

"实行新工资的理由非常简单，"埃德塞尔·福特后来在《纽约时报》发表文章解释说，"我的父亲认为，在危机到来的时候，他希望每个工人的口袋里能够多一点购买力，从而为渡过经济萧条做一点贡献。"

在经济大萧条时期，福特汽车公司的工人一直是美国人羡慕的对象，他们有工作，而且有一个坚决拒绝裁员的老板。当亨利·福特向工人们承诺他将会保持员工队伍的稳定并不断提高工资时，人们都选择了相信他。

不过，亨利·福特终究是一个资本金，而不是慈善家。他虽然的确实行了令人眩目的7美元工作制，但他用其他巧妙的手法抵消了新日薪带给工人的好处，甚至加大了对工人的剥削。首先，亨利·福特辞退了那些日薪超过7美元的工人，然后再重新把这些工人招募到其他部门，给他们以7美元的日薪；其次，工人们为了得到梦寐以求的7美元日薪，不得不接受了更加繁重的生产任务和更加苛刻的工作条件，生产强度大大提高；最后的一种降低成本的办法更具隐蔽性，就是把荣格河工厂的许多零部件生产任务转移到其他生产成本较低的公司。一位美国专栏作家在《纽约时报》上发表文章一针见血地指出："这种行为从头到尾都是在用别人的血汗制造自己的巨额利润。"

虽然亨利·福特的特立独行已经并不稀奇，但这次他对危机的认识却有些过于天真和离谱了。明明身处于危机之中，他却置若罔闻，这使得很多人甚至怀疑这个即将步入古稀之年的老人是否已经糊涂了。不过，尽管亨利·福特假装没有受到大萧条的影响，"A型车"直线下降的销量却狠狠地给他泼了一盆冷水。

1929年底，通用汽车公司推出了一款六缸的雪佛兰汽车，克莱斯勒公司的新一代"普瑞茅斯"牌汽车也投入市场。这些具有更高性能的汽车从20世纪30年代开始逐渐占领了美国汽车市场，很快压倒了福特的"A型车"。1930年，通用汽车公司再一次战胜了福特汽车公司，占据了美国汽车市场的1/3。到1931年，福特汽车公司的销量更加堪忧，还不及上一年度的一半，全年公司共亏损3700万美元。

"A型车"的持续低迷使福特汽车公司深受打击，到1931年，亨利·福特不得不宣布裁员，员工数量变成了1929年年底的一半，近5万名工人被迫离开了工厂，加入失业大军。亨利·福特大力宣传的7美元日薪也难以为继，于是他悄无声息地将其改回了6美元，1932年又降为4美元。

"工业已经证明，"埃德塞尔·福特在接受采访时说，"供给是可以超过需求的。这必然会造成劳动力的过剩，而且在目前，还看不到短期内吸纳这些劳动力的希望。"这是亨利·福特父子第一次承认这场旷日持久的经济危机也给他们带来了打击。

"V8"诞生

到1932年初,亨利·福特终于清醒地认识到,"A型车"的成功不过是昙花一现,如今,它已经完成了自己的使命。于是,他决定研制八缸发动机和新一代汽车。

社交场合上再也看不到亨利·福特的影子,他穿上了破旧的工服,每天在迪尔伯恩的实验大楼里埋头研究。这种极为先进的八缸发动机被称为V8型,而福特汽车公司即将推出的搭载这种发动机的新车也不再按照字母顺序命名,而是被命名为"V8"。

亨利·福特接受了埃德塞尔·福特和查尔斯·索伦森的建议,为了避免因研制新一代的V8型发动机而造成福特汽车的断档,应该在原有的"A型车"的基础上加以技术完善和改造,开发新一代的"B型车"作为过渡。埃德塞尔·福特独自承担起了研发"B型车"的艰巨任务,这样一来,查尔斯·索伦森就能全力帮助亨利·福特开发新发动机。在危机面前,昔日的对手终于联手起来,为公司利益而战。

亨利·福特在工作中表现出来的激情和斗志令人赞叹,谁都不敢相信,这个年近七十的老人竟然还有这么旺盛的精力。不过,亨利·福特毕竟年事已高,因此,他时不时会做出一些怪异行为。

有一天,亨利·福特在报纸上看到一个令他惊讶不已的消息:他的竞争对手克莱斯勒公司也正在研发新型汽车发动机。他马上跳了起来,像一阵狂风一样从自己的办公室冲到实验室,挥舞手中的报纸,向那些正在从事研制工作的工程师们怒吼道:"这是谁干的?一定是你们,是你们这些家伙把我们的秘密泄露给了该死的克莱斯勒,我要解雇你们!"

那些与他朝夕相处的工程师们早就已经对他突如其来的大发雷霆习以为

常，因此，他们谁也没有吭声，全都装聋作哑。亨利·福特见没有人理他，顿觉理亏，也就停止咆哮，灰头土脸地离开了实验室。

他要求下属们保守秘密，但自己却经常破坏这个规矩。几天后，通用汽车公司的总裁艾尔弗雷德·斯隆来访，因为他总是以汽车行业的晚辈自居，把亨利·福特哄得十分高兴，于是他就领着自己的最大的竞争对手来到实验室，向他展示V8型发动机的模型。

经过一年多不眠不休的奋战，福特汽车公司的"B型车"和"V8型车"终于诞生了，尤其是"V8型车"，这款亨利·福特投入了五千万美元巨资研发出来的新车，每辆售价只有465美元，是美国历史上第一款把高效、高速和廉价完美结合起来的汽车，以至于在这之后的二十多年里，"V8型"汽车及其生产线一直在不断完善和发展，成为福特汽车公司的精品。

得知这一消息的记者们纷纷赶到底特律，对福特的新车进行采访、报道。不过，在底特律，这个消息并没有被当成一个多大的福音。为了赶在1932年3月举行福特新车的揭幕典礼，福特公司的生产线又开始了新一轮的改建，工厂因为生产线改造而暂时关闭，大批工人因此失去了自己的工作。因为再也无法忍受高强度的工作，尤其是为了反抗以哈利·贝内特为首的监工们对工人的高压管理，抗议随意解雇工人和降低工资，底特律人正在酝酿着一场针对福特汽车公司的大罢工。

1932年3月6日，失业工人们聚集在底特律的一个礼堂，为第二天的和平示威——"福特反饥饿游行"做准备。他们希望通过游行使亨利·福特满足他们的要求，这些要求包括：为所有被解雇的福特工人提供工作，立即支付上述工人全部工资的50%，在不降薪的前提下把每日工时减为7小时，减慢致命的"速度"，在职位、休息和医疗服务方面不得歧视黑人，在冬天向每名工人提供五吨煤炭或焦炭等等。

3月7日这一天，冒着淅淅沥沥下个不停的小雨，3000名工人开始向荣格

第五章 陷入低谷（1926—1939年）

河工厂进发。就在市区边界的另一边，50名迪尔伯恩警察已经列好队形严阵以待。他们使用了催泪瓦斯，想使游行者们停下脚步，但是风把大多数瓦斯都吹跑了，工人们继续前进，最后，他们在荣格河工厂三号门前停了下来。

亨利·福特的亲信哈利·贝内特命令手下用两架高压灭火水枪驱散示威者，水枪喷出来的水在这个寒冷的冬日里显得尤其冰冷刺骨。但游行者们依旧在前进，突然之间，哈利·贝内特的人开枪了，有4人中弹身亡，包括一名16岁的报童，19人受了重伤，50人受了轻伤。哈利·贝内特是镇压一方中唯一受重伤的人，在冲入人群后，他被一块石头重重地砸中了头部。警察把能够抓到的游行者全都送到了监狱。

流血事件爆发后，福特汽车公司和迪尔伯恩警察的野蛮行为遭到了媒体的猛烈攻击。无论亨利·福特1914年的5美元日薪为他赢得了多少声誉，当水枪和冲锋枪向反饥饿游行者——他们并不是聚众滋事的乌合之众，只是福特汽车公司过去的工人——发动攻击时，他的"人道资本家"的形象消失了。从冲锋枪开火那一刻起，福特汽车公司和它的工人之间已经埋下了斗争的种子。在这之后的日子里，暴力的阴霾一直笼罩着福特汽车公司。

"V8型车"在"福特反饥饿行动"后不久投入了生产，不过，因为研发太过匆忙，V8发动机仍然没有达到最佳性能，而且还存在着活塞损坏、耗油量大和热度过高等问题。但这不是V8的唯一问题，它的外观也不讨好——它看上去与"A型车"相差不多，消费者已经不再喜欢这种老汽车了。

"V8型车"真正赢得消费者的认可是在1933年。埃德塞尔·福特说服父亲把V8的整体长度增加了六英寸，并在细节上进行了优化——后斜的护栅、发动机罩通风孔和挡风玻璃赋予新车一种活力。1933年的V8堪称20世纪30年代样式最时尚的汽车，在以汽车的优美曲线和新理念闻名的这十年中，它始终傲视群雄。

虽然这一年的"V8型车"销量一直在攀升，但总销量依然不敌雪佛兰。

与此同时，福特的"A型车"和"B型车"也退出了市场，它们的谢幕是如此平淡，以至于无人注意到它们已经消失。

惨淡的欧洲市场

当福特汽车公司在美国市场上的份额被逐渐蚕食时，"A型车"在欧洲市场的销量也一直在走下坡路，并且日益惨淡。

最让福特汽车公司懊恼的是，"A型车"在欧洲市场的低迷并不是大萧条导致的，席卷全世界的大萧条对英国尤其是英国汽车工业的影响并不大。20世纪30年代初期，欧洲的汽车市场依旧兴旺，像劳斯莱斯、陆虎、福克斯豪尔、奥斯汀这样的品牌销量都在持续上升。福特汽车公司本来也对占据欧洲市场十分乐观，然而，每财政马力缴纳一英镑的税收政策却使其陷入了不利的境地中。

按照英国《机动车法案》来计算，真实输出是40制动马力的"A型车"的财政马力竟然高达24，而载油量三公升的宾利虽然制动马力为85，财政马力却只有16。正因为如此，在欧洲市场上，"A型车"被定位为一款豪华汽车，如此一来，"A型车"在以轻型、小型汽车为主流的欧洲经济型汽车市场上就全无优势。

1931年秋天，"A型车"在欧洲市场上的销量已经到了微乎其微的地步，这种糟糕的情况让亨利·福特父子明白，欧洲人的确需要他们自己的福特汽车。这一年10月19日，亨利·福特决定针对欧洲市场开发一种新车型，这就是"Y型车"。

第五章　陷入低谷（1926—1939年）

虽然在美国汽车市场上，鲜有人听说过"Y型车"，但谁也不能忽视这款车对福特汽车公司的重要意义。对于福特汽车公司来说，"Y型车"是一款能与"T型车"和"A型车"比肩的产品。凭借这款车，福特汽车公司从一个美国本土企业变成了一个真正的跨国企业。这不仅仅是指它可以在海外销售"大众型"汽车，也不仅仅是指它控制着许多分支机构（就像通用汽车一样），这意味着，它从一个面向世界的汽车制造商跃升为一个属于世界的汽车制造商。

亨利·福特父子都非常重视"Y型车"的开发，亨利·福特亲自对整个研发过程进行监督，埃德塞尔·福特也在"Y型车"的开发中也扮演了重要角色。

埃德塞尔·福特担任福特汽车公司的总裁已经十二年了。他的父亲毫不遮掩地用各种方式来限制他的权力，他父亲最信任的下属，比如查尔斯·索伦森和哈利·贝内特，也严重削弱了他在公司的影响力。但尽管埃德塞尔·福特从没完全掌握他应该拥有的权利，他却依然毫无保留地为福特汽车公司奉献着，而且，他所做出的贡献都是永恒的贡献。他在20世纪30年代的职业经历可以说是福特汽车的一段成功回忆录，公司所发生的所有积极、进步和具有永久意义的事情都与他有关，比如林肯品牌的复兴、墨丘利部门的成立以及福特基金会的创立。最重要的是，埃德塞尔·福特在"Y型车"的研发中也发挥了积极的作用。这是第一款"海外福特"，通过它，埃德塞尔·福特顺其自然地建立了福特汽车公司的车身设计部门。

到1931年，通用汽车公司的车身设计部门工艺和色彩部已经成立了足足四年了，而在福特汽车公司，只有埃德塞尔·福特一个人重视车身设计。直到"Y型车"的研发之前，福特汽车公司仍然没有车身设计部门：没有设计师的讨论，没有计划。但埃德塞尔·福特认识到，车身样式将是汽车制造业下一个时代的象征性特征，而"Y型车"则是福特帝国的切入点。

作为树立车身设计精神和建立车身设计部门的第一步，埃德塞尔·福特决定派林肯汽车公司的一名叫作鲍勃·格里高利的设计师来进行"Y型车"的车身设计。对在亨利·福特的领导下日益因循守旧的福特汽车公司来说，让专家来把福特汽车变得更加时尚漂亮是一种开创性的举动。鲍勃·格里高利让发动机盖一直向后延伸到挡风玻璃，挡风玻璃向后倾斜，再加上车前护栅的斜度与发动机盖两侧狭槽的斜度协调起来，车身的整个前端呈现出一种流线型。"Y型车"很小，但很结实，而且从外表上看，保持着一种飞翔的姿势。

1932年2月，经过为期四个月的研发过程，Y型原型车开始在欧洲的各个福特展示厅展出。售价100英镑的新福特比欧洲市场上所有的小型汽车都要便宜，而且更加强壮、马力更强。这年10月，"Y型车"开始投入生产，在这之后的近三十年里，"Y型车"一直源源不断地从生产线上开出，它的生命周期甚至打破了"T型车"所创造的纪录。

"Y型车"拯救了福特汽车公司的欧洲产业。凭借"Y型车"，福特汽车公司不仅提高了在欧洲市场上的份额，还度过了大萧条中最艰苦的岁月。

完善产品线

在近三十年里，偏执的亨利·福特始终坚持着一种观点：大规模生产应该以单一产品为核心。在他的主导下，福特汽车公司的产品一直非常单调，在"T型车"时代，这样的策略为其赢得了巨大的成功，但到了消费者的需求越来越丰富的20世纪30年代，福特在市场上的败北也就在意料之中了。

第五章　陷入低谷（1926—1939年）

在这一时期，福特汽车公司的主要产品只有两个系列：低档的"V8"和豪华型的林肯，中间没有档次可供选择。如此一来，当"V8"车主在几年后想对汽车进行更新换代时，就只能转投到其竞争对手的怀抱中。而福特的竞争对手们却拥有丰富的产品线，通用汽车公司的产品包括六大系列，从低档到高档依次是雪佛兰、庞蒂亚克、奥尔兹、别克、拉萨尔和凯迪拉克。通用汽车的领导者们把过去的十二年全部用在了产品系列的精细划分上，他们提供的产品足以使一位顾客从购买一辆新雪佛兰的兴奋逐渐过渡到拥有家用奥尔兹或庞蒂亚克的亲切感、拥有别克或拉萨尔的尊严以及拥有凯迪拉克的荣耀感。

但尽管如此，亨利·福特一直没有扩展生产线的打算。收购林肯汽车公司原本应该是一个契机，但他并没有这么做，他把所有精力都放在了福特汽车上。幸好，福特汽车公司还有埃德塞尔·福特。

1933年，美国的豪华汽车厂商们在芝加哥举办了一场世纪进步世界展览会，这场展览会与欧洲的典雅大赛汽车展示会如出一辙。埃德塞尔·福特带着全家参观了这次展览会。这次展览会上最吸引眼球的是皮尔斯-埃罗生产的一款叫作"银箭"的汽车。这款车看起来如同雨滴一般平滑，后斜式的散热器和前挡泥板与发动机罩紧密结合在一起，整个流线型车顶轮廓平缓而又柔和。

"银箭"所展示的流线型设计让埃德塞尔·福特大饱眼福。深受触动的他决定设计自己的现代化汽车。1934年，当世纪进步展览会的组织者重开展会时，埃德塞尔·福特设计的新款林肯汽车也出现在了展台上。这款车被命名为"和风"，一经展出，就引起了无数参观者的赞叹。对埃德塞尔·福特来说，参加展览会是一种策略，是为了让父亲更易于接受推出低级别林肯系列的主意，因为展会将证明这种产品是能赢得消费者的认可的。

正如埃德塞尔·福特所料，林肯和风刚一上市就小获成功，1935年卖了17725辆，1936年卖了25243辆。这款车使林肯汽车从赔钱的产品转变成了利润中心，而且它是最现代化汽车外观的起点。

林肯和风的成功可以说是埃德塞尔·福特的一个有意之作，同时也是一个意外收获，这款车的推出填补了福特产品线一个巨大的空白。接下来，埃德塞尔·福特为拓宽福特的产品线，增强福特汽车的竞争力，又投入到了新产品的设计中。

1937年，福特汽车公司把"V8"产品线分为两个部分，除了标准的60马力V8，还生产85马力的高档版。此时福特汽车公司的生产线已经得到了极大的拓展，但在埃德塞尔·福特看来，这还远远不够，与通用、克莱斯勒等竞争对手相比，福特的产品线还需要继续完善。1937年，他向亨利·福特提议，公司在平均价格750美元左右的高级V8和1250美元左右的林肯和风之间再添加一款新汽车。

亨利·福特几乎毫不犹豫地拒绝了这一建议，但福特经销商们却纷纷对埃德塞尔·福特表示支持，因为他们是最了解福特产品线空白的人，由于他们的持续施压，亨利·福特不得不同意开发新产品。有了他的支持，开发工作顺利地于1937年7月开始。

只要埃德塞尔·福特启动了一个项目，他就理所应当地成了这个项目的唯一负责人。他为这款新汽车选了一个带有神话色彩的名字——"墨丘利"。墨丘利是罗马神话中的速度之神，他行走敏捷，精力充沛，多才多艺。不过，埃德塞尔·福特之所以选中这个名字，或许不仅仅是看中了"速度"，更是因为墨丘利也是商业之神。因为也是用这个名字而命名，所以林肯"墨丘利"又被称为水星车。

埃德塞尔·福特希望让人们牢记水星车是一款福特汽车，他对水星车的描述非常简单直接——"加强的高档V8"，它比高档V8长几寸，功率大10马力，时速快10公里，最高速度是每小时90公里。

亨利·福特对水星车并没有太多兴趣，对它的未来也不抱希望。1938年

第五章 陷入低谷（1926—1939年）

7月，亨利·福特得了轻微的中风，他开始淡出了与福特汽车有关的活动，更别说水星车项目了。

按照预期，水星车在1938年秋季的底特律汽车展示会上正式推出。因为这一年的其他新车型都已经在之前的车展上露过面，水星车成了所有人关注的焦点。在上市后的第一年中，水星车的产量就达到了69135辆，一年之内就占领了美国2.19%的轿车市场份额。水星车的问世使得福特汽车公司重新挤进了中档汽车的竞争市场，也意味着福特汽车公司的产品线已经涵盖了95%的汽车市场。

水星车是福特汽车公司自己独创的品牌，不过，遗憾的是，在1941—1945年，因为受第二次世界大战的影响，水星车的生产不得不终止。直到1945年，福特汽车公司成立了林肯-水星分部，水星车才重新活跃起来。

水星车的成功并没有令埃德塞尔·福特感到满足，对他来说，美中仍有不足，因为他感受不到他在欧洲汽车市场上所感受到的那种兴奋。在欧洲市场上，最好的汽车都是极具美学价值的，设计上达到了极高的水平，不带明显地对生产问题的世俗考虑。这与他从16岁开始就一直想制造的"只生产一辆"的理念是不谋而合的。

1938年年底，埃德塞尔·福特找到鲍勃·格里高利，委任他以欧洲大陆的见闻为灵感设计一款轿车。只用了半个小时的时间，鲍勃·格里高利就用蜡笔在透明的轮廓纸上描画出了这种汽车的图纸，一款经典之作就此诞生。埃德塞尔·福特第一眼就认定了：这就是他心目中的完美汽车！

这款新车被命名为"大陆车"，它的车身非常长，最独一无二的特征是高高的行李箱，行李箱中央附着一个备用轮胎。这种安排从此以后被广泛采用，并被称为"大陆装备"。然而，它最诱人的地方却在于简明别致的外观。大陆车透着一股满满的自信，自信得足以让它显得沉静，这样的特性是一种无可置疑的优势。

第一辆大陆车于1939年3月制造完成，当时埃德塞尔·福特正在霍比桑德度假，当这辆车运到他面前时，他马上被深深吸引了，随即第一时间驾驶着它开起来。一路下来，就有将近200人过来询问他是否接受订单，埃德塞尔·福特没想到大陆车这么受欢迎，于是立马打电话给鲍勃·格里高利，让他们马上将其投入生产。

1940年，林肯大陆车的总销量只有400辆，每一辆都是私人定制款，每一辆都是独一无二的。这个数字在汽车行业、在福特的历史上是微不足道的，然而大陆车所带来的影响却是非常深远的，它意味着，福特汽车公司从此拥有了一款热门产品，拥有了一种能够充当公司栋梁的林肯产品。

第六章
二战岁月
（1939—1944年）

纳粹陷阱

1938年,随着纳粹德国对欧洲大陆的逐渐蚕食,整个世界都笼罩在战争的阴霾之中。在这一期间,因为亨利·福特在20世纪20年代早期所传播的那些偏见言论(比如仇恨犹太人)恰好与纳粹的立场一致,他的行为和言论受到了人们的密切关注。

恰在此时,德国统治者阿道夫·希特勒向他抛来了橄榄枝。

1938年7月30日,是亨利·福特的75岁寿辰,埃德塞尔·福特和妻子埃莉诺为父亲精心准备了一场声势浩大的庆祝宴会。在这一天,亨利·福特收到了一份令他意想不到的寿礼——希特勒送来的一枚德国鹰徽大铁十字勋章。大铁十字勋章是象征着德国军人精神的最高等级勋章,只颁发给指挥战役出色的将军。而希特勒将这一勋章颁发给亨利·福特,是为了表彰他为大批量生产所做出的贡献。

很多人都劝亨利·福特拒绝这枚勋章,然而,一向特立独行的亨利·福特却置若罔闻,不但接受了这枚勋章,还将其佩戴在胸前。在这个敏感的时期,这样的举动立刻将他推到了风口浪尖之上,激烈的批评、指责如浪潮一般向他涌来。

亨利·福特的性格极其古怪,如果他做了一件事情受到了人们的质疑或批评,那他是不可能因此而反省自己的,相反,他绝对不会轻易向舆论妥协。即使遭受着美国人铺天盖地的批评,亨利·福特仍然固执地拒绝将勋章

第六章 二战岁月（1939—1944年）

退回德国。他就是这样一个人，当面对某种压力时，他往往会有一种叛逆的势头，态度会变得越来越强硬。

当然，此时的亨利·福特并没有失去理智，虽然他已经七十多岁了，但他的头脑依然非常精明。他之所以冒天下之大不韪接受那枚不合时宜的勋章，是出于商业上的考虑。1938年夏天，德国分公司福特-沃尔克马上就要拿到为德国政府生产车辆的合同了，亨利·福特不想因为勋章的事情让这个项目打水漂。在这之前，虽然亨利·福特曾经公开声明他拒绝参与军工生产，但他觉得这个合同中生产的车辆都是运兵车，与一般的军工车辆不同，因此与他的声明并不相悖。

与当时的很多企业家一样，亨利·福特认为，只要与纳粹党建立良好的关系，他们就会对自己保持友好，最起码也能做到井水不犯河水。但也正是因为很多人抱着这样的侥幸心理，纳粹党才有机可乘，将战火燃烧到了欧洲乃至整个世界，使一个又一个无辜的国家饱受践踏。

1939年4月，希特勒生日时，作为回礼，德国福特-沃尔克公司向他赠送了价值35000德国马克的生日礼物。虽然这些礼物是以福特-沃尔克公司的名义送出的，在1939年，福特-沃尔克已经是一家独立的公司，但它的名字中毕竟还有"福特"这两个字。因此，这对亨利·福特造成了极其负面的影响。越来越多的人开始怀疑亨利·福特和希特勒串通一气，亨利·福特是纳粹分子。

舆论愈演愈烈，一贯强硬的亨利·福特也不得不发表公开声明，否认他支持纳粹的政策。他声称自己是一个和平主义者，他不支持纳粹，更不是一个仇恨的散播者。

为了表示自己的和平立场，亨利·福特还制造了一个大新闻。曾经大肆发表反犹言论的他宣布支持从德国流亡过来的犹太人在美国落户。他甚至还雇用了一些来自德国的犹太人到各地的福特农场中去工作。然而，这样的行为也不能令人们信服，很多人质疑他的诚意，更有人认为他不过是在作秀罢了。

1939年，德国的铁蹄踏进了波兰的国土，硝烟随之蔓延到了整个欧洲大陆。此时，对于是否参战，如同第一次世界大战一样，美国人又分成了几个不同的阵营，一些人主张做旁观者，隔岸观火，一些人希望尽一切努力维护和平，还有一些人则支持德国对他国的侵略。这时，一个叫美国第一委员会的组织应运而生，这个组织有80万名成员和425个分会，几乎所有的会员都支持美国置身事外，不参与战事。委员会中的纳粹支持者意在避免让美国在德国占领英国之前参加战争。

在美国第一委员会中，最为出名的成员就是查尔斯·林德伯格。1927年，查尔斯·林德伯格历经34小时的煎熬和3600公里的飞行后，成为首个单人跨大西洋飞行的英雄，一举成名天下知。亨利·福特视他为真正的美国英雄，并和他建立了深厚的友谊。1940年9月，在查尔斯·林德伯格的影响下，亨利·福特也加入了美国第一委员会。不过，因为亨利·福特有反犹太的恶名，第一委员会的官员们害怕受到他的牵连，因此在他加入后不久，委员会就将他开除了。对此，亨利·福特并不在意，因为他从来都不承认自己有纳粹的倾向。他只是认为美国无须参战，即使有一天真的要参战，也没有必要现在就与德国政府对抗。

与亨利·福特抱有相同看法的人不在少数，通用汽车公司的总裁艾尔弗雷德·斯隆就是其中之一，他也是一个坚定的中立主义者，也坚决认为美国不应该卷入战争。他与亨利·福特的出发点是一致的，都是为了生意上的考虑——亨利·福特希望德国福特-沃尔克公司能够借着这个机会得到迅速发展，而艾尔弗雷德·斯隆则想保护正在德国蒸蒸日上的欧宝汽车公司。

为了个人利益，两位宿敌不约而同地站在了同一个立场上：不希望美国参与到第二次世界大战中去。然而他们却没有意识到，自己已经跳进了纳粹

第六章 二战岁月（1939—1944年）

的陷阱之中。希特勒也与他们一样，希望美国能置身事外，这样，纳粹德国在欧洲乃至全世界的扩张和侵略就能更加肆无忌惮了。

战时军工厂

1940年，整个欧洲都已经被战火和硝烟包围。时任美国总统的富兰克林·德拉诺·罗斯福召开了国会会议，提出了加强国防的建议，包括将陆军和海军的空中力量从500架飞机扩充到5万架以上的计划。

然而，华盛顿启动空前军备计划的决策很快就揭示出，政府官员与生产商之间存在着无法逾越的沟通障碍。因为无法提出正确的问题、无法理解问题的答案，也无法达成协议，良好的意愿最终变成了一席空谈。

为了改变这一现状，心急如焚的罗斯福于是决定将生产商纳入到自己的政治团队中。他向当时的华尔街传奇人物伯纳德·巴鲁克询问美国在生产方面最为精通的三个人是谁，伯纳德·巴鲁克的回答是："第一是威廉·克努森，第二是威廉·克努森，第三还是威廉·克努森。"

于是，罗斯福直接打电话给当时担任通用汽车公司董事长的威廉·克努森，恳请他加入自己所组建的国防顾问委员会，负责掌管战时生产。威廉·克努森挺身而出，他于1940年5月告假，几个月以后辞了职，再也没有回到通用。

1940年6月，威廉·克努森被任命为生产管理办公室总干事，成为正在扩张的"民主兵工厂"（罗斯福对美国生产能力的称谓）的老板。因为他的全职采购职务实际上是没有薪水的，他成为最早的"一年一美元的人"之一。

第二次世界大战期间，威廉·克努森凭借着一己之力在工业界和政府之间搭建了一座沟通的桥梁。他的任务是把美国丰富的生产能力转化为战时所急需的军用物资；策划项目并把它们分派到不同的部件装配厂；把主要部件委派给合适的公司或确保可能的竞标商能收到投标建议；监控生产安排以便各个项目能够顺利地转化为产成品；协助完成资源的调配。因为所有的一切都是从停滞状态开始的，他所面临的挑战有多大不言而喻。

在此之前，英国政府向美国订购了大量的劳斯莱斯默林发动机。然而，战时美国军方的制造能力远远赶不上战场需要。这种压力下，威廉·克努森决定从工业界寻找合适的承包商，他第一个想到的就是福特汽车公司。这家他曾经效力过的公司，不只是生产方法上的领头羊，还曾经在20世纪20年代生产出高质量的二发动机飞机，这在汽车制造商中是独一无二的。

威廉·克努森代表美国军队和英国政府向福特汽车公司订购了9000台飞机发动机，并且要求他们根据劳斯莱斯的设计来生产这些发动机。福特汽车公司接受了这个订单，查尔斯·索伦森和埃德塞尔·福特参加了关于合同细节的商讨。

亨利·福特起初也同意了这个合同，但是，当消息在英国媒体上公布时，他却突然反悔，并将合同取消了。他拒绝做这个生意，并且表示"不跟英国政府或者其他任何国外政府做生意"。

亨利·福特的釜底抽薪使威廉·克努森措手不及，他紧急赶到底特律，希望亨利·福特改变主意，但事实证明，他所做的一切努力都是徒劳的。无奈之下，威廉·克努森只好打电话给帕卡德汽车公司向他们求助，帕卡德总裁阿尔文·麦考利欣然同意接受默林发动机合同，这才解了威廉·克努森的燃眉之急。

亨利·福特的这种背信弃义的行为，惹来了无数谩骂和指责，人们纷纷指控他是纳粹德国的同情者。亨利·福特根本无力反驳，当时福特汽车公司

第六章 二战岁月（1939—1944年）

已经接受了它的第一份第二次世界大战军工合同——只不过是来自德国政府的合同。尽管德国福特-沃尔克在1940年时已经只是名义上的福特汽车分公司，并不受福特汽车公司总部的控制，但它毕竟是在与纳粹德国做生意，这对拒绝劳斯莱斯合同的福特汽车公司来说无疑是雪上加霜。加拿大福特公司的官员建议亨利·福特通过允许甚至鼓励加拿大和英国分公司为英王乔治六世的军队生产军事物资来缓和局势，亨利·福特最终妥协了。这样，轴心国一方和同盟国一方的福特分公司都参与了军工生产。然而，尽管亨利·福特的立场是一种最微妙的平衡，人们却把它解释为福特用和平诉求来掩盖亲纳粹倾向的策略。

虽然亨利·福特曾经如此言而无信，1940年8月，威廉·克努森还是向他提供了一个生产普拉特—惠特尼发动机的机会。当时，美国P-47战斗机和C-46运输机等飞机的发动机是由普拉特—惠特尼公司设计的，不过，与当时的其他中小规模制造商一样，普拉特—惠特尼公司不能大批量生产发动机，必须由更大的企业充当临时代理人，接下生产合同。

一开始，亨利·福特仍然打算拒绝这个订单，但在查尔斯·索伦森和埃德塞尔·福特的劝说下，他虽然有些不情不愿，但还是同意了这次合作。

1940年10月，威廉·克努森开始为庞大的B-17空中堡垒轰炸机和重型B-24解放者轰炸机物色合适的生产商。威廉·克努森将两种飞机的生产工作进行了分配，零部件会从全国各地运往中部城市的最终生产工厂。福特汽车公司参与到了B-24项目中，任务是生产各种各样的零部件。不过亨利·福特和查尔斯·索伦森对生产零零碎碎的东西以供他人完成生产没有兴趣。他们想生产完整的B-24，保持公司的自治性，保证每一架产成机都能追溯到生产程序和负责人。

1940年12月，查尔斯·索伦森和埃德塞尔·福特一同前往位于圣迭戈的美国联合飞机制造厂，参观了B-24的生产过程。查尔斯·索伦森在参观时发现,这个工厂每天只能生产一架飞机,但美国军方的需求量却是上千架。当天晚上,他就在纸上画出了一个工作流程图,这个工作流程将一架战斗机分成了几个组成部分,完全可以进行大批量生产。

第二天,当埃德塞尔·福特看到查尔斯·索伦森的设计时,震惊不已。根据查尔斯·索伦森的计划,B-24的新工厂长1公里,宽0.25公里,还附带着一个设施齐全的飞机场。埃德塞尔·福特预感到,这个新工厂绝对可以令所有人震撼,因为它将大大地提高飞机的产量。埃德塞尔·福特和查尔斯·索伦森马上向军需官提出了他们的要求——要么生产整架飞机,要么就退出。与此同时,他们承诺保证每月生产540架飞机。将每年生产520架飞机提高到每月生产540架,这使威廉·克努森感到巨大的诱惑。他早就希望福特汽车公司能够扮演更重要的角色了,修建B-24工厂的计划让他兴奋不已。亨利·福特更是如此,他对于任何大规模生产都会表示支持,查尔斯·索伦森的计划令他非常满意。

1941年3月3日,美国政府与福特汽车公司签订了总价值达4.8亿美元的1200套"机身组件"(除引擎以外的所有零部件)和800架整机的采购合同,并且授权福特汽车公司修建一家新的大型工厂。那时候,厂址已经基本确定了,那就是位于底特律以南的柳木场。在这里,一座庞大而有序的战时军工厂即将拔地而起。

柳木场计划

1941年春天,福特汽车公司与美国政府的合同以及它的新工厂成了人

第六章 二战岁月（1939—1944年）

们关注的焦点，几乎美国的每一家媒体都在讨论这个新项目。通过这些热火朝天的讨论，人们知道了柳木场的巨大潜力，一旦柳木场工厂建立并开始运转，它将每小时产出一架B-24飞机。这个消息令美国人无比振奋，在他们看来，这样的生产速度足以保证美国人击败任何地方的敌人。

然而，对亨利·福特和他的福特汽车公司来说，一切并不乐观。

在这个看似缜密的柳木场计划中，他们从一开始就犯下了一个无法挽回的错误——选错了厂址。在刚刚结束的经济大萧条时期，劳动力供大于求，有大量经验丰富的失业工人可供汽车生产厂商们选择，然而，到了1941年，情况早已今非昔比，此时，选择权已经转移到了工人手中。因此，当福特汽车公司把需要六万工人的新工厂建在柳木场这一片荒僻的土地上时，这个计划实施的难度之大也就在预料之中了。

柳木场距离繁华的底特律大约25公里，要想从这里找到足够的工人几乎是一件不可能的事，因为底特律有大把大把的工作机会，除了福特的荣格河工厂，还有通用、帕卡德、克莱斯勒等汽车公司的工厂。于是，只有一些附近小镇或村庄的农民愿意到这里来工作，但紧接着，工人们又面临着一个难题——柳木场地处偏远，交通极其不便，很多人因为路途遥远而选择了辞职。

尽管如此，亨利·福特始终拒绝向工人提供住宿、交通和其他条件，而且还要求所有员工都必须每天准时报到。这样苛刻的条件更增加了柳木场工厂的招工困难。美国政府曾提出在工厂附近修建住宅区，但这项计划被查尔斯·索伦森否决了，因为他觉得耗费两年时间才能建成的住宅建筑会占用工厂的劳动力。亨利·福特也对这个计划表示强烈反对，他的理由是不喜欢有很多人住在一个被共和党控制的县。最后，福特汽车公司只在工厂附近修建了一个临时住宅区。

招工难，留人更难。柳木场工厂的人员流动非常大，在1943年1月，福特汽车公司一共雇用了186个人,可是却失去了1669个人,主要原因是由于柳木场的工作条件太差了,工人们的临时住宅区只是一些简陋的小木屋而已,根本不可能长久居住。虽然福特汽车公司在底特律和柳木场之间修建了一些平直的好路,以便工人们可以开车来上班,但这仍然无法阻止劳动力的流失。

事实上,福特汽车公司在向非熟练工人提供培训这一方面是做得非常出色的。但问题在于,有些工人,应该说是相当大的一部分工人在学到本事以后都选择了离开,因为他们有了技能以后可以在底特律或其他大城市轻松地找到工作。

柳木场工厂人员频繁更换的另一个原因就是政府不断地征召工人们入伍。此时美国已经加入了欧洲和太平洋的双线战争,既要攻打德国,也要袭击日本,因此,美国政府不停地征兵送上前线。早在1942年初,埃德塞尔·福特就写信给国防部长罗伯特·卢维特谈到工厂所面临的困难,他用统计数字说明了由于征兵的缘故,仅在一个月内,工厂就失去近1500名工人。埃德塞尔·福特建议实行劳动力稳定计划,希望保证那些正在工作的工人可以缓期服兵役,但卢维特却毫不犹豫地否决了这个建议。

尽管困难重重,柳木场工厂的生产工作仍在有条不紊地进行着。1942年,柳木场工厂的生产线上开出了大约5000架B-24轰炸机,这在当时来说是非常了不起的成就,因为在这一年,世界上最大的飞机工厂只生产了几十架轰炸机。

不过,随着柳木场计划的顺利进展,亨利·福特却增添了更多的烦恼。令他感到恐慌的是,他的公司只剩下了美国政府这一个顾客——这是福特汽车公司历史上的第一次。

对汽车生产厂商而言,生产汽车始终是更关心的问题。因此,管理战时生产的威廉·克努森最紧急的任务就是阻止汽车工业生产太多的汽车。毕竟在战争时期,生产军需用品才是迫在眉睫的事。1941年8月份,生产管理办公室宣布将本年度剩余时间的汽车产量平均压缩26.5%,将1942年前六个月的汽车产量压缩50%。福特汽车公司在1940年度生产了全美汽车的20.2%,次年是18.1%,根据新的生产配额,它在1942年度的汽车产量将占全行业的18.6%。这个份额将使福特汽车公司排在克莱斯勒公司(23.1%)和通用汽车公司(44.3%)之后位居第三。在产量削减后,福特汽车公司在1942年只能生产大约40万辆汽车,这个数字仅相当于上一年的一半。

埃德塞尔之死

从20世纪30年代末期开始,身体一直虚弱的埃德塞尔·福特健康状况更加堪忧,甚至出现了严重的问题——他常年饱受胃痛的折磨。

埃德塞尔·福特一直以为自己的胃部不适是胃溃疡导致的,因为讨厌做钡餐检查和灌肠检查,他坚决拒绝福特医院的医生为他做进一步检查。1941年,福特医院的马蒂尔医生给埃德塞尔·福特写信,以不做胃镜检查为条件请他来医院做X光和验血验尿检查,结果埃德塞尔·福特找来各种理由推辞。就这样一直拖到1941年底,医院才正式确诊他的病是胃癌。

第二次世界大战爆发之后,忙于军工生产的埃德塞尔·福特因为劳累过度,身体状况急剧恶化。1942年1月,他不得不进行了胃部分切除手术,手术时就发现胃部的癌细胞已经扩散到了身体的各个部位。

手术之后,埃德塞尔·福特仍像以前一样喝产自福特农场的鲜牛奶,然而,到这一年11月,他的病情突然加重。原来,一直以来,亨利·福特都坚决反对给牛奶消毒灭菌，他认为这会破坏鲜牛奶的香味，所以，福特农场生产的鲜牛奶都是未经消毒杀菌的，埃德塞尔·福特几十年来一直喜欢喝这种牛奶。

不过这一次，情况却有些糟糕——埃德塞尔·福特因为饮用这种未经过消毒的牛奶而受到了细菌的感染，全身忽冷忽热，不仅四肢关节疼痛，而且到夜里还发高烧。尽管如此，埃德塞尔·福特并没有对此充分重视，一是因为当时的医疗技术有限，二是由于美国正处在战争中，所以他一直硬撑着，没有休息。直到1943年4月，他还顽强地坚持在自己的岗位上工作，亲眼看着一架架轰炸机驶下生产线。

令人惊讶的是，亨利·福特对埃德塞尔·福特的病情似乎并不关心，他甚至认为儿子的病完全是自找的。在他看来，如果儿子能采纳他的建议，改掉自己不健康的生活习惯，按他的食谱和方式吃东西，像他那样锻炼身体，胃病用不了多久就会根除。他时常散播他自己的医学观点，还曾经声称埃德塞尔·福特经常呕吐是因为他是一个意志薄弱的人。

1943年4月，埃德塞尔·福特从佛罗里达的医院回到迪尔伯恩，处理由哈利·贝内特对工人们的高压统治引发的一场劳工纠纷。查尔斯·索伦森告诉他，他的父亲要求他和早已离开福特汽车公司的堪兹勒彻底断绝关系，并且再次强调哈利·贝内特在公司的地位不可动摇。听到这些，埃德塞尔·福特终于意识到，他在公司待下去已经没有任何意义了，他决定离开公司，离开这个他为之付出了一生心血的地方，甩掉这个他背了四十年继承权的"大包袱"。

埃德塞尔终于觉醒了，但这种觉醒已经来得太晚了。1943年5月，他在自己家中不小心晕倒，他的家人赶紧把他送到了医院，经过商量后，医生们决定为他再进行一次胃部手术。在切开刀口之后，医生们全都目瞪口呆：顽固的癌细胞已经扩散到了病人的全身，即使是神仙，也救不了他的命了！

第六章 二战岁月（1939—1944年）

埃莉诺把丈夫从医院接回了家中，那是他们为自己营建的家，也是他们躲避生活中所有不幸的堡垒。只有在这里，可怜的埃德塞尔·福特才能得到安宁。

一直到5月18日，亨利·福特才得知这个不幸的消息。他马上命令哈利·贝内特开车把自己送到埃德塞尔·福特家中。看到躺在病床上奄奄一息、瘦弱不堪的埃德塞尔·福特，亨利·福特顿时崩溃了。他不安地到处踱步，甚至像疯了一样把埃德塞尔·福特家中的所有酒瓶都砸了个粉碎。在他看来，终日借酒消愁是导致儿子得癌症的罪魁祸首。

从埃德塞尔·福特家中离开之后，亨利·福特再也没去看望儿子，这个强者已经失去了与干瘦如柴的儿子面对面的勇气，他不敢想象，自己马上就要失去儿子了。那时，他每天都在光明巷附近的树林里绝望地走来走去，以此来排解心中的抑郁。而克拉拉，这个多年来一直眼睁睁看着丈夫迫害自己的儿子，却从没有伸出援手的可怜母亲坐在家里悲伤地等待那个最后时刻到来。

虽然此时的埃德塞尔·福特已经虚弱到连电话都接不了了，但他仍未放弃努力。埃莉诺知道丈夫最后的心愿是什么，他在等待自己最宠爱的小儿子威廉·克莱的到来。此时，埃德塞尔·福特的长子亨利·福特二世正作为美国海军军官在芝加哥接受训练，而18岁的小儿子威廉·克莱正在佛罗里达州参加他所在学校的毕业典礼。埃莉诺要通知威廉·克莱立刻赶回家，埃德塞尔·福特阻止了她。他不希望儿子因此错过毕业典礼，还让女儿约瑟芬和女婿代表他和埃莉诺赶往佛罗里达，出席威廉的毕业典礼。满怀期待的威廉·克莱看到来的不是父母，而是姐姐和姐夫，立刻预感到情况不妙。典礼一结束，他们就马上赶回家，这才得以见到父亲最后一面。

第二天上午，埃德塞尔·福特终于耗尽了自己最后一丝能量，离开了人世。这一天是1943年5月26日。

两天后，埃德塞尔·福特的葬礼隆重举行。在妻子埃莉诺的安排下，他的遗体被安葬在了底特律城的伍德劳德公墓，而不是在故乡迪尔伯恩，或许，这是她对福特家族的一种无声的抗议！与埃德塞尔·福特一同在这座安静的公墓里安葬的，还有曾经与福特汽车有过多年恩怨纠缠的库茨恩斯和道奇兄弟，埃莉诺更愿意让自己的丈夫和这些汽车界的前辈们在一起。

埃德塞尔·福特所有的亲戚都来参加葬礼，其中包括奥尼斯特·堪兹勒夫妇。此时的堪兹勒身体也每况愈下。他为那次事件使埃德塞尔·福特受到沉重的打击而深感内疚，当然，他也更了解亨利·福特对他的刻骨仇恨，所以后来基本都住在华盛顿。这次他不顾自己的病体，在别人的搀扶下来到底特律，参加好朋友的葬礼。福特工厂的所有工人也都来为他们的总裁送行。

葬礼上，亨利·福特始终面无表情，他站在墓碑的一侧，就像一座雕像一样，久久不动，似乎周围的人全都不存在，整个世界只剩下悲痛。克拉拉抱着自己的儿媳，两人一起失声痛哭。

埃德塞尔·福特的离世让福特家族的所有人都陷入了悲痛之中。对于他本人，这个年仅49岁的男人，在他撒手人寰时，心中还有很多梦想没有实现，甚至他的梦想在顽固的父亲的阻挠下从来没有实现过。他一生下来就注定了要与汽车打交道，命中注定成为这个汽车帝国的继承人，他是福特帝国名义上的总裁，然而，他从来没有一天真正拥有过这种权力。在他的青少年时代，他就遵从父亲的意愿放弃上大学，又遵从父亲的意愿未能参加第一次世界大战为国效力，他一生喜欢豪华汽车却不能在自己的工厂里生产，他的家庭生活、他的社会交往都遭到父亲无所不在的监视和控制……他的一生尽是痛苦，而死亡让他获得了真正的解脱。但是，他的梦想呢？

对于埃莉诺来说，那是一种更持久的痛苦。多年来，她和丈夫一直情深意笃，在葬礼结束后的当天晚上，无法忍受失去丈夫之痛的埃莉诺穿着一身洁白的衣服，一个人悄悄来到住所附近的圣克莱尔湖，向湖中走去，她想追随自己的丈夫而去,所幸的是,忠心耿耿的仆人们一直跟在她身后,把她及时救了上来。

为了防止这种事情再次发生,小儿子威廉·克莱每天陪在母亲左右,并带她到美国著名的温泉疗养区度假。一天晚上,埃莉诺提起笔来,给丈夫的父母写了一封安慰信:

"亲爱的福特先生和夫人:

"连日来我夜不能寐,不得不起身提笔写下这封短信,感谢你们曾经赐给我这样一位值得亲近的丈夫,这都是上帝的英明。我不会恭维人,但是你们的儿子的确是我们一家人最大的财富……"

埃莉诺是一个识大体、顾大局的女人,在后来的岁月中,她只对很少的几个知心好友谈到过亨利·福特是怎样迫害她亲爱的丈夫的,而对自己的几个儿子和女儿则只字不提此事,以致后来孩子们都是从其他人的嘴里了解到其中的一些内幕。

罗斯福访问

柳木场工厂用工难的问题一直都未能得到妥善的解决,但尽管如此,它仍投入了战时快节奏的生产之中,为第二次世界大战时期的同盟国输送了一辆又一辆的B-24轰炸机,每天,天空中都会有新的轰炸机加入。

直到1942年秋天,柳木场工厂才迎来了一次转机。

1942年9月18日,富兰克林·罗斯福总统与他的夫人来到了柳木场工厂,对这个全世界最大的轰炸机工厂进行访问。

罗斯福之所以选择在这个时候来到柳木场工厂，是为了鼓舞同盟军的士气，让他们保持昂扬的斗志，在战场上勇敢杀敌。事实上，当罗斯福夫妇把公众的注意力吸引到柳木场工厂时，人们的确受到了极大的鼓舞，大家都相信，这家工厂马上就能大批量生产轰炸机，敌人将会因此受到巨大的打击，或许，战争马上就要结束了。

那一天，罗斯福从他的专列一下来，就被请进了福特汽车公司生产的大型林肯轿车。亨利·福特和埃德塞尔·福特陪着总统参观了柳木场工厂。亨利·福特就坐在罗斯福和第一夫人之间，这个倔强的老头满脸不高兴。埃德塞尔·福特和查尔斯·索伦森则坐在罗斯福夫妇后面的一排座位上，每经过一个地方，他们都会为总统详细地讲解那里的生产程序。在整个参观过程中，亨利·福特没说一句话。

事实上，亨利·福特一直对埃德塞尔·福特与罗斯福的友谊非常不满。在20世纪30年代，亨利·福特始终莫名其妙地与罗斯福总统对抗，而埃德塞尔·福特和总统却建立了深厚的友谊。在第一次世界大战的时候，他们就认识了。多年以来，埃德塞尔夫妇和罗斯福夫妇一直保持着密切的往来，无论是节日还是彼此的生日，他们都会互致问候。在他们的交流互动中，埃德塞尔·福特毫不掩饰自己对罗斯福的崇拜，而亨利·福特却蔑视儿子，对总统也丝毫不放在眼里。因此，即便总统的到来使他的大批量生产有了希望，从他的脸上也看不到丝毫欣喜之情，更全然没有表示出对总统的欢迎之意。

无论如何，罗斯福总统的访问对柳木场工厂而言是一个转折点，在这之后的一年里，柳木场工厂的生产开始达到当初查尔斯·索伦森向军方承诺的目标，到后来甚至还超越了他当初制订的宏大计划。到1944年夏季，柳木场工厂已经生产了5000架飞机，工作效率高于其他所有的B-24生产工厂。它甚至担负起了额外的任务，比如制造备用零部件和改造老B-24战斗机。

在政府和军队的鼓励和敦促下，福特汽车公司最终把自己的潜力完全发挥了出来。大批B-24远程轰炸机参战毫无疑问促进了欧洲战场上战争的终结。在战争中,福特汽车公司共生产了8685架B-24轰炸机、57851台飞机引擎、277896辆吉普车、93217辆卡车、26954台坦克引擎以及2718辆坦克和反坦克装甲车等不计其数的重型机器。另外,林肯汽车公司也为B-24贡献了24929个机舱。

然而,柳木场工厂的兴盛实在是太过短暂了。1945年4月,因为战争的大局已定,德国的溃败使得美国不再需要那么多轰炸机。而过去生产的轰炸机也完成了它们的使命,在被美国政府拆掉机枪、炸弹和照相设备后,数百架B-24轰炸机从欧洲运回了柳木场。第二次世界大战中最被认可的偶像之一B-24很快就过时了。

没过多久,柳木场工厂就接到了通知,逐渐缩小生产规模,在1945年8月份之前完全停止生产。

1945年8月,随着原子弹在广岛和长崎引爆,带给无数个国家巨大痛苦的第二次世界大战终于结束。柳木场工厂的兴旺时期也随之结束了。

在这之后,福特汽车公司有很长一段时间一直处在被人忘却的边缘。它像其他企业一样,再也回不到战前的辉煌时代,而且在某个人接替亨利·福特之前,福特汽车公司甚至已经无法继续前进。

重回总裁之位

埃德塞尔·福特去世之后,谁将继任福特汽车公司的总裁成了所有人关注的焦点。但很快,这个问题就没了悬念——80岁的亨利·福特雄心再起,他打算从幕后走上前台。

就在埃德塞尔·福特葬礼的前一天深夜,亨利·福特突然给查尔斯·索伦森打了一个电话,他向自己的得力助手宣布了一个爆炸性的消息:为了打消人们对福特汽车公司前途的任何担忧,他打算重新担任总裁的职务。

查尔斯·索伦森简直不敢相信自己的耳朵,他清楚地知道,一个年逾古稀、心智严重退化并且刚刚经历丧子之痛的老人,会把福特汽车公司带向何处。

但此时,谁都无法阻止亨利·福特的脚步。1943年6月1日,福特汽车公司召开董事会,会议的主题是讨论埃德塞尔·福特去世后公司的人事安排。埃德塞尔·福特去世后,他的大儿子亨利·福特二世和遗孀埃莉诺成了新任董事,因此他们也出席了这次会议。

为了使自己能够重新登上总裁的宝座,削弱持有大量股份的儿媳和孙子们的反对,亨利·福特强行把哈利·贝内特和他的亲信拉进了董事会。按董事会的规则,同样拥有福特公司股份的埃德塞尔·福特的次子本森也应该出席董事会,但悲痛欲绝的本森一直认为是哈利·贝内特害死了父亲,坚决拒绝与这个混蛋坐在同一张桌子上,因此他没有出席会议。经过激烈的争吵,亨利·福特成为公司新的总裁,但会议结束的时候,没有人向他表示祝贺,也没有人为他鼓掌。

福特汽车公司马上进入了一种极其混乱的状态。第二天,亨利·福特宣布他要解雇所有曾经与埃德塞尔·福特作对的人。但事实是,在这场大清洗运动中,被辞退的都是福特汽车公司最优秀的经理人员,比如在开发福特产品的过程中发挥过关键作用的、当时美国汽车最优秀的发动机设计和制造专家劳伦斯·谢尔德里克,埃德塞尔·福特非常欣赏的设计师鲍勃·格里高利和埃德塞尔·福特最信任的助手约翰·克劳福德。

就连一向唯亨利·福特马首是瞻的查尔斯·索伦森都没有逃过这一劫。

第六章 二战岁月（1939—1944年）

1943年底，亨利·福特任命哈利·贝内特为查尔斯·索伦森的生产管理助手。为公司工作了三十多年的查尔斯·索伦森当然明白亨利·福特这么做的意图，他知道，亨利·福特是让哈利·贝内特夺取自己的权力。忍无可忍的查尔斯·索伦森来到亨利·福特的办公室，愤怒地大声说道："在这种情况下，我想我是否应该去佛罗里达休息一下？"

查尔斯·索伦森是想通过这种方式逼迫亨利·福特在他和哈利·贝内特之间做一个选择。而亨利·福特毫不犹豫地选择了哈利·贝内特。失望至极的查尔斯·索伦森很快就送来了他的辞呈，在他离开福特汽车公司之前，亨利·福特和他握了握手，告诉他，除了工作之外，去享受生活也是可取的。

已经年逾80的亨利·福特已经变得有些迟钝了。到1945年，除了签名和供人拍照之外，他已经无力为自己亲手创建的公司做任何事情了。虽然身为总裁，但他几乎很少出现在福特汽车公司的各个工厂，哈利·贝内特成了他的代言人，执行他的一切命令。如今，哈利·贝内特是他最信任的人。

因为一直没有专门的账目控制，这一时期的福特汽车公司成了一个挤满了小偷、侵吞公款者和其他商业水蛭的地方。在整个职业生涯中，亨利·福特一直更喜欢从传闻中而不是财务数字中了解公司的运营状况。因此，哈利·贝内特的情报收集网取代了内部会计。这也使得他控制了公司肥缺职务的任命，有权决定谁为公司赚钱，以及谁从公司身上捞钱。

此时的福特汽车公司正处于它最衰弱的阶段，它急需夺取从前的那些优势。每个汽车生产厂商都知道，对美国这样一个痴迷于汽车的国家来说，没有任何新车上市的四年是多么痛苦难熬。然而，已经迫不及待的消费者也让他们领略到了战后的残酷竞争。福特汽车公司蹒跚度过了20世纪30年代，并没有显露出公司即将崩溃的任何征兆。然而在战后，通用和克莱斯勒开始了将福特从三巨头名单中除去的行动。它们已经做好了充分的准备，想抢占市场的大多数份额，而且一旦曾经的行业领导者福特失败，他们会将福特帝国也毫不犹豫地一口吞下。甚至在战争结束前，福特的经销商们已经遭到了两大巨头的猛烈围攻。

所以，无论是从福特家族，还是从身陷泥潭的福特汽车公司，又抑或是从深受战争影响的整个汽车行业的角度来看，在1945年，老福特汽车公司的时代已经彻底终结了。此后，福特汽车公司必须革新，也必须有一个新人来掌管它。如果不采取任何行动，哈利·贝内特将继续他的控制。

当然，哈利·贝内特是没那么容易得逞的，因为埃德塞尔·福特的大儿子、年轻有为的亨利·福特二世已经加入到了这场接班人的争斗中。

第七章
接班人之争
（1944—1947年）

亨利·福特二世归来

福特家族的这场接班人之争,不只使福特汽车王国陷入了旋涡之中,更在外界掀起了巨浪。

就在埃德塞尔·福特离世的第二天,当时担任美国战时生产管理局局长的威廉·克努森急匆匆地来到了白宫,求见罗斯福总统,与他商议对策。他明确告知总统自己对福特汽车公司目前局势的担忧,在他看来,埃德塞尔·福特去世之后,福特汽车公司必将出现一片混乱与真空状态,这对当前的战争局势是极为不利的。

此时战场上的军火供应十分紧张,而作为美国最大的军火供应商之一,福特汽车公司一直承担着大量的军事订单任务,比如吉普车、装甲车、坦克、轰炸机等。埃德塞尔·福特在世时,一直拖着病躯掌控大局,尽己所能抓生产,这才使订单勉强保证能完成。而现在,谁又能像他这么卖力呢?第二次世界大战已经进入非常关键的时期,如果此时军用物资得不到及时的供应,那么美国在战场上将会走向何方?整个反法西斯战争又将受到何等掣肘?

听完威廉·克努森的汇报,罗斯福总统陷入了深思之中。然后,他问威廉·克努森有什么建议。对福特汽车公司抱有敌视态度的威廉·克努森建议总统根据战时紧急状态的有关法律规定摆脱福特家族,由政府出面直接管理福特公司。事实上,当时有很多人都持有这种观点。

第七章 接班人之争（1944—1947年）

不过，罗斯福总统毫不犹豫地拒绝了这个提议，作为埃德塞尔·福特的好朋友，他不想在埃德塞尔·福特尸骨未寒的时候就把他为之奋斗一生的福特公司收归国有，他希望把这个问题交给福特家族，让他们自己来解决。

罗斯福总统和威廉·克努森都与福特家族有着千丝万缕的联系，他们对福特家族的情况了如指掌。在福特汽车公司内部，除了已经年满80岁的亨利·福特之外，在所有董事中，还有查尔斯·索伦森和哈利·贝内特有资格接掌大权。查尔斯·索伦森已经60多岁了，而且亨利·福特越来越不把他放在眼里。而深受亨利·福特信任的哈利·贝内特不过是一个流氓无赖，只知道对工人进行高压统治，却对生产经营一窍不通。

他们的视线不约而同地转到了亨利·福特二世身上。

亨利·福特二世是埃德塞尔·福特的大儿子，从他1917年9月诞生的那天开始，他在福特家族中的地位就已经奠定了。未来他将会承担起领导福特家族年青一代的重要职责，这一点已经成了所有人的共识。

可能是出于性格的原因，也可能是因为亨利·福特二世从小就被当成福特家族的继承人来培养，因此他总是表现得鹤立鸡群。总之，在埃德塞尔·福特的几个孩子当中，从始至终没有任何人对他将来的地位提出过挑战和异议，这使得福特家族并未上演父子相争、手足相残的戏码，而这在大家族的权力交接过程中是极为常见的。

亨利·福特二世有一种与生俱来的领袖气质，从小他就表现出了一种与众不同的特质：坚毅、勇敢、多思，同时也有些霸道和自私。在孩子们中，他是当仁不让的领导者，他常常摆出一副威严的面孔，强迫自己的弟弟妹妹们和其他的玩伴称自己为"头儿"或"首领"，然后向他们发号施令。他对自己的弟弟妹妹讲话时，常常带有一种不容置疑的支配口吻。他喜欢称呼别人的小名，即使是对自己的祖母也不例外。他称呼自己的祖母克拉拉为"凯利"，称弟弟本森为"本"，约瑟芬为"多蒂"，威廉则为"比尔"。

但是他不敢对自己的祖父和父母造次,仍然称他们为"祖父""父亲"和"母亲"。

亨利·福特二世有一种十分强烈的独占欲,无论什么东西他都希望最先得到,并拿到最好的,如果能够全部占有,他是不可能给别人留一份的。1933年,美国联邦调查局局长约翰·埃德加·胡佛到底特律出差,顺便到埃德塞尔·福特家中做客。亨利·福特二世和弟弟本森·福特听到这个消息之后兴奋不已,他们都有一个当联邦特工的梦想,而胡佛就是他们心目中的英雄。但令亨利·福特二世郁闷的是,就在胡佛来的前几天,他突然得了白喉。因为这种病的传染性极强,因此,埃莉诺将他单独安排在一个房间里,与大家隔离。亨利·福特二世连房间都不准出,更别说会客了。

对此,亨利·福特二世非常不满,心理不平衡的他想了一个歪主意:趁着照看他的护士不在房间里,他悄悄溜到了本森·福特的卧室里,打开衣橱对着弟弟的衣服大力呼吸。他想通过这种方式把病毒传染给本森·福特,让他像自己一样无法与胡佛面对面。所幸的是,病毒对本森·福特并不感兴趣,他如愿以偿地见到了胡佛。

埃德塞尔·福特的孩子们都在底特律大学附属学校读书,他们在这里度过了一段快乐的时光。1934年,在完成八年学业后,埃德塞尔·福特又把亨利·福特二世和本森·福特送进了康涅狄格州拉维尔的霍奇基斯学校。这是一座位于美国东海岸的寄宿学校,是专门培养富豪子弟的贵族学校,与耶鲁大学有着一种特殊的关系,相当于耶鲁大学的预科学校。凡是在这里顺利完成学业的学生,都能轻而易举地进入耶鲁。

1936年,19岁的亨利·福特二世顺理成章地进了著名的耶鲁大学。不过,在耶鲁大学,他的心思完全没有放在学习上,他和一些富家子弟拉帮结派,并成了其中的一个小头目。他加入了学校一个名叫"书生和伪君子"的俱乐部,每天跳舞聚会、饮酒作乐。根据父亲的安排,进校后,亨利·福特

第七章 接班人之争（1944—1947年）

二世的专业是工程学，其中包括大量机械科目。然而考试的结果把埃德塞尔·福特气得半死，他的主修科目不及格，最后只好转系，来到社会学系，但即使花高价请来了家庭教师补习功课，亨利·福特二世还是连社会学考试也未能通过。埃德塞尔·福特经常被学校发来的各种功课不及格通知单所包围，然而，对儿子的所作所为，他既无可奈何，也无暇顾及，因为他自己在公司的地位不断受到冲击，可谓"泥菩萨过河——自身难保"。

1940年8月，亨利·福特二世结束了他在耶鲁大学为期四年的学习生活。不过，令人尴尬的是，他没有拿到毕业证书，只得到了一张"托马斯·哈代与社会习俗"方面的结业证明。很多年后，声名显赫的亨利·福特二世故地重游，回到耶鲁大学参加学校为新一届毕业生举行的庆典，此时，早已不再有人关心他是否拿到了毕业证。

从1940年下半年开始，亨利·福特二世和从普林斯顿大学中途退学的弟弟本森·福特在一个黑人监工的指挥下从事最基本的技术工作。埃德塞尔·福特一直认为他的儿子们应该从最基础的工作做起，直到对公司有更多的了解之后才能担当大任。

在这个岗位上工作了没多久，亨利·福特二世和本森·福特就发现，这份工作真的一点儿也不轻松。但两个年轻人都知道，他们的祖父和父亲就是这么一步一步走过来的，他们也要坚守家族的传统。尽管从小没吃过什么苦，亨利·福特二世和本森·福特却从不喊累。他们像其他工人一样穿着满是油污的工作服，拿着各种各样的工具在车间里埋头工作。

1941年美国卷入第二次世界大战后，在埃德塞尔·福特的建议下，亨利·福特二世申请加入美国军队。当时，亨利·福特二世的妻子安娜刚刚生下了女儿夏洛特，就送自己的丈夫加入了美国海军。

埃德塞尔·福特去世时，亨利·福特二世刚刚25岁，正在美国五大湖海军基地服役。在罗斯福和威廉·克努森看来，亨利·福特二世显然是更为合适的接班人人选。

与此同时，埃德塞尔·福特的好朋友恩斯特·堪兹勒也在为挽救深陷危机之中的福特家族而四处奔波。他甚至找到了美国海军部长，与他进行了一次秘密谈话，希望海军部长能够允许亨利·福特二世离开海军部队，回到福特汽车公司。

1943年8月，海军部长弗兰克·诺克斯颁布了一个命令：授予亨利·福特二世第二海军少尉荣誉证书的委任状，责成他退出现役，返回底特律。罗斯福总统和美国政府的态度可见一斑，显然，他们希望由亨利·福特二世成为福特王国的继承人。

离开部队后，亨利·福特二世回到了久违的迪尔伯恩，愤怒、悲痛与惶恐不断地撕扯着他，希望与梦想在他的心中交织着，年轻的他经历了一段颇为煎熬的时期。

哈利·贝内特阴谋

亨利·福特二世重返福特汽车公司，令很多人看到了福特家族重新崛起的希望。然而，有一个人却将其视为眼中钉，他就是哈利·贝内特。

在亨利·福特的晚年，哈利·贝内特带给他巨大的影响。亨利·福特总是亲热地称这个个子矮小、性格野蛮的家伙为"我的哈利"，授予他大权，使他成为福特汽车公司事实上的总裁。哈利·贝内特也时时以亨利·福特的代言人自居，在福特汽车公司随意发号施令，党同伐异，搞得公司一片乌烟瘴气。

第七章 接班人之争（1944—1947年）

哈利·贝内特是1917年加入福特汽车公司的，出身贫寒的他一门心思往上爬，为此，他非常注意在工人中树立自己的威信。他费尽心思拉拢周围的工人，没过多久，他在荣格河工厂就成了一个数得上的人物，工人们都叫他"水手里斯"，这是他在海军服役时的绰号。

第一次世界大战刚刚开始时，福特汽车公司接受了为美国政府生产军舰的任务，威廉·克努森负责监督工程的进展。一天，工人们发现一些建筑材料被盗了，威廉·克努森一听就知道是工厂守卫监守自盗，于是，火冒三丈的他让手下的人找一个精明强悍的人来管理荣格河工厂的守卫，这个人就是哈利·贝内特。

很快，哈利·贝内特就进入了亨利·福特的视线之中。一次，亨利·福特来到荣格河工厂，威廉·克努森陪着他到处视察，哈利·贝内特也跟在他们身后。当他们来到堆积钢材的平地上时，发现一群工人正在围着一个身强力壮的大汉叫骂，一名工人已经被打倒在地，满脸都是鲜血。原来，这个大汉是来寻衅滋事的，工人们却没有一个敢动手教训他。

亨利·福特被激怒了。正在这时，哈利·贝内特站了出来，以迅雷不及掩耳之势给了那个大汉一拳，大汉被打了个措手不及，倒在地上挣扎着却怎么都起不来。

哈利·贝内特的这一拳给亨利·福特留下了很深的印象。他非常欣赏这个骁勇胆大的年轻人，后来，福特汽车公司成立了内务部，他亲自任命哈利·贝内特为这个负责安全保卫、维护秩序的部门的头目。

走马上任后，哈利·贝内特立刻开始了对工人的暴力统治。除了工厂原有的守卫外，他还雇用了很多膀大腰圆的打手、出名的恶棍、退役的军人以及运动员和水手等，并配备了从绳索棍棒到机关枪等各种武器。

时刻揣摩主子的心思，唯命是从、投其所好是哈利·贝内特赢得亨利·福特欢心的关键。一次，亨利·福特到密歇根州参加商品交易会，到了福特汽车公司开设的展台前，面对着展台上琳琅满目的汽车和机器，他的眉头却皱了起来。

亨利·福特的表情变化全都被哈利·贝内特捕捉到了，几天后，他又把亨利·福特请到了博览会上，只见福特汽车公司的产品已经被安放在绿油油的麦田中，牛羊在麦田里欢快地游逛，不时发出鸣叫。这优美的田园风光和现代化的工业产品乍一看形成了鲜明的对比，仔细一琢磨又是相得益彰，亨利·福特大为满意。得知这是出自哈利·贝内特的手笔之后，他不由得赞不绝口。

作为福特汽车公司主管安全的头目，哈利·贝内特还当起了亨利·福特本人的保镖。无论是亨利·福特在工厂里视察还是外出办事，他都会跟随左右，即使是亨利·福特叫他上前来与自己并排前进，他也会十分谦卑地走在比主子落后半步的位置，唯恐抢了主子的风头。从1925年起，为了应付"T型车"市场份额落后带来的危机，亨利·福特每天都到高地公园工厂上班，接送他上下班的任务就落到了哈利·贝内特的肩上，这样的局面后来持续了二十年之久。

渐渐地，亨利·福特越来越信任他，甚至开始让他去悄悄处理一些个人的私事。比如，传说亨利·福特和家中的两个女仆有暧昧关系，因为怕事情败露，他想将这两个女仆打发走。于是，哈利·贝内特立刻为这两个女仆和她们的亲属在遥远的美国东海岸安排了更好的工作，令亨利·福特非常满意。

在朝夕相处中，两个人结下了深厚的情谊，以至于后来亨利·福特从内心里把哈利·贝内特当作了自己的另一个儿子，甚至对他的爱超过了对埃德塞尔·福特的爱。

1943年6月亨利·福特重回总裁之位后，虽然重新掌控了公司的最高权力，但几乎所有的人都看得出来，他的精力和体力已经不可能再胜任这项工

第七章 接班人之争（1944—1947年）

作了。哈利·贝内特也在背后加紧活动，企图趁亨利·福特还在世的时候通过不断地向他灌迷魂汤来夺取福特汽车公司的最高权力。很多人都认为，哈利·贝内特篡位成功是迟早的事，因为他的背后站着糊涂的亨利·福特，而且，在福特汽车公司，根本没有足以与他抗衡的对手。

对于亨利·福特二世退役这件事，哈利·贝内特曾经通过亨利·福特进行阻挠。在他的怂恿下，亨利·福特极力向政府表明，他希望亨利·福特二世继续在军队里为国效忠，不过，哈利·贝内特的阴谋因为堪兹勒的介入而宣告失败。

哈利·贝内特和他的一帮手下整天围在亨利·福特身边，引起了亨利·福特二世家人的强烈不满。埃德塞尔·福特多年来忍受父亲和贝内特的迫害和虐待，埃莉诺看在眼里，恨在心里，现在，她感到她的儿子又要重蹈覆辙，她绝不能袖手旁观。她一改埃德塞尔在世时冷眼旁观的态度，几次出面和亨利·福特就公司的人事安排激烈争吵，失去儿子的克拉拉也不动声色地站在儿媳一边，不断地在丈夫面前诉说长孙的种种优点。不过，尽管如此，亨利·福特仍然顽固不化，在他看来，亨利·福特二世皈依了天主教，还和富人的子弟来往密切，这些坏习气与埃德塞尔·福特如出一辙，这让他无法忍受。因此，他对长孙始终无法信任，一如既往地站在哈利·贝内特一边。

艰难处境

回到迪尔伯恩没多久，亨利·福特二世就到福特汽车公司上班了。他搬进了父亲的办公室，开始参与到公司的管理中。他并没有像人们想象的那样，在公司里掀起一场惊涛骇浪，也没向哈利·贝内特宣战，相反，他与哈利·贝内特走得很近，很多人甚至以为他已经彻底放弃了接班的希望，加入了哈利·贝内特的阵营。

事实上，亨利·福特二世早就已经从恩斯特·堪兹勒那里了解到了在自己父亲和祖父之间发生的一切，也知道了有关哈利·贝内特的所有恶行。在埃德塞尔·福特去世之后，恩斯特·堪兹勒成了亨利·福特二世的"教父"，他竭尽所能地为这个年轻人提供帮助，把所有希望都寄托在他身上。

恩斯特·堪兹勒还陪同亨利·福特二世到福特汽车公司的行政大楼地下室，他们找到了埃德塞尔·福特留下的私人保险箱，希望在那里能找到任何有利于亨利·福特二世登上福特王国最高宝座的文件，但是最后他们失望而归。

亨利·福特二世暗地里下定决心，一定要为父亲复仇，把哈利·贝内特赶走，复兴福特家族的事业。为此，一连几个星期，他都在阅读和研究父亲留下的文件和材料。看到父亲当年在那样专制的情况下，为了维护福特公司经历了怎样的艰难困苦，想到父亲含冤死去，他就难以抑制自己。

但他也清楚地看到，哈利·贝内特在福特汽车公司的势力盘根错节，此时与他正面交锋无异于以卵击石。在仔细筹谋之后，他决定采用迂回策略，先向哈利·贝内特示好，暗地里蓄积力量，然后趁其不备将其一举击垮。

他开始有计划地讨好他的祖父，给他写信，给他打电话，说尽了好话。他也和哈利·贝内特套近乎，时常地走进哈利·贝内特的办公室，对他嘘寒问暖，两人的关系竟然意外地密切起来。他与哈利·贝内特十分合作，还跟哈利·贝内特一起乘坐飞机，学习驾驶技术。在哈利·贝内特眼里，亨利·福特二世不过是一个不学无术的浪荡公子，而且对自己既尊重又顺从，因此，他渐渐放松了警惕。不但不再将亨利·福特二世视为威胁，反而还考虑引导这个孩子早日熟悉公司的业务，以便其可以快速地成为自己的好帮手。

第七章 接班人之争（1944—1947年）

亨利·福特二世是个好演员，他的言行不但骗过了哈利·贝内特，还骗过了他身边亲近的人。就连一向与兄长关系亲密的本森·福特也不理解他对哈利·贝内特的唯命是从，一天，在军队服役的本森·福特回来休假，他愤怒地质问亨利·福特二世："难道你忘了是谁害死了我们的父亲？"

本森·福特对自己的祖父和哈利·贝内特憎恨不已，甚至曾公开宣布与亨利·福特断绝祖孙关系。他担心自己的兄长真的倒向仇人一方。但是他完全多虑了，亨利·福特二世告诉他，他从来都没有忘记他们的仇人是谁，他只是在等待一个合适的时机，趁对手疏忽大意的时候打垮他。

亨利·福特二世的城府如此之深，令本森·福特也不由得震惊不已。的确，对于一个当时只有26岁的年轻人而言，亨利·福特二世实在是太成熟了，这种成熟超过了他的年龄。其实，从亨利·福特二世少年时代以及他后来的表现来看，这个年轻人与他的父亲埃德塞尔·福特在性格上几乎没有任何相似之处，他并不像他的父亲那么软弱，反而更像他那精明算计、老谋深算、狡猾多疑的祖父，他知道自己的敌人是谁，他也知道自己如何才能战胜敌人。单从表面上看，他似乎有些游手好闲，在军队里也没有任何值得炫耀的事迹，然而在这些方面的不足并没有阻止他按自己骨子里生来就有的那些性格发展，相反更巧妙地掩饰了他的熊熊野心、旺盛的斗志和复仇心理。

寻找盟友

聪明狡猾的亨利·福特二世使哈利·贝内特放下了戒心，甚至使他开始信任于自己。几乎所有人都被蒙在了鼓里，但实际上，这个聪明而又极富野心的年轻人正"明修栈道，暗度陈仓"——他已经开始秘密地筹划反击的行动了。

从1943年8月回到迪尔伯恩以来，亨利·福特二世的脚步始终没有停歇，他一直在美国各地奔波，先后到福特汽车公司在各个地区的分公司视察，又拜访了一些较大的代理商，与他们打好交道，消除他们对公司未来前景的担忧，并通过安抚他们来树立自己的个人威信。他的努力使人们对福特汽车公司重新燃起了希望，他们看到，在福特家族，一颗新星正在冉冉升起。

亨利·福特二世知道在强大的对手面前，自己一个人的力量是非常微弱的，根本不足以与其抗衡。因此，为了扩大自己的阵营，他开始不声不响地为自己寻找可靠的盟友。

亨利·福特二世找到的第一个盟友是约翰·戴维斯。1919年就加入福特汽车公司的约翰·戴维斯是埃德塞尔·福特生前最得力的下属之一，在福特汽车公司一直担任销售经理的职务，是一名不可多得的销售精英，为福特汽车公司立下了汗马功劳。但哈利·贝内特却不喜欢这个正直的人，他们之间的冲突时有发生，在一次与哈利·贝内特产生激烈矛盾后，他被放逐到了加利福尼亚。

亨利·福特二世亲自登门拜访了约翰·戴维斯，希望他能重回底特律，帮助自己打赢这场仗。约翰·戴维斯非常欣赏亨利·福特二世的胆识，从他身上，约翰·戴维斯看到了埃德塞尔·福特以前所缺乏的那种勇于进攻的魄力和咄咄逼人的斗志。但是，他也有自己的顾虑，如果他在亨利·福特二世的召唤下回到底特律，就意味着向哈利·贝内特宣战，睚眦必报的哈利·贝内特一定不会放过他，甚至还有可能会把他当作攻击的首要目标。权衡再三后，他还是拒绝了亨利·福特二世的邀请。

亨利·福特二世没有因此而放弃，他在加利福尼亚待了两天，一直在坚持不懈地劝说约翰·戴维斯跟自己回去。他还向约翰·戴维斯做出了一个承

第七章 接班人之争（1944—1947年）

诺：如果约翰·戴维斯被解雇，他本人也会离开公司。

亨利·福特二世的诚意打动了约翰·戴维斯，他终于同意与亨利·福特二世合作。这对亨利·福特二世来说意义重大，要知道，在当时人人自危的福特汽车公司，对新管理者表现出哪怕最正常的友好与忠诚都意味着在拿自己的未来冒险。而公开加入他的阵营，则意味着与他患难与共。

第二个敢于如此冒险的人是米德·布里克，他原来是查尔斯·索伦森的生产助手，也和他曾经的顶头上司一样，是一个工作狂。他热爱自己的工作，因此对骄横霸道、把公司搞得乌烟瘴气的哈利·贝内特厌恶至极。他希望福特汽车公司的领导者是一个强悍而又精通技术的专家，能引领福特汽车公司再创辉煌，而不是对汽车一窍不通，只知道拉帮结派、钩心斗角的哈利·贝内特。

第三个加入亨利·福特二世阵营的是约翰·布加斯。约翰·布加斯过去曾经是一名联邦调查局探员，他是捷克移民的后代，在怀俄明大学完成了自己的学业，是一个精明而又能干的人。他和亨利·福特二世的父亲埃德塞尔·福特曾打过交道，1941年下半年，为了调查一项每年使福特汽车公司遭受数百万美元损失的连环物资盗窃案，埃德塞尔·福特向约翰·布加斯求助。在交往过程中，埃德塞尔·福特发现约翰·布加斯是一个疾恶如仇、富有正义感的人，于是把他当作朋友，向他倾诉了许多心声，并透露了很多关于福特汽车公司的内幕，其中自然包括哈利·贝内特的粗暴、狡诈。

在这一时期，哈利·贝内特也在通过各种方式接近约翰·布加斯，并且极力讨好他。当布加斯以出色的表现完成他在联邦调查局的使命时，哈利·贝内特立刻闻风而来，请他到福特汽车公司担任公共关系部经理的职务。在刚到福特汽车公司时，约翰·布加斯与哈利·贝内特相处得还算不错，不过，没过多久，约翰·布加斯就发现，因为哈利·贝内特从中作梗，人们纷纷孤立他，他在公司里的处境变得越来越艰难。而且，哈利·贝内特也渐渐露出了他的本来面目——他派自己的手下对约翰·布加斯进行严密监视，约翰·布加斯的一举一动都在他的掌握之中。他还有意无意地将这一点透露给约翰·布加斯，以此来提醒约翰·布加斯，要求他时刻保持对自己的忠诚，不然，就会给他点颜色看看。

哈利·贝内特的所作所为激怒了约翰·布加斯，他终于明白，哈利·贝内特是一个多么卑鄙的小人，也明白了埃德塞尔·福特在福特汽车公司的痛苦。正因为如此，当亨利·福特二世找到他时，他毫不犹豫地加入了这个力量还十分微弱的阵营，决定竭尽全力帮助亨利·福特二世铲除哈利·贝内特。

有了这三个人做自己的左膀右臂，为自己冲锋陷阵，亨利·福特二世终于有了向哈利·贝内特宣战的底气。他们之间的决战眼看着就要来临了，所有人都屏住了呼吸，在等待着这一天的到来。

1944年10月，在克拉拉和埃莉诺的压力下，亨利·福特做出了一个决定，任命亨利·福特二世为福特汽车公司的执行副总裁。

亨利·福特二世一边与哈利·贝内特虚与委蛇，一边为公司的战后发展做打算。柳木场计划结束之后，亨利·福特二世把公司的主营方向再次转回到了汽车生产上。他重新组建了被亨利·福特抛弃的水星车和林肯车部门，同时恢复了中型轿车和大型轿车的生产。因为担心哈利·贝内特会从中作梗，阻挠自己复兴公司的计划，亨利·福特二世在约翰·布加斯的提议下，要求他的祖父签订一份文件，规定任何人要解雇员工，都必须经过亨利·福特二世的许可。

亨利·福特拒绝了。虽然他已经年老体衰，但他能感觉到，这个文件是针对哈利·贝内特的，所以，他不愿意签署这样一份文件。亨利·福特二世仍然不能得到他所需要的权力，他的夺权之路看起来仍然非常漫长。

第七章 接班人之争（1944—1947年）

"逼宫"

看到亨利·福特二世的羽翼逐渐丰满起来，哈利·贝内特才恍然大悟，自己竟然上了这个年轻人的当！气急败坏的他当然不会看着马上就要到手的权力被亨利·福特二世夺取，很快，他就进行了反击。

他告诉亨利·福特，埃德塞尔·福特的朋友恩斯特·堪兹勒一直与亨利·福特二世走得很近，这个狡猾无耻的人很可能会在亨利·福特去世之后利用孩子们的善良将福特汽车公司的大权占为己有。已经有些糊涂的亨利·福特对哈利·贝内特的谎话深信不疑，为了避免这种情况的发生，他在哈利·贝内特的怂恿下签署了一份类似于遗嘱附录的文件，这份文件的中心内容就是阻止亨利·福特二世取得公司的控制权。

亨利·福特和哈利·贝内特共同开列了一张名单，名单上的人将作为公司董事会指定的监控团，在亨利·福特去世后的十年内控制福特汽车公司的最高权力，直到亨利·福特的孙子们"能够老练成熟到可以接班为止"。

但事实上，这不过是哈利·贝内特精心设计的一个阴谋罢了，因为这个监控团的领导者就是他自己。而心智尽失的亨利·福特竟然被这样一个诡计蒙蔽了，天真地以为哈利·贝内特会在他百年之后把福特汽车公司的控制权交给他更喜欢的最小的孙子比尔·福特，而不是他一向讨厌的亨利·福特二世和本森·福特。

得知亨利·福特竟然签署了这样一份对自己极为不利的文件之后，亨利·福特二世陷入了绝望之中。崩溃至极的他对着自己的亲信们大喊："我输了！他们手里竟然有那样一个文件！但我不会让他们把我消灭的，我要退出公司，和母亲一起把我们手里的股票全都卖掉，然后再去找那些经销商们，把这里发生的这些乱七八糟的事情告诉他们，让他们断绝与福特汽车公司的关系！"

沉稳的约翰·布加斯劝他不要冲动，更不要意气用事，他告诉亨利·福特二世，他会把那份文件解决掉。

第二天，腰里别着一支"三八"手枪的约翰·布加斯走进了哈利·贝内特的办公室，他直截了当地警告哈利·贝内特，如果他还不收手的话，自己就要到亨利·福特那里去，向他汇报哈利·贝内特鼓动他签署这份文件的真实目的，揭发哈利·贝内特想趁着亨利·福特年老糊涂时夺取福特汽车公司的大权，并最终将福特家族驱逐出公司的阴谋。

哈利·贝内特被约翰·布加斯的大胆举动搞得目瞪口呆。不想事情败露的他狠狠地从抽屉里拿出了那份文件，用火柴将其点燃。

事情就这样得到了解决，没有人知道哈利·贝内特为什么如此顺从地就毁掉了那份文件。毕竟，如果保留这份文件，他很有可能在这场接班人之争中占据更主动的位置。也许，哈利·贝内特也意识到，如果真的到了需要上法庭的那一天，不会有人愿意相信一个八十多岁老人的话，还会有人认为是在他的胁迫下老人才签署了这样的文件。这样一来，这份文件看似是个撒手锏，实际上却不过是一张没有用处的废纸罢了。

经过这场风波后，亨利·福特二世与哈利·贝内特之间的明争暗斗也该落幕了。但谁都没有料到的是，最终结束这场争斗的，竟然是福特家族的两个女人——克拉拉和埃莉诺。

在得知亨利·福特写下遗嘱附录一事后，克拉拉和埃莉诺聚在一起，对此事进行了商讨，并最终达成一致，向亨利·福特"逼宫"，要求他停止对哈利·贝内特的纵容，把福特汽车公司的最高权力交给亨利·福特二世。

克拉拉向亨利·福特摊牌，如果他再不承认亨利·福特二世是福特汽车公司的接班人，那么，整个福特家族都会与他为敌。紧接着，埃莉诺也向亨利·福特发出了最后通牒：如果亨利·福特不能马上把福特汽车公司的业务交给亨利·福特二世,并把福特汽车公司总裁的职位让给他,她将会把自己从埃德塞尔·福特那里继承的股份全部公开出售。

这对亨利·福特来说是一个巨大的威胁,因为埃莉诺拥有的股份份额占整个福特汽车公司全部股权的42%之多。当年,他和埃德塞尔·福特好不容易才将公司的股份全部控制在家族手中。如果埃莉诺将这42%的股份公开出售的话,福特汽车公司将不再属于福特家族,他们当初的努力就全都打了水漂。

这时亨利·福特才意识到埃莉诺保护自己儿子的决心有多大,他知道自己已经没有其他选择了。

亨利·福特二世已经胜券在握了。在当时的那种局势下,他得到了一个总裁候选人所能得到的最宝贵的东西:福特家族的支持。他的祖母、母亲和兄弟姐妹都站在自己一边,以自己的全部力量来支持他。他们只有一种信念:亨利·福特二世应该接任总裁,因为他比谁都更有资格担任这一职务。在他们之中,没有一个人在事后怀疑过亨利·福特二世的能力或提出可能比亨利·福特二世更有能力的人。以全家人的十足信任作为坚强的后盾,亨利·福特二世这场夺权之战结果早已注定。

权力交接

1945年9月20日,经过几天思虑后,亨利·福特不情不愿地把亨利·福特二世召来了光明巷,他正式宣布由亨利·福特二世接任公司的董事长兼总裁职位。

亨利·福特原本以为孙子会对他感激不尽，但亨利·福特二世显然令他失望了。他听完亨利·福特的话后，表现得异常冷静，并且还提出了自己的要求：亨利·福特必须确保他不会受到任何约束，只有这样，他才会接受这一任命。

亨利·福特气得七窍生烟，他本想发作，但坐在一旁的克拉拉一直用严厉的眼神盯着他，他只好把怒火压了下去，授权亨利·福特二世可以不受任何干预地采取任何改革措施，以使福特汽车公司摆脱目前所面临的重重危机。

这天下午，亨利·福特二世又来到了福特汽车公司办公大楼，对办公室秘书弗兰克·坎普索说："我现在请你以我祖父的名义起草他的辞职报告，宣布把公司的所有权力不受任何限制地移交给我，我要在明天的董事会议上宣读这一声明和决定。"他是有意这样做的，因为在福特汽车公司，几乎每个员工都清楚，坎普索是哈利·贝内特的亲信。

然后，亨利·福特二世转身走进了父亲的办公室，他站在宽大的办公桌前，望着墙上悬挂着的约翰·昆西·亚当斯和亨利·迪尔本将军的画像，这是父亲心中崇拜的偶像，两位美国历史上的伟人。看着看着，他忍不住百感交集，因为他终于实现了父亲的心愿，把公司最终掌握在了福特家族的手中。

当天晚上，顽固的老头终于在弗兰克·坎普索起草的辞职书上签了字，一场严峻的权力交接就这样完成了。这一年，亨利·福特二世只有28岁，在接下来的日子，他将证明自己是一个能够与祖父比肩的工业家，是一个能把风雨飘摇中的福特汽车公司重新送上巅峰的领导者。

亨利·福特签署辞职书的第二天，1945年9月21日上午，在荣格河工厂的办公大楼里，福特汽车公司召开了董事会，亨利·福特、亨利·福特二世、哈利·贝内特、米德·布里克等全都出席了这次会议。本森·福特原本也应

第七章 接班人之争（1944—1947年）

该在场，但他牢记自己誓言，绝不与哈利·贝内特同时出现在一个房间里。埃莉诺也参加了会议，她有理由出席这场会议，那是她经过多少努力才得到的结果啊。

这次会议对于福特家族来说异常重要，经过多少年的艰难混战，在公司岌岌可危的时候，迎来这么一个特殊的日子是多么不容易。

已经82岁的亨利·福特实在是太虚弱了，需要别人搀扶才能坐下来。在他的人生中，这是最后一次出席福特汽车公司的董事会了。

知道夺权无望的哈利·贝内特愁眉苦脸地坐在会议室里，一言不发。过了一会儿，他仿佛突然醒过来一样，站起来装模作样地对亨利·福特二世说："祝贺你！"然后他又一屁股坐在椅子上。

这次标志权力之争终结的会议终于结束了，哈利·贝内特站在会议室门口，等亨利·福特二世走过来后，他对福特王国的新领袖说："你接管了一个有亿万财富的公司，可是你竟然对它没有一点贡献。"

他见证了亨利·福特二世当选为新任总裁的时刻，多少年来，他为了得到这个职位，要尽手段将无数精明能干的高级管理人员从福特汽车公司赶走，甚至不惜把公司拖向深渊——此时福特汽车公司的亏损已经达到每月1000万美元，只是因为它的巨大规模和第二次世界大战的政府订货才免遭倒闭的噩运。现在，一切都化为乌有了，他知道等待着自己的是什么。

果不其然，当天下午，约翰·布加斯奉亨利·福特二世的命令到哈利·贝内特的办公室，宣布他被开除的消息。哈利·贝内特如同丧家之犬一样垂头丧气地离开了福特汽车公司，没有人为他送行。听说，他后来曾经拼命给亨利·福特打电话，希望寻找一丝转机，可是电话已经被克拉拉控制了起来，她根本不让亨利·福特接近电话。哈利·贝内特意识到自己的努力是徒劳的，于是和福特家族从此不再有任何联系。

而这只是一个序幕，上千人随即步了他的后尘——那些为哈利·贝内特工作但不为福特汽车公司工作的人。哈利·贝内特对福特汽车公司控制的时间太长了，他的羽翼几乎遍布整个福特汽车公司。清除他的党羽成了亨利·福特二世的当务之急。出身联邦调查局的约翰·布加斯义不容辞地把这个任务揽了过来，他列出了一份详细的名单，然后拿着这份名单，沿着福特大楼的通道，从一个办公室走到另一个办公室，对那一千多个人逐一宣布了解雇的命令。这是一次彻底的大清洗，所有哈利·贝内特的余党都被清出了福特汽车公司，只有一个以前为哈利·贝内特跑腿的人侥幸逃脱了，因为他提供了几百名贝内特亲信的名单。

开除哈利·贝内特的第二天，亨利·福特二世驱车来到光明巷，向祖父报告解雇哈利·贝内特的消息。亨利·福特听后沉默了几分钟，然后平静地回答："这么一来，哈利又回到他起先待过的地方了。"

随着哈利·贝内特的离开、亨利·福特的退出，亨利·福特二世终于于1945年秋天彻底掌控了福特汽车公司。历尽艰难，混乱终于结束了，福特汽车公司从此开始了一个属于亨利·福特二世的时代。

第八章
勇敢的开拓者
（1947—1949年）

亨利·福特离世

把权力交给亨利·福特二世之后,亨利·福特就过上了一种彻底隐退的生活,对福特汽车公司的那些是是非非再也不去理会了。

"我只希望过一种淡泊的生活。"他曾经这样说道。他不但放弃了年轻时一直坚持的反犹太主义立场,也不再仇恨天主教或其他宗教。在他人生的暮年,他终于想明白自己想过什么样的生活。年轻时期的梦想与坚持,盛年时期的辉煌与喧嚣,在他心中都已经不重要了。

他已经失去了年轻时的神采,完全变成了一个老态龙钟的老头了。哈利·贝内特离开之后,他开始依赖他的妻子,就像个孩子一样几乎一刻都不愿意离开她的身边。有人来光明巷做客时,他还会和他们说说话,但谁也不知道,他到底是否清楚与他说话的是谁。渐渐地,他开始无法清晰地思考,说话也不连贯了。有时,他还会坐在窗户边上,瞪着眼睛看着远方,谁也不知道他在想什么。

此时的克拉拉也放下了心中的怨恨和不满,把自己的全部心思放在了照顾亨利·福特上。她细致入微地照顾着他,就像照顾一个婴儿一样。

不过,虽然亨利·福特已经日益衰老,但他仍然是一个时代巨人。这个巨人拥有六家美国工厂、九家加拿大工厂和其他国家的二十家工厂。除了工厂,亨利·福特还有许多产业,比如庞大的农业试验站、50万英亩的林地、玻璃制品厂、矿场和无数的汽船等等。

第八章 勇敢的开拓者（1947—1949年）

1946年冬天，迪尔伯恩每天冷风呼啸，亨利·福特的身体更差了。为了避寒，亨利·福特夫妇决定到温暖的佐治亚度假。1947年2月，他们与博物学家约翰·巴勒斯等朋友一起动身出发。

很多人都以为身体虚弱的亨利·福特恐怕不会回来了，不过，两个月后，亨利·福特不但回来了，而且身体看上去好多了。在旅途中，他还和克拉拉一起在纽约为他们的曾孙、曾孙女和一些好朋友购买了复活节的礼物。

1947年4月6日，这天正是复活节，他们终于回到了久别的光明巷。这天晚上，吃过晚饭后，当亨利·福特一家正在议论整个密歇根州开春以来恶劣的气候时，光明巷福特发电厂的负责人、工程师约翰·麦金泰尔突然气喘吁吁地跑来敲门，他报告了一个坏消息：荣格河水位正在迅速上涨，福特发电厂的发电机已经被洪水淹没了，工人们正在奋力抢修，但光明巷的电力供应不得不中断。他希望亨利·福特和家人能暂时搬到迪尔伯恩的酒店去住。可是这个请求却被拒绝了。亨利·福特宁愿在这里度过一个没有电的夜晚，也不愿意住到其他地方。

这天晚上，亨利·福特睡得很香。第二天一大早，他就找来司机兰金，让他的邻居和原先的保镖约翰·戴林格陪他一起去各处看看洪水的情况。结果他们发现荣格河的水位还在不停地上涨，眼看着就要漫过河堤了。为了安全起见，他们打算返回光明巷，但途中，亨利·福特突然要求司机到福特家族的墓地去看看。

汽车缓缓前行，最终在格林菲尔德路的福特家族墓地停了下来，亨利·福特想冒着雨到墓地里站一会儿，但考虑到他的健康状况，约翰·戴林格劝阻了他。亨利·福特只好坐在车里，静静地望着父辈们的墓碑发呆。过了很长时间，他才挥挥手，让司机开车回家。

回到光明巷后，亨利·福特像往常一样喝了一杯热牛奶，然后早早上床休息了。两个小时后，女仆罗莎·比勒发现，他的呼吸开始变得沉重起来。她赶紧跑到另一个房间叫醒克拉拉："福特先生看起来似乎病得十分严重！"

克拉拉顿时感到不妙，她赶紧起床，和罗莎·比勒一起来到亨利·福特的房间，只见亨利·福特平躺在床上，两只眼睛半睁半闭，正处于半昏迷状态。

因为洪水肆虐，光明巷的电话线路出了故障，克拉拉只好让罗莎·比勒步行去找司机兰金，让他去请医生。女仆走后，克拉拉坐在亨利·福特的床前，让亨利靠在自己的肩膀上，一边轻轻拍他，一边和他说话。但亨利·福特的呼吸变得越来越急促了，医生还没到，他就在妻子的怀里永远地闭上了眼睛。

汽车大王亨利·福特终于走完了他波澜壮阔的一生，享年84岁，他被安葬在底特律的福特家族墓地中，身后只留下了一个庞大帝国夕阳下的残躯。

1947年的世界正处于战后重建的混乱之中，然而，尽管如此，亨利·福特的死仍然使整个世界为之震惊。美国总统杜鲁门、英国前首相丘吉尔、苏联领袖斯大林等著名政治领袖都发来唁电表示哀悼，各大报纸都在显著位置发表文章，高度赞扬他的一生给这个世界带来的巨大进步。

这一天，底特律到处都降了半旗，以表示对这个汽车伟人的悼念。这一天，全世界所有的福特工厂全部停工，就连通用汽车、克莱斯勒、帕卡德和其他所有的美国汽车公司也都在下午举行葬礼时停工了片刻，以纪念这一位最早期的汽车先驱。

尽管晚年的亨利·福特以专横傲慢和毫不通情达理著称，但是他对美国乃至全世界做出的贡献却是不可磨灭的。他开启了流水线批量生产的先河，让汽车的生产成本和销售价格直线下降，一直降到使普通人都能够购买得起。福特不但生产出了汽车，还生产出了自己的消费者。由他开启的汽车工业创造出了美国几代的中产阶级。他是企业公民观念的鼻祖。他最早注重企

第八章　勇敢的开拓者（1947—1949年）

业与社会和市场的协调发展，大胆地成倍提高工人的工资水平，又在世界上首倡"每日8小时"工作制，促进企业与社会的协调发展。"5美元日工资"最终把美国变成了架在车轮上的国家，把汽车变成了改变世界的机器。多年以来，亨利·福特就是美国梦的一个象征，对外界来说，亨利·福特被人们记住的并非他的专制，而是他带给那个喧嚣时代的一种不屈服的人格和坚信凡事都能做到的顽强精神。

著名评论家西格蒙德·戴蒙德是这样评价亨利·福特的："与约翰·洛克菲勒、J.P.摩根和其他企业界精英们非常混乱的评价比较起来，新闻界对亨利·福特几乎一致持肯定态度。亨利·福特毕生致力于机械制造，他没有以金钱自娱，更没有强取大众型汽车，给人们带来了无比的欢乐。如果你不是犹太人，没有挨过福特打手们的拳头，不是埃德塞尔·福特的好友，那么你就会喜欢亨利·福特，崇敬亨利·福特。"

他是睿智的领袖，又是专制的暴君，他是帝国的开拓者，又是帝国的掘墓人，他曾引领一个时代，最后却又被时代所抛弃。拿破仑说："我真正的光荣并非打了40多次胜仗，滑铁卢之战抹去了关于一切的记忆。但是有一样东西是不会被人忘记的，那就是我的《民法典》。"亨利·福特也是一样，他的一切商业奇迹都随着福特汽车公司的衰朽化作了过眼云烟，但他对汽车工业的创造与改进却已经改变世界。

世界也没有忘记他，多年后，人们仍在纪念他，2013年7月30日，美国密歇根州议会通过一项决议，将7月30日——亨利·福特诞辰150周年纪念日定为"亨利·福特日"，旨在表彰这位福特汽车公司创始人对汽车工业以及整个社会的贡献。决议中写道："亨利·福特先生具有前瞻的精神，他是真正'为世界装上轮子'的人。我们缅怀他为推动社会和经济的进步所做出的努力。"

福特的新主人

初出茅庐的亨利·福特二世上台之后，首先面对的是蜂拥而至的质疑：一个毫无管理经验，也没有祖父和父亲指导的年轻人，真的有能力带领这个已经伤痕累累的庞大企业重新走向辉煌吗？很多媒体将亨利·福特二世称为"小亨利"，以此来与他的祖父"老亨利"进行区分。亨利·福特一手创建了福特汽车公司，在他的努力下，这个公司的规模越来越大，并一步步向现代化企业迈进，那么，小亨利又会有什么样的作为呢？他是一个懦弱的庸者，还是一个勇敢的开拓者？对外界而言，亨利·福特二世和福特汽车公司的未来都笼罩在迷雾之中。

很快，亨利·福特二世就给出了他的答案。他是一个与生俱来的领导者，也是一个勇敢的开拓者。对福特汽车公司，他展现出了不输于亨利·福特的控制力量。

如果说在接班之前，亨利·福特二世的精力全都投入到了打败自己的竞争对手的话，那么接班之后，他所面临的主要问题就是振兴福特汽车公司。亨利·福特二世很快就清醒地认识到他所面临的形势之严峻——通用汽车公司已经把福特汽车公司远远地抛在了后边，就连后起之秀克莱斯勒公司也早已超过了福特汽车公司，不仅如此，他还要面对战后新涌现的汽车制造商们的激烈竞争。

为了尽快把福特汽车公司从泥潭中拉出来，亨利·福特二世走马上任后烧的"第一把火"就是对公司混乱的状况进行梳理。他和他的高级执行官们开始检查企业收入和盘点存货，根据他们的统计，福特汽车公司价值10.21亿美元，仅在美国就有超过十三万名员工。其中，有75000人在迪尔伯恩的荣格河工厂工作，还有26000人分布于美国的十三家福特装配工厂。剩下的员工在

第八章　勇敢的开拓者（1947—1949年）

高地公园工厂和全美各地的地区办公室工作。在约翰·戴维斯的带领下，亨利·福特二世的足迹遍布整个美国，他视察各地的福特分工厂，把自己决心振兴公司的计划告诉每个员工，让福特的员工相信他能够管理好这个公司，使大家对公司的未来充满信心。一时间，福特汽车公司的士气大振。

1945年和1946年，亨利·福特二世还花了两年时间四处走访分布于美国各地的福特经销商，参观他们的展示厅，解答他们所关心的问题。他知道，强大的汽车生产厂商们，尤其是福特的老对手通用汽车公司和克莱斯勒公司，正在趁着福特汽车公司内部情况混乱时拉拢福特的经销商们。他们的计策很有可能获得成功，因为福特汽车公司与经销商的关系在战前就被哈利·贝内特的专制和亨利·福特的昏庸搞得十分脆弱。

在走访中，亨利·福特二世凭借着个人魅力而备受经销商的欢迎，他因此赢得了福特的主要经销商们的忠诚。从纽约到洛杉矶，亨利·福特二世让经销商们相信，一款更优秀的福特新车将在1949年上市。身为总裁，这是他所达成的第一个重要成就——使福特的经销网络对未来保持乐观和信心。

亨利·福特二世的"第二把火"是解决数年来一直使福特汽车公司备受困扰的工人罢工和怠工问题。在战争中，自发罢工（只在福特汽车公司就发生了七百次以上）曾经使工业生产受到严重的影响，整个汽车行业都深受劳工问题的掣肘。在福特汽车公司，工人们不断地抱怨公司的非人道氛围，几乎隔一段时间就会提出新的要求——希望得到更高的工资和更好的工作条件。

与他的祖父不同的是，亨利·福特二世支持劳资谈判，并且愿意主动与工会进行沟通。他会简单而又迅速地说出自己的想法，敢于挑战（或公开冒犯）战后劳资纠纷中的工会和管理方。为了促进管理层和劳动者之间的有效沟通，亨利·福特二世还任命善于公关的约翰·布加斯为劳资关系主任。由约翰·布加斯牵头，亨利·福特二世与美国联合汽车工会签订了一份新的劳资合同，承诺给福特员工非常优厚的条件，即福特汽车公司将支付工人在同行业中最高的工资待遇，以此来换取工会不罢工、不怠工的保证。

这份合同的签订对福特汽车公司的发展有着重要意义，它使福特汽车公司拥有了稳固的后方力量。在这之后的几十年里，亨利·福特二世控制下的福特汽车公司一直保持与工会和工人之间的良好关系，从而避免了像其他公司那样因工人罢工而造成的损失。据统计，在1950年和1967年爆发的美国最严重的罢工浪潮中，克莱斯勒公司仅一次罢工造成的损失就高达一亿美元以上，而福特汽车公司却没有受到这两次浪潮的影响，这在当时美国企业界是非常少见的。

这个年轻人所表现出的领导才能和控制力量令人惊讶，几乎所有人都低估了他的管理才华。将公司大权牢牢掌握在自己手中之后，他开始致力于公司建设。他知道以一己之力是不足以重振福特大业的，于是他又像以前一样，开始充分利用身边有才能的人来帮助自己。

作为福特汽车公司的销售经理，约翰·戴维斯首先展开了行动，他视察了全国福特分公司的销售情况，打算先从销售入手，对不合理的地方进行调整。为了鼓舞士气并让大家都能看到福特光明的未来，约翰·戴维斯就福特汽车公司如何能够重新在汽车行业中称雄这个问题发表了激情洋溢的演说，这的确鼓舞了很多人，大家开始对福特有了新的期盼。

亨利·福特二世还通过约翰·布加斯的公共关系部门实施了一项引进大学毕业生到公司进行培训的计划。接受福特汽车公司的培训并且取得优秀成绩的大学毕业生们可以到福特汽车公司上班，这不但解决了一部分大学生就业的问题，同时也为福特汽车公司补充了大量的优秀人才。

1945年10月26日，在亨利·福特二世的努力下，福特汽车公司推出了战后第一辆美国汽车。虽然新推出的V8轿车只是对1942年的V8进行了一点改进和修饰，但是对于汽车行业而言，这辆汽车却有着重大意义，因为它标志着

第八章 勇敢的开拓者（1947—1949年）

汽车产业的回归。自从美国加入第二次世界大战以来，几乎所有的美国汽车公司都投入到了军工生产之中。为了不影响军工生产，美国政府出台措施要求停止汽车生产，直到第二次世界大战结束后才重新得到恢复。

到1945年年底，福特汽车公司的变化让人感觉焕然一新，生产线和公司总部的士气大大高涨。而在成为福特的新主人之后，亨利·福特二世隐藏在心中的野心和不凡也得以充分表现了出来，他开始不满足于眼前的成就，想要用某种方式来开创一个崭新的福特时代。

与他的祖父一样，亨利·福特二世也非常注重自己在公众媒体面前的形象。他在刚接管福特汽车公司时接受《财富》杂志的采访时表示："我还很年轻，没有经验，不过我在不断地追求真理。"亨利·福特二世一直想要打造出一个全新的形象给大众看，无论是他自己还是整个福特汽车公司。

亨利·福特二世委托民意测试者厄尔·纽森来调查福特汽车公司的公众形象。厄尔·纽森立刻开始着手考察，他提出了一个要求，那就是不希望亨利·福特二世对他的行为进行干预。得到亨利·福特二世同意后，厄尔·纽森开始了他的改革行动。他首先从劳动力问题着手，趁公司与美国联合汽车工会的关系稍有缓和的时候，起草了一份长达十二页的报告给亨利·福特二世。亨利·福特二世按照厄尔·纽森的安排将这份报告分发给了底特律汽车工程师协会的四百名成员，并声称福特汽车公司想要招募"工业政治人才"。

厄尔·纽森认为，劳资双方的合同谈判应该像两个公司之间进行商业谈判一样，在友好的气氛下有效率地进行。亨利·福特二世接受了这个建议，他采用了缓和的态度来解决劳动力问题。这与之前亨利·福特的强硬态度形成了鲜明的对比，使得亨利·福特二世立刻受到了全国的关注。

关于劳动力问题的这份报告让亨利·福特二世成了《时代》杂志的封面人物，同时，亨利·福特二世又被美国青年联合会评为年度杰出青年。亨利·福特二世一跃成为新时代商人的典范，几所大学争着要给他颁发荣誉学位。

紧接着，与价格管理办公室的角力，使得亨利·福特二世的地位更上一层楼。为了了解汽车工业的行情，亨利·福特二世多次走访华盛顿，他不仅不同意价格管理办公室在1946年对汽车的价格定位，还反对他们对福特轿车所做的生产限制。价格管理办公室只允许福特汽车公司每年生产5000辆汽车，可是当时市场的实际需求量却是30万辆。亨利·福特二世与价格管理办公室负责人切斯特·鲍里斯进行了反复商讨，他认为应该让汽车工业恢复到自由发展中，可是鲍里斯却认为亨利·福特二世是在故意削弱价格管理办公室的权力。他表示，价格管理办公室是美国人民抵御经济灾难的堡垒。亨利·福特二世则反对说，华盛顿的官僚体制阻碍了汽车工业战后复苏的脚步。

与价格管理办公室的斗争，为亨利·福特二世赢得了广泛的赞誉，他成了一个真正的行业领袖。

"蓝血十杰"

亨利·福特二世在刚上任时虽然在企业管理方面可谓毫无经验，但他却深谙一点：对于一家企业而言，人才是最重要的。因此，他大胆启用了很多人才来帮助自己进行改革，举动之一就是聘用了十位精明能干的美国前空军军官。

查尔斯·桑顿是这支十人团队的领导者，他是一个非常具有号召力的

第八章　勇敢的开拓者（1947—1949年）

野心勃勃的年轻上校，也是美国空军部队中最年轻的一位荣获上校头衔的军官。查尔斯·桑顿最初只是美国建设部里一个小小的统计职员，后来被国防部副部长罗伯特·拉沃特慧眼相中。当罗伯特·拉沃特听了查尔斯·桑顿关于将统计学应用到战争预算中的发言后，当即决定将其收到自己的麾下。查尔斯·桑顿的头脑如同机器一般精密，他发现，那些空军部队的要员虽然擅于制定一些作战计划，却对作战时敌我双方的力量并不太了解，他们不知道自己一方究竟有多少架飞机，处于什么样的作战状态。查尔斯·桑顿马上着手组建了空军统计管制处，带领他那些聪明而年轻的助手们将美国空军部队当成了一家公司来管理。

第二次世界大战中，他虽然没有上战场，但他为之工作的空军统计管制处却是美军获胜的重要因素之一。战争是面对面的残酷与勇气的较量，也是一场调动资源的竞赛。在经常陷入慌乱的战争状态，可能前线正处于物资匮乏的困境中，而后方的物资却积压如山。但是，查尔斯·桑顿和他的同事们却比谁都清楚，用10022架飞机，加上120765名航空队员，可以完成44艘舰艇加上3200名水兵目前所做的工作；比起B-17和B-24，采用B-29轰炸机可以减少70%的机员伤亡，每年可节省2.5亿加仑的汽油……对于这些数字，他们比面对那些活生生的战士面孔更敏感。他们收集战场的信息，对它们进行最优组合，再以此制定新的物资调拨计划。他们是后勤英雄，设计出克敌制胜的数学模式，迅速策划出一套完整的空战准备方案，卓有成效地将数字化管理模式用于战争，为盟军节余了数十亿美元的耗费，协助美军打赢了第二次世界大战。

他和他的九位同事——罗伯特·麦克纳马拉、查尔斯·包士华、弗兰西斯·利斯、乔治·摩尔、阿基·米勒、爱德华·兰迪、詹姆斯·怀特、班·米尔斯和威伯·安德森，因为在战争中做出的巨大贡献，被人们称为"精明小子"。

然而，第二次世界大战结束后，查尔斯·桑顿却面临退役，他开始为自己和同事们寻找后路。他确信曾经在战场上调度资源的那套思维方式不但能帮助军队在战争中所向披靡，也能改造世界上最庞大的企业。于是，他设想着，这个团队可以把曾经为美军跟踪过数百万战时细节的方法用在一个企业的管理中。

虽然查尔斯·桑顿曾经与数百家陷入困境并且需要继续整顿的企业商讨过他的这一宏伟计划，但最吸引他的莫过于规模庞大却又弊病重重、局势动荡的福特汽车公司。因此，他打算说服亨利·福特二世，用他们的才智来改造臃肿、混乱的福特汽车公司。

他认认真真地写了一封电报，并于1945年10月19日亲自发给亨利·福特二世："我想与你会面，商讨一个我相信会立即给你带来利益的项目。这与一个系统有关，这个系统在过去的三年中发展起来并被成功运用到了陆军空军部队的管理中。罗伯特·拉沃特先生能够为您提供我们在第二次世界大战期间管理活动的相关资料。"

查尔斯·桑顿的电报深深吸引了正在到处寻觅人才的亨利·福特二世，在收到电报的当天，他就邀请查尔斯·桑顿和他的同事们前往福特汽车公司。

1945年12月，十人团队如约来到了福特汽车公司。亨利·福特二世看到，这是一个非常年轻的团队，成员的年纪大多在26岁到34岁之间，他们个个勇猛精进，信奉理性的力量，有着旺盛的精力。他马上喜欢上了这个团队，不只是因为他们的年纪与他相仿，更因为他们有着和他相同的理念，即坚信现代商业制度在战后的美国一定会产生非常重要的作用。

查尔斯·桑顿代表这个团队，简单精练地描述了他们在作战时对盟军全球轰炸任务进行管理控制的复杂方法。他们整理了大量的数据，使这些数据信息为管理提供了依据。亨利二世深深地被他们的统计控制方法所吸引了，

第八章　勇敢的开拓者（1947—1949年）

他相信，这些人就是他想要的理想人选。查尔斯·桑顿也表示，他们希望能在福特汽车公司创造出另一个神话。

十人团队的加入，遭到了约翰·布加斯的反对。约翰·布加斯不相信这群对汽车一无所知的"浑小子"，更重要的是他预感到这些人的到来将会对自己产生威胁，所以，他强烈反对亨利·福特二世聘用他们。不过，亨利·福特二世并没有像以前一样接受他的意见。

约翰·布加斯始终没有放下对查尔斯·桑顿以及其他人的成见，1946年2月1日开始上班时，约翰·布加斯的公共关系部还别有用心地为他们做了一次为期两天的心理测试和智力测试。这些聪明的年轻人早就察觉出了约翰·布加斯对他们的敌意，也知道这是约翰·布加斯在试探他们是否会对他构成威胁。最终的结果是，他们全都通过了测试，其中麦克纳马拉简直可以被称为"人类电脑"。

当十人团队最初接手福特汽车公司的企划部门时，公司的管理可以说是一片混乱。没有可以作为决策依据的资讯，没有明确的组织形态，在福特汽车公司四十多年的历史中，还从来没有过账目稽核。而同城的竞争对手通用汽车公司，已经在总裁艾尔弗雷德·斯隆的领导下建立起了"分权经营，集中控制"的大公司的组织与管理控制体制。

查尔斯·桑顿带领着他的团队开始对混沌状态中的福特汽车公司进行研究和考察。他们走访了各个部门，调查了很多人，并一一做下记录。在考察过程中，他们发现了许多令人震惊的状况。查尔斯·桑顿发现亨利·福特在密歇根州银行的无息账户上有几百万美元；阿基·米勒到会计部门了解数字，想要开始进行预算和制定规划，他惊讶地发现规模巨大的福特汽车公司竟然没有专门的账款管理系统，守旧的记簿员将票据全部堆在一起，而且他们在估计应对账款时采用的竟然是码尺积材这种极其落后的管理方式；当他们向管理办公室的工作人员要接下来半年内的一些预测数据时，对方却一头雾水，仿佛他们说的是外星语。

考察过后，查尔斯·桑顿和团队的其他成员把全部身心都投入到公司的改造中，他们建立了财务控制、预算编列、生产进度、组织图表、成本和定价研究、经济分析和竞争力调查等多项规章制度，这些构成现代企业管理体系的基本要素。他们扩充了主计长的职能，使之承担起从事计划、预测以及进行数量分析的职责。他们推动了公司利润中心的设立，建立了正确评价业务部门绩效和监控业务部门运作的标准，所有这些都已成为现代企业管理控制系统的基本构成要素。他们重新定义了财务部门的功能，将其重点从审计、会计、现金管理等传统领域，转向持续不断地评估公司的成本、价格和利润、经销与服务的效率，以及长期规划和重大资本投资的财务分析。

这十个人都是十足的"工作狂"，每个人都以满腔的热情投入到工作中，总是在最大限度的工作强度下积极奋战。詹姆斯·怀特住进了迪尔伯恩旅馆，花了一周的时间写了一份长达57页的公司重组计划；阿基·米勒则在不到两周的时间内完成了公司的第一份全年财务预测，也就是1946年财务预测。

亨利·福特二世给了这些聪明的年轻人一片可以自由施展拳脚的天地，希望他们能够使公司运营状况得到极大的改善。而他们也没有辜负他的期望，自从十人团队加入福特汽车公司以来，公司面貌有了巨大的改观。他们将原本杂乱、混乱的福特汽车公司重新拉回到秩序之中，将美国最著名的商学院新研究出来的理论都应用到了福特汽车公司的建设中。

这个团队虽然只有十个人，但他们对企业管理的贡献是不可估量的。他们不但使福特汽车公司摆脱了亨利·福特经验管理的禁锢，从低迷不振中重整旗鼓，扭亏为盈，再现当年的辉煌，更掀起了一场以数据分析、市场导向，以及强调效率和管理控制为特征的管理变革。这十位精英所抱持的对数

第八章 勇敢的开拓者（1947—1949年）

字和事实的始终不渝的信仰，以及对效率和控制的崇拜，使之获得了"蓝血十杰"的称号，人们将他们尊称为美国现代企业管理的奠基者。

布里奇的到来

随着越来越多的人才引进到福特汽车公司，亨利·福特二世发现自己迫切地需要一个管理经验丰富的高级助手来帮助自己管理整个公司，管理那些锋芒毕露、富有野心的年轻人，防止他们"功高盖主"。尤其是当他发现查尔斯·桑顿和其他一些人已经变得越来越自负，甚至认为自己是拯救福特汽车公司的大功臣时，这种想法在他的头脑中就更加清晰起来。他可不想重蹈父亲的覆辙，他绝不允许自己的地位受到一丝一毫的威胁，因此，他决定利用自己手中掌握的公司大权来平衡当前的形势。

于是，他去请教自己的"教父"恩斯特·堪兹勒，希望他能推荐一位帮助公司大步向前迈进的合适人选。当时，恩斯特·堪兹勒是奔迪克斯航空工业公司的董事之一，他向亨利·福特二世推荐了欧尼斯特·布里奇。欧尼斯特·布里奇是通用公司总裁艾尔弗莱德·斯隆的门徒，本来很有希望登上通用汽车公司总裁宝座的。

亨利·福特二世向他抛出了橄榄枝，希望他能到福特汽车公司，并告诉他，交给他的任务只有一个——超过通用汽车公司。欧尼斯特·布里奇也提出了自己的条件——得到与自己的职位相称的权力。

亨利·福特二世犹豫了，他不确定究竟应该给欧尼斯特·布里奇多大的权力。亨利·福特二世最担心的就是重演父亲被夺权的那一幕。欧尼斯特·布里奇比亨利·福特二世年纪大、阅历广、经验丰富,又曾是通用汽车公司的明星人物,想到这,他突然害怕起来,他感受到了从没有过的压力,他害怕自己也会像父亲一样因为外来的强劲势力而失去公司。

敏锐的欧尼斯特·布里奇看出了他心中的疑虑,于是坦诚地对他说:"我决不觊觎公司的最高权力。开诚布公地说,我的大儿子的年龄仅比你小一岁,我既然已经是一大把年纪的人了,就我现有的财产,即使现在我失业在家,下半生的生活也已经不成问题,所以无论是在金钱或者权力上我没有更高的企图。"

欧尼斯特·布里奇的话打动了亨利·福特二世,于是同意了他的请求,1946年7月1日,欧尼斯特·布里奇开始了在福特汽车公司的职业生涯。

亨利·福特二世希望欧尼斯特·布里奇能给福特汽车公司带来一种组织感。自詹姆斯·库茨恩斯于1916年与亨利·福特大吵一架离开福特汽车公司以来,公司就彻底失去组织感了。

汽车行业的很多观察家都知道,欧尼斯特·布里克是一个优秀的执行官,对人的直觉就像对数字的感觉一样准确。对其他一些潜在加盟者来说,有欧尼斯特·布里奇这样一位经验老到的管理者坐镇,重建福特汽车公司的前景立刻由黯淡变得光明起来。

对于自己在福特汽车公司处于什么位置,欧尼斯特·布里奇非常清楚,他也知道亨利·福特二世对自己寄予什么期望。不过,面对福特汽车公司如同乱麻一样的现实状况,他却仍然毫无头绪,不知从何下手。

在他看来,福特汽车公司的各个部门是如此混乱:工程部里的人思想保守、毫无创新精神,只知道因循守旧,却做不出什么像样的成绩来;销售部更是毫无章法,每个人都在忙忙碌碌,却几乎没人知道自己的职责所在。公司里原来那些有才能的管理人才几乎都在埃德塞尔·福特去世后被亨利·福特和哈利·贝内特赶了出去,新招募来如"精明小子"们之类的人才

第八章 勇敢的开拓者（1947—1949年）

野心也已开始膨胀。

公司的运营状况也极其堪忧。欧尼斯特·布里奇了解到，亨利·福特在第二次世界大战之后因为害怕麻烦并没有按照国防部的要求把暴露的秘密档案存档，这使得福特汽车公司在柳木场工厂的额外利润中被征收了5亿美元的附加税。更令欧尼斯特·布里奇感到气愤的是，有些已经感觉到公司危机的工人们动了歪心思，他们偷偷拿走生产工具、机器零件和所有可以带走的东西。一名柳木场的工人每天把一台机器的一部分零件偷回家，并在自己家中的地下室里将这些零件组装起来。后来，公司租用了一台起重机才把这台大型机器取回来。而且像这种机器失窃的事件在福特的工厂时有发生，屡禁不止。

欧尼斯特·布里奇深感肩上担子的沉重，虽然这位在商场摸爬滚打了许多年的人天生就有很强的挑战精神，但是这一次的状况却似乎比任何一次都棘手。欧尼斯特·布里奇几乎每天都在思考自己究竟要从哪里着手来解决面前的一大堆难题。

他采取的第一个行动就是到自己的老东家通用汽车公司"挖墙脚"，当然，他"挖"来的主要是汽车设计制造方面的专业人才。在高薪水的吸引，加上·欧尼斯特布里奇在美国产业界享有的声誉下，只用了几个月的时间，通用汽车公司就有150多人转投到福特汽车公司的阵营，这些人都是通用汽车公司的技术骨干和管理精英。

仅仅几个月的时间，福特就聘用了150多名管理人才。看到大量人才被挖走，当时担任通用总裁的查理·威尔森对欧尼斯特·布里奇表示了强烈的不满，抱怨他不但挖走了通用即将退休的高级管理人才，还拐走了他们第二、第三级管理层的年轻骨干，而这些人有可能会成为通用未来的领袖。

这些从通用"挖"过来的管理人才，在以后的日子里为福特汽车公司的发展做出了巨大的贡献。其中最重要的一个人叫路易斯·克鲁索。他曾经是通用汽车公司的一名出色的会计师，是一个思想非常活跃的人，在13岁时就写过一篇文章，讨论了给予女性选举权的必要性。这位52岁的老人有着一张看上去和蔼可亲的圆脸，留着中分头，戴着厚厚的无框眼镜，眼睛总是炯炯有神。他对汽车产品有着独到的鉴赏力，并且非常擅长市场推广。无论做什么事情，他总是充满激情。当欧尼斯特·布里奇邀请路易斯·克鲁索到福特汽车公司来上班时，这位同样喜欢挑战的汽车人就带着全力以赴的劲头走进了福特汽车公司，并被任命为公司的财务部主任。

当看到福特汽车公司的财务状况时，路易斯·克鲁索和欧尼斯特·布里奇一样惊讶不已。"所有的一切都乱了套，"路易斯·克鲁索后来描述说，"这里竟然没有任何成本分类账目。"他只能从零开始调整所有混乱的秩序。

亨利·福特二世用对了人，他在用人方面的果决、精明挽救了处于颓势的公司，在近十五年的时间里，他和欧尼斯特·布里奇在福特汽车公司复兴大业中的合作一直非常默契，以至于同事们给他俩起了"暹罗双胎"和"无双之人"这样的雅号。在其他管理人员的协助下，公司上下一条心，福特汽车公司很快就出现了崭新的面貌。

福特新车

建立起一支完善的管理团队后，欧尼斯特·布里奇开始把工作重心转移到了汽车的设计和制造上。

当欧尼斯特·布里奇来到设计部时，他发现，设计部原本应该是一个

第八章 勇敢的开拓者（1947—1949年）

公司最有活力的部门，但福特汽车公司的设计部却死气沉沉，设计师们毫无创意，他们设计的车型都已经过时了。他们对自己的工作缺乏热爱，很多人只是在混日子而已，有些人甚至连自己所设计的车型需要花费多少钱都不知道。

欧尼斯特·布里奇马上让路易斯·克鲁索从通用汽车公司雇了一批经验丰富的估价师。在仔细核算之后，他们得出了一个结论：如果福特汽车公司继续利用现有的已经落后的生产流水线和工艺，生产在第二次世界大战之前就已经设计出的汽车，再把战后初期出现的原材料价格上涨因素考虑进去，那么，每生产一辆汽车给公司带来的亏损是400美元以上，这样的亏损是福特汽车公司无论如何都无法承受的。

因此，与其投入大量的资源、人力和时间去改造旧的福特车，不如把精力投入到新车的设计当中。

"与通用汽车公司相比，目前，我们的当务之急就是放弃原有的车型设计，一切从零开始，设计出一款全新的汽车。与此同时，我们还要利用这个设计周期完成公司的新技术改造，因为福特公司生产汽车的技术水平与十年前相比没有任何大的改进。完成这样一个计划需要很长的时间，我们打算用三年的时间完成。"在埋头钻研了几个月的资料堆、听取了公司有关人员的详细汇报并且进行了调查后，欧尼斯特·布里奇向亨利·福特二世汇报了自己的结论："研制新的车型和完成公司技术改造总共需要花费7亿多美元，这对我们公司来说，是一场赌注，但是我有成功的信心！"

亨利·福特二世毫不犹豫地批准了欧尼斯特·布里奇的计划。

紧接着，一场浩大的工程开始了。福特汽车公司组建了一支2300人的庞大设计队伍，由副总裁哈罗德·杨林领衔。1943年离开的鲍勃·格里高利于1946年重新回到了福特汽车公司，成了这款新福特车的主要设计师。公司还投入了7.2亿美元来制造新车的底盘、车身、发动机和改进工具。

对鲍勃·格里高利、哈罗德·杨林以及1949年的其他所有福特员工而言,压力是前所未有的。从来没有任何一款福特汽车像他们要设计的新车这样重要。亨利·福特二世并没有掩藏他的野心:他和他的公司需要一款能击败雪佛莱的汽车。福特汽车公司需要的是不折不扣的巨大成功。亨利·福特二世知道,战后初期那种轻而易举的销售环境是不可能永远维持下去的,而来自同行尤其是通用汽车公司的竞争将会越来越激烈。已经有很多出色的人才被当前的热潮和实现"美国梦"的机会吸引到了底特律。1949年新福特车的失败可能制造恶性循环,包括让人才失去信心并最终选择离开。

在得到亨利·福特二世和欧尼斯特·布里奇的授权之后,鲍勃·格里高利开始废寝忘食地开发新福特汽车。他的队伍也设计出了一款更成熟的墨丘利,这种新车比例协调,外观也非常漂亮。不幸的是,鲍勃·格里高利在设计过程中犯了一个极大的错误。哈罗德·杨林在仔细研究了鲍勃·格里高利的设计后发现,轴距118英寸的福特汽车实在是太大了,这样一来,这款车就不可能实现经济效益。同时,欧尼斯特·布里奇的计划部门通过计算得出,在价格上,这款"大"福特无法与1949年预计中的雪佛莱竞争。

基于此,亨利·福特二世马上打回了鲍勃·格里高利的设计,让他重新开发一种更短、更轻、更经济的车型。为了保险起见,亨利·福特二世还让乔治·沃尔克在底特律的自由工作室向他提供设计图样,两支团队都必须在三个月的时间里拿出自己的设计。

乔治·沃尔克不只是一个优秀的设计师,还是个天生的推销员。他常常把真正的设计工作委托给其他人来做。在福特项目上,他选择的是迪克·科扎夫,而迪克·科扎夫又找到霍尔登·科特寻求帮助。当时,霍尔登·科特正受雇于另外一家汽车公司,但每天晚上都会跑到迪克·科扎夫家和他一起工作。两位设计师在厨房里的桌子上画出了一种简单但现代派的汽车草图。另一位本地设计师——科特的朋友鲍勃·伯克,对前护栅的设计贡献了自己

第八章 勇敢的开拓者（1947—1949年）

的点子，他的设计特色在于：前护栅中央有一个子弹头状的镀铬突起。在乔治·沃尔克提交了设计图后，这款看上去活力十足的明蓝色新车几乎不费吹灰之力就赢得了竞争，很快就进入了生产准备阶段。同时，它也让乔治·沃尔克成为福特汽车公司的终身设计副总裁。

福特的新车在1948年6月8日正式亮相，这辆车所引起的轰动几乎可以比得上二十年前的福特"A型车"。这款新车是继"T型车"、"A型车"和V8之后的第四款经典福特车，它的外形看上去矮胖，似乎并不起眼，不过对于早就已经对1948年前的旧车型产生审美疲劳的消费者来说，千呼万唤始出来的福特新车是独特的，它是按照埃德塞尔·福特所喜欢的设计风格制造出来的，凝聚着他早期所期待的大量革新成果，比如独立的前悬挂装置和带有加速传动装置的重要引擎变速器。它的流线型设计、无挡泥板侧面设计和柔和曲线仿佛与过去的断然决裂。这款新福特汽车赢得了多个设计组织的奖项，一举将福特汽车公司推到了战后汽车市场的最前沿。如同多年以前一样，这款新福特汽车刚一推出就成了众人关注的焦点，成了媒体热议的话题。

问世之后，福特新车的订单如同雪片一样飞来，销量一路攀升，并且始终没有衰减之势。

走进新时代

在欧尼斯特·布里奇和路易斯·克鲁索的改革下，福特汽车公司发生了翻天覆地的巨大改变——它不再混乱不堪，所有事情都走上了正轨，各个分公司、各个部门都在有序而快速地发展着。

位于亚特兰大和圣路易斯的新福特装配工厂正处于建设之中；高地公园工厂致力于卡车、拖拉机和公共汽车的生产；林肯和水星合并到了一个部门，本森·福特担任这个部门的负责人；销售部门也围绕7000家福特经销商进行了重组；新车的生产十分顺利，并在1949年取得了巨大成功。

除了对财务进行重组以外，亨利·福特二世和欧尼斯特·布里奇还发起了彻底的管理分散化变革。在新的分散化组织结构下，福特汽车公司的运营被彻底地分割成了泾渭分明的不同路线。1948年1月30日，亨利·福特二世将林肯部和水星部合二为一，变成了林肯-水星部。林肯-水星部和公司的管理部是最容易分辨的两个部门。在1948年的合并声明之前，墨丘利一直与福特汽车的关系更紧密一些，特别是在营销和经销权方面。实际上，保留林肯系列本身就是汽车业中的一个小小的惊人之举。"富豪劳动者之车"林肯大陆仍然有足够高的声望，就连二手大陆车也卖得几乎像一些新款车一样好，但微不足道的产量使它成为赔钱货。此外，标准林肯车已经过时了。

福特汽车公司的其他部门划分得不像这两大汽车部门那样清楚。荣格部由荣格河工厂的重工业务组成，包括钢铁、玻璃和工具的生产。在公司财务体系的框架内，所有这些业务都必须"盈利"。零部件和设备部包含十个由公司拥有的专项化零部件工厂。综合部是个大杂烩，囊括高地公园工厂的备用零部件生产、拖拉机生产以及像布法罗一家新冲压工厂那样的一些自主经营的工厂。最后，过去的福特国际部的延续——海外业务部也成了公司新组织架构的一部分。

每一个分支部门都有自己的采购部门，都有自己的技术力量、财政人员和销售人员，由部门领导直接负责研发和销售，只对自己的生产和财务状况负责。除此之外，它们都独立制定预算，这是未来规划的一个重要方面。这些部门共同构成了福特汽车公司的"流水作业"。1948年划定的这6个部门在1951年时扩展为16个部门，这些部门的划分代表了福特向现代化道路迈进的

第八章　勇敢的开拓者（1947—1949年）

开端。

各路人才在总公司下属的独立分公司出谋划策、各显其能，通用正是依靠这种分配结构取得成功的。不过，福特的分部门并没有达到通用那样独立，福特建立了自己的"参谋机构"，这个机构通过评估进程和支持决策程序来协助各个部门，更确切地讲，是监督各个部门的工作进展。

"参谋机构"主要由总裁亨利·福特二世、副总裁欧尼斯特·布里奇和一些执行官组成；本森·福特继承了父亲的事业，接管了林肯-水星部；在改革中发挥了重要作用的路易斯·克鲁索顺其自然地成了福特汽车部的执行官；老将洛根·米勒执掌荣格部；刚刚结束二十七年通用汽车欧洲业务副总裁生涯的格雷姆·霍华德接管了福特海外业务部；综合部由通用老将约翰·戴克斯特拉负责。身为福特汽车公司工程技术副总裁，在20世纪30年代中期曾经在通用汽车公司协助开发出液压自动传动系统的哈罗德·杨林也是福特汽车公司"参谋机构"的一员。除了这些人之外，整个福特汽车公司有几十个重要岗位都是由前通用管理者来担任的。只用了非常短的时间，福特汽车公司就获得了前进的动力。

对福特汽车公司这种频繁挖墙脚的行为，很多通用的高层都深恶痛绝，不过，通用汽车公司的董事长艾尔弗雷德·斯隆却不以为意。在他看来，福特汽车公司的生存对保持汽车业的良性竞争是尤为必要的，而且，竞争激烈的气氛对避开政府的干预也是非常重要的。第二次世界大战后的通用汽车公司很快就进入了发展的高峰期，因此，他有理由也有条件对福特宽宏大量。

艾尔弗雷德·斯隆并没有像其他管理者们一样，对那些投奔福特汽车公司的同事表示愤恨，相反，他总是竭尽所能地为他们创造条件，尽量不让他们在离开通用时蒙受经济损失。斯隆甚至还向欧尼斯特·布里奇透露过在通用的哪些部门可以为福特管理队伍找到合适的管理人才。

福特汽车公司在很短的时间内就恢复了元气。对于这一次变革，福特没有拒绝新闻媒体的报道。亨利·福特二世从接手福特的那一刻起，福特的大门就已经向人们敞开了，福特汽车公司不再是一个神秘的公司，它欢迎新闻媒体的进入。亨利·福特二世虽然不是一个公关大师，但是他却凭借自己的真诚为公司树立了崭新的形象。他带给外界一个讯息：福特汽车公司是一家非常特别的公司，也是一家值得大众支持的公司。

令亨利·福特二世高兴的是，新闻媒体确实为他和福特汽车公司创造出了全国关注的故事。《科利尔》称这个故事为"荣格的变革"，而《财富》则称它为"福特的新生"。

1949年，福特的确走进了一个新时代。这一年，福特汽车公司售出了807000辆汽车，这是自二十多年前推出"A型车"以来销售成绩最好的一次。除此之外，水星车和林肯车的销售业绩也非常好，水星车卖出了187000辆的好成绩，而林肯车也卖出了38000辆。这三款车的销量加在一起已经突破了100万辆，和销量排在第二位的克莱斯勒汽车公司只相差大约5000辆。福特的销售利润逐渐上升，从1948年的仅9.4亿美元，到1949年已经达到了17.7亿美元。

第九章
多变的权利格局
（1949—1960年）

本森与林肯-水星部

在汽车行业，亨利·福特二世正在冉冉升起，作为福特家族的合法继承人，他带领着一度衰退的福特汽车公司重新走上辉煌之路。而他的兄弟们，也肩负起了福特后代的使命。

战争结束后的1945年，本森·福特也和哥哥亨利·福特二世一样退役回到了迪尔伯恩，当然，他也回到了福特汽车公司，在父亲的安排下，从最底层的工作开始做起。亨利·福特二世接班之后，出于对弟弟的了解，他给本森·福特安排了一个闲职，而这也确实符合本森·福特的愿望。1948年，本森·福特被任命为董事会副主席，他一开始以为亨利·福特二世要让他参与管理整个公司的事宜，感到有点紧张。后来亨利·福特二世只把林肯-水星部交给了他，让他担任项目负责人，本森·福特这才松了一口气。

本森·福特之所以不愿意承担过多的责任，也无意与亨利·福特二世争夺领导权，与他的经历有着密切关系。在福特家族中，本森·福特是一个带有悲剧色彩的角色。在他刚出生时，他的父亲最初给他起名为"小埃德塞尔"，但埃德塞尔并不希望儿子有着与自己相同的命运，因此，不久之后，他就给他改名为"本森"。不过，即便如此，本森·福特的命运仍然像父亲一样备受磨难。

在他还在襁褓之中时，医院的医生不小心在他的眼睛里滴进了过多的硫酸盐，这次医疗事故导致他的左眼几乎失明。虽然从外表看不出来，但这

第九章 多变的权利格局（1949—1960年）

个不幸的生理缺陷却给本森·福特的心理造成了极大的影响。他从小就有着深深的自卑感，讷口少言，不喜欢与外界交流，总是沉浸在自己的世界中。不过，在他的身上，却有一种远远超过了福特家族中其他任何人的善良与温和，从这个角度来说，他与埃德塞尔·福特最为相似。

本森·福特是埃德塞尔·福特和埃莉诺的第二个儿子，他在家中受到的关注很少。不仅如此，善良的本森总是受到亨利·福特二世的欺负，但是他从来不去反抗。对于亨利·福特二世的霸道，他总是逆来顺受，这一点和他的父亲特别像，只不过"欺负"他的不是父亲，而是哥哥。

在福特家族，他似乎天生就是哥哥亨利·福特二世的陪衬。无论是在家中，还是在公司，本森·福特总是心甘情愿地扮演着绿叶的角色，从来都没有质疑过亨利·福特二世主角的地位。即使是在如火如荼的接班人之争中，他也从来没有产生过什么野心，尽自己所能地支持亨利·福特二世。

主持"林肯-水星部"的工作对本森·福特来说是一个巨大的挑战，也是他命运的一个转折点，因为当时福特汽车公司正打算投入巨大的资源来打造这个部门。

自从当上这个分部的负责人之后，本森·福特开始在福特汽车公司中扮演更为重要的角色。这个特点与福特家族的其他人如出一辙，虽然他们并不太愿意向别人炫耀自己的福特身份，不过，在他们的心中，有一个认识是共同的：他们是福特家族的孩子，是福特公司的人，他们这一生的命运是和福特公司紧紧联系在一起的。因此，只要分配给他的工作，他都会竭尽所能地去做好它。

林肯-水星部的主要任务是生产模仿福特车体的水星车，除此之外，他们还开发了一种类似林肯外形的更大、更豪华的汽车，这种汽车被命名为水星·蒙特利。为了宣传和推销水星车，本森·福特就像当年刚开始创业时的亨利·福特一样，热衷于参加各种汽车拉力赛，他希望通过在比赛中获胜来扩大林肯车和水星车的知名度。幸运的是，林肯车在墨西哥公路赛上表现得很出色，几乎打败了一直遥遥领先的凯迪拉克。

善良是本森身上的一种美德，他在陌生人面前从来不炫耀自己的福特身份，甚至在参加汽车比赛的时候也常常用化名登记。他也从来不摆架子，和自己的下属甚至工人都保持着融洽的关系，他们经常在一起工作到很晚，然后一起去外面的酒馆里喝几杯、聊聊天。在他的领导下，林肯-水星部获得了良好的发展，林肯车和水星车频繁出现在各种广告和新闻媒体上，在美国公众中的认知度非常高。

在林肯-水星部工作的那段时间，恐怕是本森·福特一生中最辉煌的岁月。当他的全身心投入得到了丰厚的回报时，他仿佛重新找回了自信。对此，亨利·福特二世也倍感欣慰，而且他也不必担心本森·福特会对自己造成威胁，因为从小就缺乏自信、习惯于服从的本森·福特，从来不会向欧尼斯特·布里奇等人的地位挑战，更不用说是亨利·福特二世了。

不过，可悲的是，本森·福特有一个致命的恶习，那就是嗜酒如命。或许是因为深感命运不公，他总是习惯于用酒精来麻痹自己。他常常在家中甚至是各种公共场合彻夜狂欢，不到醉得不省人事不罢休。后来，这种情况越来越严重，以至于他无法完成自己的工作，福特家族的声誉也因此受到了影响。1955年，在路易斯·克鲁索的劝说下，亨利·福特二世免去了本森·福特的职务，安排他去管理"汽车商政策委员会"。本森·福特虽然不情愿，但也不得不接受这一安排。他明白，自己在福特公司的前途到此为止了，因此，他在伤心之余，行为更加放纵无度，没过不久就因为酗酒使心脏出现了严重的问题。从1957年起，他就经常因为心脏病发作而不得不住进医院。1978年，本森·福特死于心脏病发作，终年59岁。他的妻子伊迪为福特家族生下了两个男孩：小本森出生于1949年，林恩出生于1951年。

第九章　多变的权利格局（1949—1960年）

威廉的大陆车

在本森·福特加入福特汽车公司三年之后，埃德塞尔·福特和埃莉诺的第三个儿子威廉·福特也参与到福特汽车公司的经营中来。

威廉·福特是家中最小的孩子，人们习惯于称他为"比尔"。埃德塞尔·福特去世的时候，威廉·福特只有18岁，因为哥哥亨利·福特二世和本森·福特当时都在军中服役，无法脱身，因此，他主动承担起了照顾母亲的责任。他陪埃莉诺外出旅行度假，通过各种方式将母亲从悲伤中拉出来。

1944年，遵循埃德塞尔·福特的遗愿，威廉·福特像哥哥们一样参军入伍，成为美国海军军校的一名学员。按照他的本意，毕业后的威廉·福特想参加太平洋海战，但是，后来他所属的部队却驻扎在纽约，因此，直到第二次世界大战结束，他也没能实现自己上战场的愿望。

即使在部队，威廉·福特也没有忘记照顾母亲的职责。埃莉诺时常到纽约去探望自己心爱的小儿子，到了部队休假时，威廉·福特就离开军营，陪着母亲一起散步、吃饭、聊天、走亲访友。有一次，他和母亲在纽约的一家高级餐馆里遇到了美国轮胎大王哈维·费尔斯通的妻子伊莎贝尔和女儿玛莎。埃莉诺和伊莎贝尔之间有很深的交情，因此，他们在纽约相遇后相处得很好。威廉·福特对玛莎一见钟情，后来他们于1947年6月结婚。

第二次世界大战结束后，威廉·福特退役离开了军队。他像亨利·福特二世一样也进入了耶鲁大学就读，所学的专业也是工程学，夹杂着大量机械课程。在学生时代，他的表现一直非常活跃。虽然身材不高大，但这个年轻人却拥有极高的运动天赋，而且浑身上下都充满了活力。在耶鲁大学，威廉·福特是一个出色的运动员，网球、游泳、登山、滑雪、橄榄球……他都擅长。这些丰富多彩、充满了刺激和冒险的运动使他拥有了坚强的意志和不服输的个性。对他所学的专业，他倒是没有什么兴趣，不过，他认为这对自己将来的工作会有好处。

像福特家族的其他男孩一样，威廉·福特知道进入福特汽车公司工作是理所当然的事，他曾经说："我从小就热爱汽车，我从来没有想过要去福特汽车公司以外的地方工作。我知道自己会在福特汽车公司度过我的一生，这是我的命运。"

进入福特汽车公司后，威廉·福特先是在各个部门实习，后来成了大陆车部门的负责人。自从第一次世界大战开始以后，埃德塞尔·福特背着亨利·福特投入大量的人财、物力设计的大陆车就停止了生产。亨利·福特二世接管福特以后，一直想要恢复大陆车的生产，公司在1946年时曾经投入100万美元来设计和制造大陆车的车模，可是结果却不是十分令人满意。威廉·福特进入公司以后，欧尼斯特·布里奇便经常对他谈起大陆车并表示打算恢复它的生产，威廉·福特对此表示出了强烈的兴趣。1952年，由约翰·戴维斯领导的负责研究公司是否设计和生产新型汽车的委员会，向欧尼斯特·布里奇提出应该重启大陆车的设计生产工作，欧尼斯特·布里奇和亨利·福特二世商量后，决定成立福特汽车公司大陆车分部，并把这个部门交给威廉·福特来管理。威廉·福特欣然接受了这个任务，他怀着一种敬畏之心来重新打造这款真正的"埃德塞尔之车"。

主管大陆车部门后，威廉·福特投入了自己的全部热情到工作中。大陆车的头号设计师约翰·赖恩哈特对他曾经做出了这样的评价："只要谈到这项任务，威廉的两只眼睛就像星星一样闪闪发亮。"威廉·福特从小就喜欢在父亲身边看着他画漂亮的汽车水彩画，因此，在他心中对大陆车一直有一种独特的情感，因为大陆车是他父亲投入了巨大的心血和精力设计出来的。

在现代艺术博物馆举办的回顾展上，第二代埃德塞尔大陆车的古典造型

第九章 多变的权利格局（1949—1960年）

曾经得到了很多人的赞许和认可。身为大陆车的首席设计师，约翰·赖恩哈特面临着非常艰巨的任务，他必须让大陆车更具时代风范。威廉·福特有时也会参与到设计过程中，虽然他从来都没有接受过正规的设计培训，不过，他却继承了父亲的天分，对设计有独特的见解。有时候，威廉·福特会用一把雕刻刀在制作大陆车泥塑的模型上留下自己不成熟的痕迹，顺便也留下他道歉的便条。不可否认的是，新大陆车的设计包含着威廉·福特的一份辛劳在里面。

1952年12月，大陆车的设计终于完成了。亨利·福特二世在欧尼斯特·布里奇和约翰·戴维斯的陪同下来视察大陆车的初步设计。当威廉·福特揭开车模上的幕布后，他失望地发现，这些人的脸上并没有出现他所期待看到的兴奋表情。欧尼斯特·布里奇想要看到一些华丽的元素，而亨利·福特二世则希望看到一些意大利运动跑车的风格。很显然，这款具有古典韵味的新车模型并没有令几位决策者感到满意，亨利·福特二世拒绝为此投入资金。

威廉·福特不希望让自己的一番心血全都化为泡沫，思索再三，他给执行委员会写了一封信，详细地解释了大陆车的独特之处，"摒弃粗略的设计而追求细节上的精美，在当今美国车的设计中还找不到这种风格"。威廉·福特对大陆车的设计充满信心，他极力说服执行委员会，接受了约翰·赖恩哈特的设计。当欧尼斯特·布里奇想要退出对大陆车部门的支持，将其"划归统一领导"时，威廉·福特再次通过幕后游说争取到了委员会的支持。

1954年圣诞节前，第一辆新大陆车终于亮相。威廉·福特激动不已，他特别邀请了亨利·福特二世和本森来到福特的试车场，感受每小时超过160公里的速度。想起父亲未竟的事业得以完成，福特三兄弟激动得热泪盈眶。威廉·福特又亲自驾驶这辆颇具纪念意义的样车来到高克勒的别墅，请母亲埃莉诺乘坐这辆车，埃莉诺既为丈夫的事业得以完成而激动，又为威廉·福特对埃德塞尔梦想的执着而骄傲，也为威廉·福特在公司获得的地位和荣誉而欣喜。

埃莉诺欣慰地对亨利·福特二世说，"你的两个兄弟就是你的左膀右臂，你们一定要好好合作，共同为我们的家族管理好公司，你们的父亲一定会为你们骄傲的！"

正如埃莉诺所言，在以后的日子里，福特三兄弟一直合作无间，不曾出现过兄弟阋墙的局面。他们三人并排坐在汽车驾驶室里的合影还曾经登上了《时代》周刊的封面，他们用这种方式向世人宣告：福特家族的新一代正在崛起。

大陆车于1955年6月投入批量生产，10月起投入市场。这种新的豪华汽车受到了美国消费者的热烈欢迎。然而，尽管威廉·福特为这种新型汽车付出了巨大的努力，尽管这种汽车的性能优越、制作精良，可是威廉·福特和这种汽车实在是缺乏商界的成功所具有的那一份运气。新车刚推向市场，就赶上了两件事，一是全国性的经济衰退，二是福特公司改变了半个多世纪以来的家族企业性质，推进公司股票公开上市工作。前者影响了"马克二型"新车的销路，后者则导致欧尼斯特·布里奇等人决定扼杀"马克二型"汽车的生产，因为按照欧尼斯特·布里奇的观点，一个正在谋求股票上市的公司不应该出现一条销售有问题的生产线。于是亨利·福特二世也参与了对"马克二型"车的扼杀阴谋，威廉·福特的雄心壮志从此烟消云散，像本森·福特一样，威廉·福特也开始借酒浇愁，从此退出了福特汽车公司的舞台。

第九章 多变的权利格局（1949—1960年）

钩心斗角

随着公司的重整旗鼓和逐渐复兴，高层管理者之间钩心斗角、争权夺利的戏码在福特汽车公司又再度上演。

最早加入亨利·福特二世阵营的三个人曾经为他赢得福特控制权立下了汗马功劳，但时过境迁，如今，亨利·福特二世已经不再依赖于他们了，于是，这三个人渐渐淡出了福特的舞台：米德·布里克在连续多年高强度的工作后选择了退休，开始了自己闲适的晚年生活。约翰·戴维斯虽然名义上担任着重要职务，但是因为他患有严重的心脏病，身体状况堪忧，所以实际上也已经退休，不再参与到公司的管理中。约翰·布加斯仍在为福特汽车公司效力，不过，他必须去适应欧尼斯特·布里奇的管理方式，在经过一段时间的磨合后，他终于做到了这一点，并且与欧尼斯特·布里奇建立了深厚的友谊。

而亨利·福特二世接班后聘用的优秀人才，也先后有很多被淘汰出局，其中，最先退出的是查尔斯·桑顿。踌躇满志的查尔斯·桑顿一心想在福特汽车公司干出一番成就，甚至还对福特的最高权力有所期待，但欧尼斯特·布里奇和路易斯·克鲁索的到来扰乱了他的计划，令他备受掣肘，因此，对这两个人，他一直心怀敌意。

欧尼斯特·布里奇来到福特汽车公司后不久，查尔斯·桑顿就开始与他明争暗斗。无论欧尼斯特·布里奇提出什么方案，查尔斯·桑顿总会反对，渐渐地，他们之间的火药味越来越浓。

虽然这两个人总是针锋相对，但这场斗争却迟迟不能决出胜负。原因在于欧尼斯特·布里奇虽然大权在握，但是查尔斯·桑顿却有亨利·福特二世作为后盾。其实，精明的亨利·福特二世一直在有意无意地模糊公司大权的归属，他没有把最高的决策权交给任何一个人，而是通过各种方式让他们互相牵制。

有时，为了确保自己的地位更加稳固，亨利·福特二世还会耍一些心计来让公司内部的权力关系变得更加复杂。比如，亨利·福特二世会打电话给查尔斯·桑顿，让他到自己的办公室来，与他讨论各种事情，如对欧尼斯特·布里奇的看法、福特公司的未来发展或者其他员工的去留等。对此，查尔斯·桑顿当然非常高兴，因为这意味着亨利·福特二世把他当成"自己人"，与他的关系更为亲密。同时他也会感到惶恐不安，因为欧尼斯特·布里奇的办公室与亨利·福特二世的办公室是相邻的，而且欧尼斯特·布里奇在工作时还习惯半开着门，所以，每次他去亨利·福特二世的办公室都会被欧尼斯特·布里奇看到。

查尔斯·桑顿知道，要想打垮欧尼斯特·布里奇并非易事，他找到了一个聪明的方法，从路易斯·克鲁索的身上打开突破口。在他看来，相比狡猾刚硬的欧尼斯特·布里奇，路易斯·克鲁索更好对付，于是，他开始对路易斯·克鲁索进行攻击。每当路易斯·克鲁索提出建议或者制定了方案，他总会对其进行批评、指责，并且在众人面前质疑他的权威性。

但他没想到，这是搬起石头砸自己的脚。一开始，路易斯·克鲁索还忍气吞声，后来，他发现查尔斯·桑顿是在刻意针对自己，于是忍无可忍，他愤怒地找到了欧尼斯特·布里奇，让他做出选择：只要查尔斯·桑顿还留在福特汽车公司，自己就会离开。

欧尼斯特·布里奇当然毫不犹豫地选择了赶走查尔斯·桑顿。他把查尔斯·桑顿叫到了办公室，直接向他摊牌："你看起来好像对这里的每个人都了如指掌，好像你才是这家公司的行政副总裁一样。但我要提醒你一点，你不是，我才是。"

查尔斯·桑顿知道，这是欧尼斯特·布里奇向他下的最后通牒。于是，

第九章　多变的权利格局（1949—1960年）

在这次谈话后，查尔斯·桑顿选择了离开。

查尔斯·桑顿辞职之后，担任财务主管的路易斯·克鲁索同时接管了组织计划部，身居要职的他在福特汽车公司开始崛起。1948年，亨利·福特二世和欧尼斯特·布里奇采取了分权计划，创建了六个独立的部门，其中最为重要的福特部的主管头衔毫无悬念地落到了路易斯·克鲁索的头上。

虽然承担着多项职责，但精力旺盛的路易斯·克鲁索却仍然游刃有余。他也为福特汽车公司做出了巨大的贡献：他引进了新的财务控制体系，并培养了公司的核心力量，使福特汽车公司原本一片混沌状况的财务和管理都开始进入了现代化时代。

亨利·福特二世非常欣赏路易斯·克鲁索，有一次，他握着路易斯·克鲁索的手，由衷地对他说："路易斯，你将在事实上管理整个福特汽车公司。"

木秀于林，风必摧之。随着路易斯·克鲁索的权力逐渐增长，他与欧尼斯特·布里奇之间也开始产生了嫌隙。自从路易斯·克鲁索当上福特部的主管后，他开始拉拢各路人才，培育属于自己的队伍。这让曾经一再提拔路易斯·克鲁索的欧尼斯特·布里奇感觉自己的地位受到了威胁，他不由得开始后悔当初过多地授权给路易斯·克鲁索。因此，欧尼斯特·布里奇开始寻找机会"敲打"路易斯·克鲁索，让他知道谁才是公司的领导者。

在一次产品策划会上，欧尼斯特·布里奇试图收回一些权力，不过却被路易斯·克鲁索拒绝了，他表示欢迎各种意见，但是不接受任何破坏福特部完整性的行为。在路易斯·克鲁索的坚持下，欧尼斯特·布里奇不得不妥协。

路易斯·克鲁索早就已经把福特部看成了他的"私人领地"，从他上任的第一天开始，他就决心在这里施展一番拳脚。路易斯·克鲁索所做的第一件事情就是为自己物色一个得力的助手，他选中了一个叫杰克·里斯的年轻小伙子。

杰克·里斯曾经有机会成为"蓝血十杰"中的一员。第二次世界大战时,他加入了美国空军,成了查尔斯·桑顿团队中的一员,后来又跟随着查尔斯·桑顿加入了福特汽车公司。因为杰克·里斯能力出众,查尔斯·桑顿把重组计划交给了他,然而,就在他要为福特汽车公司选拔人才大张旗鼓地实施自己的计划时,他的位置却被詹姆斯·怀特取代了。

杰克·里斯愤怒不已,却又无可奈何。正在他失意之时,他遇到了路易斯·克鲁索。路易斯·克鲁索非常赏识杰克·里斯,在他看来,杰克·里斯是一个非常有潜力、有干劲的年轻人,因此,他让杰克·里斯担任了自己的助手。对这份新工作,杰克·里斯投入了百倍的热情,每天废寝忘食,似乎精力怎么也用不完一样。有了杰克·里斯的助力,路易斯·克鲁索如虎添翼,他更加有信心将福特部打造成福特汽车公司最强的一个部门。

对此,欧尼斯特·布里奇当然不会坐视,尤其是当他发现亨利·福特二世在福特部权力问题方面开始倒向路易斯·克鲁索一边时,他更是急于压制路易斯·克鲁索。他也如法炮制,为自己找了一个帮手,这个人是罗伯特·麦克纳马拉。罗伯特·麦克纳马拉是"蓝血十杰"之一,他于1916年出生于美国旧金山,毕业于加州伯克利大学,在"普华永道"短暂工作过一段时间后回到自己获得MBA的哈佛商学院,成为那里最年轻和薪水最高的助理教授。1943年,他加入美国陆军航空队参加第二次世界大战,职责是运用统计方法帮助空军评估和改进轰炸机的使用效率,这是统计学方法早年的典范性运用。战后他与查尔斯·桑顿一起来到了福特汽车公司,在重振福特的过程中,无处不有罗伯特·麦克纳马拉的精明头脑。在路易斯·克鲁索将精力投注在福特部时,他成了新的财务主管。而欧尼斯特·布里奇正是通过麦克纳马拉的财政部门来对路易斯·克鲁索进行监控的。

路易斯·克鲁索发现自己在公司里开始举步维艰,比如,他坚持继续生

第九章 多变的权利格局（1949—1960年）

产"V8"型车，而财政部门为了节约成本，竟然要放弃"V8"的生产，转投6缸的汽车。对于路易斯·克鲁索这样将生产视作生命的人而言，这样的决定是愚蠢至极的。他马上进行了反击，他的助手杰克·里斯为此发动了一次抗议活动，他表示自己一直以拥有一辆"V8"型车而感到自豪，"V8"是福特汽车公司的一大特色。路易斯·克鲁索还对所有福特经销商做了一次关于"V8"型车的调查，有90%以上的人表示在附加成本不超过100美元的情况下愿意购买"V8"。有了这项调查数据做支撑，路易斯·克鲁索找到了欧尼斯特·布里奇，要求财政部门批准"V8"的生产计划。

然而，财政部门拒绝了他的请求，一场争论在福特汽车公司两大最具影响力的行政部门之间爆发了。亨利·福特二世听说此事后，也加入到了这场争论中。因为他更倾向于路易斯·克鲁索，所以，这场争论最终以欧尼斯特·布里奇的失败而告终。

但路易斯·克鲁索也有过失败的经历。1949年推出的福特车在质量上存在问题，消费者对此极为不满。路易斯·克鲁索要求财政部门投入更多资金，从而促使汽车工厂实现现代化，以此来解决在汽车制造中存在的一些问题。罗伯特·麦克纳马拉对此表示反对，他的财政部最终只提供一小部分资金来支持解决1949型福特汽车的问题。

虽然明争暗斗一直不断，但福特汽车公司的权力机构却始终没有发生什么变动。谁都知道，这样的权力之争是永远不可能杜绝的。这也是亨利·福特二世乐于见到的，他知道，适当的争斗对于福特汽车公司而言是有利的，因为它能激发这些生产和管理人才的斗志，促进公司的发展。

事实也的确如此，就在这样的钩心斗角中，亨利·福特二世渐渐从一个日落西山的汽车王国接班人变成了一个现代化工业集团的领导者。

里斯-克鲁索计划

20世纪50年代初期,福特汽车公司的发展重新走上了快车道,只用了五年的时间,它就在美国国内外重新获得了较大的发展。它成为通用汽车公司的主要竞争者,甚至在迅速发展的欧洲汽车市场上超过了通用汽车公司。而这一切要归功于路易斯·克鲁索,他带动了整个公司的发展,1949年,福特汽车公司总共只有两条生产线和七种车型,到1953年,已经增长到四条生产线和十四种车型。

亨利·福特二世赋予路易斯·克鲁索的权力越来越大,这是他的一种平衡策略。当初为了聘请欧尼斯特·布里奇,亨利·福特二世曾经承诺会给欧尼斯特·布里奇很高的权力地位,然而,随着欧尼斯特·布里奇的权力逐渐增大,亨利·福特二世却感到自己的地位开始动摇了。正因为如此,当查尔斯·桑顿与欧尼斯特·布里奇争权夺利时,他心中的天平总是有意无意地倾向查尔斯·桑顿一边。查尔斯·桑顿离开福特汽车公司后,他又扶植了路易斯·克鲁索。在权力的把握上,路易斯·克鲁索似乎比查尔斯·桑顿棋高一着,而且他有足够的能力来挑战欧尼斯特·布里奇。

欧尼斯特·布里奇当然不甘心坐以待毙,为了保住自己的地位,他决定培养罗伯特·麦克纳马拉成为路易斯·克鲁索之后的二号人物,不过,要做到这一点,首先要把杰克·里斯赶出福特的权力中心。于是,欧尼斯特·布里奇开始为此事而筹谋。

很快,欧尼斯特·布里奇就为路易斯·克鲁索挖了一个陷阱。福特法国分公司因为管理不力陷入了困境之中,欧尼斯特·布里奇和亨利·福特二世到巴黎进行考察后,发现情况比他们想象的更加糟糕。要想重新振兴法国分公司,最直接的方法是换将。

第九章 多变的权利格局（1949—1960年）

于是，欧尼斯特·布里奇打电话给大洋彼岸的路易斯·克鲁索，告诉他法国分公司所面临的难题，然后，他突然转换话题，问路易斯·克鲁索谁是公司里最优秀的年轻人。路易斯·克鲁索毫不犹豫地说出了自己最欣赏的人的名字："杰克·里斯！"话刚一出口，路易斯·克鲁索就后悔了，果不其然，欧尼斯特·布里奇顺水推舟地安排杰克·里斯担任法国分公司的经理。

杰克·里斯走后，福特部总经理助理的位置就空了出来，欧尼斯特·布里奇马上将自己的亲信罗伯特·麦克纳马拉安排到这个职位上。路易斯·克鲁索虽然很不情愿，但也无可奈何。

心怀不满的路易斯·克鲁索一直在等待着反击的机会，1954年6月，他终于等到了一个绝佳的时机。杰克·里斯经过一番努力后，终于重振了福特的法国分公司，完成了他的使命。路易斯·克鲁索在一次管理会议上对杰克·里斯的业绩给予了高度赞扬，并趁此机会提出将杰克·里斯调回福特总部。

杰克·里斯终于回到了阔别已久的底特律。然而，此时的他心中充满了迷茫，他不知道自己该何去何从。时隔两年，他的老对手罗伯特·麦克纳马拉已经代替他成了福特部仅次于路易斯·克鲁索的人物。如果他回到福特部，处境一定非常尴尬。雪上加霜的是，正在此时，他还得知了一个糟糕的消息：这之后不久，路易斯·克鲁索就要离开福特部去担任福特汽车公司的副总裁。路易斯·克鲁索走后，罗伯特·麦克纳马拉一定会顺理成章地成为福特部的头号人物。这样一来，对他来说，回到福特部已经成为最差的选择了。

正当杰克·里斯为自己寻找出路时，他发现了一个机会。当时福特董事会正在探讨开发一种新车型，从而填补中档汽车市场的空白。起初，他们打算由林肯-水星部设计一款"E型车"。但杰克·里斯明白，自己要想成为部门经理，就必须有一个新的部门出现。于是，他提出了一个非常大胆的设想——为新设计的"E型车"成立一个新部门，让"E型车"拥有属于自己的外形，并配备单独的设计人员和经销商。为了使自己的这一设想更具说服力，杰克·里斯还设计了两种"E型车"的模型，在价格上一个比水星车高一些，一个比水星车低一些。杰克·里斯打算为这两种新车型开创一个新的部门，以区别于水星车和大陆车。

一个庞大的计划在杰克·里斯的脑海中浮现出来。在1955年2月7日举行的产品计划委员会上，他提出要废弃下一年度的水星计划。他批判了本森·福特风格的汽车，亮出了自己设计的汽车模型，他解释说自己设计的这种车型更高级并能够立即投入生产，可以在与通用汽车公司的激烈竞争中获胜。

因为这个计划实在是太过冒险，因此，在那次委员会上，很多人对此表示反对。不过，能言善辩的杰克·里斯最终还是说服了委员会成员们，使他们接受了自己的计划。

两个月后，董事会正式批准了这个庞大的计划。这个决议刚一公布，就遭到了林肯·水星部设计师迪克·科扎夫和艾米特·嘉杰的强烈反对，在他们看来，这个计划只能算是一个空想，根本无法实施。不过，当时已经登上权力顶峰的路易斯·克鲁索对此置若罔闻，在他看来，杰克·里斯所做的就是正确的，他不容许别人对这个"庞大计划"提出任何异议。急于做出成绩的杰克·里斯对那些反对他的人更是愤恨不已。

在1955年4月15日福特汽车公司的表决会议上，杰克·里斯再次用一系列详尽的统计数据来证明自己这一计划的宏大和可行性。在表决时，只有欧尼斯特·布里奇一个人举手表示反对，但后来不知是出于什么原因，他又突然改变了主意，对这个计划表示支持。这样一来，这个计划就得以顺利通过。

4月18日，路易斯·克鲁索宣布解散林肯-水星部，将其划分为水星车、林肯车、大陆车三个部门，并增加了一个专业产品部门也就是"E型车"部门

第九章 多变的权利格局（1949—1960年）

来专门负责"E型车"的设计和生产。

林肯-水星部的解散对本森·福特来说是一个不幸的消息，表面上看，他得到了提拔——成为新设部门的副总经理，与路易斯·克鲁索共同来负责"E型车"部门。但实际上他已经被架空了，他手中毫无实权，甚至没有工作可做。路易斯·克鲁索视他为无物，经常会绕过他独自做决策，尽管本森对此极度不满，但他除了接受也没有其他选择。在本森·福特明升暗降后，杰克·里斯正式接管了水星部。

很快，杰克·里斯就做出了一个令人意外的决定：任命曾经反对他的设计师迪克·科扎夫来担任"E型车"的设计主管，让艾米特·嘉杰做他的助手。迪克·科扎夫和艾米特·嘉杰拒绝了这一任命，但路易斯·克鲁索却给他们两个选择：要么走人，要么上任。于是，一个颇为滑稽的结果出现了：两个最反对"庞大计划"的人充当了这个"庞大计划"的执行者。

"雷鸟"的荣耀

作为新兴的世界霸主，第二次世界大战后的美国充满了及时行乐的狂欢氛围，美国人想要更大的房子、更大的汽车，他们追求享受，期待着生活中总是洋溢着激情，张扬的美国人民正在奔向自己的"美国梦"。在喧嚣、浮华的时代背景下，汽车不再是单纯的交通工具，而是一种可以拿来享乐、炫耀的生活用品。

通用汽车公司的副总裁兼设计师哈利·厄尔是最早发现并追赶这股消费潮流的人。1953年1月，雪佛兰在美国纽约汽车展览会上以盛大的揭幕仪式正式推出了一款名为"克尔维特"的双座轻型跑车。一经问世,就引起了巨大的轰动,自纽约展览会后,通用汽车公司收到的订单不计其数。不过,只有299个人得到了他们所订的车。虽然这样微不足道的销售业绩对通用汽车公司的利润不会有太大的贡献,但它却提高了雪佛兰的品牌形象。

而福特汽车公司却差点儿错过这次机会。早在20世纪50年代初期,福特汽车公司就已经有了设计新车的计划。1952年,富兰克林·赫尔希被聘为福特汽车公司汽车和卡车设计主管时,他就命令自己的团队开始设计一种全新的跑车。最初,路易斯·克鲁索对这个项目表示支持。然而,到1952年12月,他突然改变了主意,在他看来,跑车理念不切实际,于是,他下令富兰克林·赫尔希解散项目组。但就在一个月后,通用汽车公司推出了"克尔维特",这款与众不同的新车立刻成了媒体的宠儿,路易斯·克鲁索悔不当初。

在"克尔维特"的刺激下,1953年2月9日,以亨利·福特二世为首的生产计划委员会下令福特部花三个月的时间开发出一种能达到时速100公里的双座汽车。于是,"雷鸟"应运而生。

1954年10月22日,第一辆福特"雷鸟"驶下了迪尔伯恩的装配线。第一代"雷鸟"是一款硬顶敞篷双门双座小跑车,它拥有那个时代非常优异的舒适性、便利性以及全天候防护设施,同时还拥有充沛的动力与极佳的操控性能,成为美国汽车史上的一个弥足珍贵的经典。它的外观造型令人惊艳:修长的发动机罩、极具个性的可拆卸式硬顶、精巧的尾鳍、优雅的圆形前照灯、椭圆板条式散热器格栅及飞机式的挡风玻璃与长长的前罩板相映成趣,前脸的中网和保险杠处采用镀铬装饰,似乎在彰显它所搭载的V8发动机的不俗动力。有趣的是,因为"雷鸟"的设计者富兰克林·赫尔是从通用汽车公司挖来的,因此,在这款车身上,人们能发现很多通用的设计基因,比如那符合潮流趣味的高尾鳍。

第九章　多变的权利格局（1949—1960年）

"雷鸟"这个名字令人难忘，不过，它的得来颇费周章。福特汽车公司的设计者们最初为它取的名字都非常怪异，从"玫瑰猫""海狸"到"底特律人"，甚至还有一些更加荒诞的名字，路易斯·克鲁索认为这些名字都配不上这款性感的跑车，所以，他舍弃了全部名字，重新贴出告示悬赏250美元给能想出更好名字的人。

后来，一个名叫奥尔登·吉布森的年轻设计师提供的名字"雷鸟"引起了路易斯·克鲁索的兴趣，据说，奥尔登·吉布森是在一个雷雨交加的日子里看到一只小鸟被雷击中而产生了灵感。不过，路易斯·克鲁索最终采用这个名字，或许是因为一个神奇的传说：雷鸟是一种能产生雷电的巨鸟，有两只凡人看不见的巨大翅膀，这两只翅膀能产生风和雷电，从而给大地带来雨水，湿润干涸的沙漠，它控制着天空，是一个帮助人类的神灵。奥尔登·吉布森并没有因为这个名字而狮子大开口，他只要了95美元和一条牛仔裤。

美国人似乎没有理由不喜欢这样一款车，在它刚出现在福特展厅的前十天里，福特汽车公司就接到了3500辆的订单，可谓初战告捷。在当时，"雷鸟"基本款的售价为2695美元，敞篷款售价为2765美元，加上运费和选装配件，售价最高达4000美元，但不少追赶时髦的人和明星还是被这款车优雅的外观和较高的性价比所征服。

据说，最早从展台开走新车的"雷鸟"车主们在第一个红灯前停下的时候，就会被路人询问是否愿意转让汽车。又据说，"雷鸟"是第一款真正让女性动心的跑车。这些虽然只是传闻，不一定可靠，但当年的销售数据告诉我们，"雷鸟"与"克尔维特"的销售比例是24∶1。

罗伯特·麦克纳马拉成为福特部的主管之后，这位精于成本分析的会计发现，对于福特汽车公司来说，如果生产四座型的"雷鸟"，利润会更高，销量也会更大，因为有孩子的家庭不会将两座车作为他们的首选。于是，1958年，为了谋求更大利润，福特汽车停掉了更有魅力的双座型"雷鸟"，专心发展豪华四座跑车。

罗伯特·麦克纳马拉是对的,1958年"雷鸟"的销量达到了48482辆,而且这个数字一直在上涨。到1997年为止,"雷鸟"的总销量已经超过了400万辆。

伴随着"雷鸟"的热销,它的名字不仅仅流行于汽车领域,还渐渐地融入了流行文化中。人们还成立了经典福特"雷鸟"俱乐部,在一起分享"雷鸟"带给大家的快乐。生产厂家福特是这样评价雷鸟汽车的:"在横跨几代的美国大众中,'雷鸟'都给他们留下了深深的情感印记。雷鸟汽车是一个没有时代局限的永恒的经典杰作,是这个国家的民族汽车工业史的重要组成部分。当时间走入下一个千年时,'雷鸟'这个全新的轿跑车回来了,并带着我们进入下一个世纪。"确实,雷鸟汽车的号召力已远远超出了它作为一个汽车品牌的范围,它已成为某种象征,或者说是一面旗帜。1961年,"雷鸟"就已引起了当时新当选为美国总统的肯尼迪的注意,在他的就职典礼上就使用了50辆"雷鸟"轿车,这是"雷鸟"历史上的骄傲。

"埃德塞尔"败笔

1957年7月22日,一则汽车广告出现在了在美国乃至全球都拥有很大影响力的《生活》杂志上,画面中,一辆汽车正在乡间公路上疾驰,因为速度太快了,以至于汽车都成了一个模糊的影子。画面配文写着"最近,你将会看到有些神秘的汽车在公路上奔驰。"这则广告的主角就是福特汽车公司即将上市的"埃德塞尔"。

第九章 多变的权利格局（1949—1960年）

1955年4月，在亨利·福特二世的支持下，福特汽车公司实施了里斯-克鲁索计划。这个计划被看成是福特汽车史上最庞大的计划，同时，它也是福特公司发展道路的一个重要转折。因为这个庞大的计划不够周密，最后使得福特汽车公司蒙受了巨大的损失，但经历了这次挫折之后，福特才真正找到属于自己的路，而不是一味地跟随着通用的脚步，走通用汽车公司的模式。

1955年8月，"E型车"的设计工作终于完成了。当新车泥塑模型亮相时，产品计划委员会中爆发出了持久的喝彩声。"E型车"的设想思路既想保守传统又想兼顾潮流，但它的外形并没有被公众所接受。水箱护罩做成了马鞍形，汽车尾部的尾翼做成了水平方向的，与市场上主导的垂直尾翼大相径庭。"E型车"的传送装置是通过方向盘中央的一堆按钮来完成的。驾驶员可以使用按钮来换挡、调节前灯或者打开行李箱。在汽车前方有一个速度计，当汽车行驶超过驾驶员所设定的速度时，速度计就会闪烁红灯以示警告。"E型车"有四种不同车型，其中两种车型拥有整个汽车行业中最值得炫耀的引擎功率——345马力。

在为"E型车"命名的过程中，福特汽车公司委托博达大桥广告公司对新品牌名字进行了调研，最后广告公司给了欧尼斯特·布里奇一份18000个名字的名单。除此之外，负责"埃德塞尔"的特殊产品部的两位员工鲍勃·杨和戴夫·华莱士甚至写信给诗人玛丽·安穆尔，希望能得到一个新的命名角度。经过几个星期的研究和员工投票，最后只剩下了四个候选名字——"嘉奖""海盗船""领跑者"和"游侠"。但是亨利·福特二世和欧尼斯特·布里奇都不甚满意，欧尼斯特·布里奇说："我不喜欢这些该死的名字，不如我们叫它'埃德塞尔'怎样？"

其实，在"E型车"的整个研发阶段，"埃德塞尔"这个名字时常被提起。虽然这个名字没有出现在备用名单上，但欧尼斯特·布里奇却认为，这才是这辆新车应该拥有的名字。当本森·福特听到这个名字时，他的第一个反应就是"这是在我死去的躯体里翻出来的名字"。本森·福特知道，如果父亲在世的话，一定不喜欢这个名字，正因为如此，才没有叫自己"小埃德塞尔"而用"本森"取而代之。威廉·福特也反对使用这个名字，因为在汽车史上，以人物名字命名的汽车成功的例子极少。当埃莉诺听到这个想法时，她也表示了厌恶。虽然福特家族的人都反对用"埃德塞尔"来命名"E型车"，但欧尼斯特·布里奇最后还是成功说服了亨利·福特二世。

当时亨利·福特二世正在巴哈马度假，他在听完欧尼斯特·布里奇的电话后，同意了这个意见。"这是对在公司发展历史上起过重要作用的那个人的一种美好敬意。"欧尼斯特·布里奇就是以这个理由成功说服亨利·福特二世点头的，因为亨利·福特二世一直相信路易斯·克鲁索，他真的认为这款汽车会大获成功，如果这款车成功，将是纪念父亲埃德塞尔的最好方式。最终，亨利·福特二世兄妹四人和他们的母亲埃莉诺一致表示，如果执行委员会对这样的纪念方式如此推崇，他们不会阻挠。

就这样，"E型车"正式命名为"埃德塞尔"，于1957年的秋天推出。这个结果让当时福特的公关部主管沃诺克十分崩溃，他后来在内部邮件通知中写道："我们刚损失了200000销量。"他的悲观是可以理解的，毕竟，"埃德塞尔"这个词的读音又重又低沉，作为人名尚且谈不上好听，更别说作为汽车的名字了。而且，它容易让已经倾向于怀疑大企业的消费者们联想起福特家族所支配的力量，而那时候，福特家族被描绘为一个"皇室"。消费者们认为这个名字有力地证明了福特家族很虚荣，可以随意地用他们喜欢的东西给一辆汽车命名。

然而，在当时，福特公司的高层管理者们却对"埃德塞尔"寄予了厚望。欧尼斯特·布里奇还为"埃德塞尔"分部摊派了1958年的生产任务，占该公司全部汽车市场的3.3%—3.5%，约20万辆。然而，这个数字在董事们看来却太保守了。

第九章 多变的权利格局（1949—1960年）

　　福特汽车公司为"埃德塞尔"所做的宣传和推销工作也绝不含糊，费用高达5000万美元。福特汽车公司还为"埃德塞尔"成立了单独的经销分部，在美国六十个主要城市设立经销处。经销特权的申请受到严格的审查，其标准包括具有较高的社会声望、资金充足、设备齐全、业务能力强、有善于吸引并热情指导顾客的能力和销售能力。当然，经销处首先要有竞争活动方面的明智态度，以及懂得在销售和服务工作上如何恰如其分地考虑消费者的利益。尽管如此，公司还是放心不下，给各个经销处配备了训练有素的助手，以求万无一失。

　　投入了如此巨大的精力和资源，看上去，福特汽车公司似乎已经胜券在握，巨额利润的获得也只是时间问题。但是，事情并不如想象的那样美好。

　　1957年9月4日，"埃德塞尔"正式发售，1200名经销商迫不及待地开门营业。在大多数福特汽车展厅，顾客如潮水一般蜂拥而至。他们出于好奇，都想第一时间亲眼看看这款车究竟有什么独特别致的优点。开业第一天，签订的订货单已经达到了6500多份，这使公司的负责人们感到心满意足。然而，这当中也蕴藏着不妙的迹象。有一位经销商在一个展厅里展销"埃德塞尔"，在附近另一展厅里展销比克牌汽车，他发现，一些很可能成为买主的顾客走进"埃德塞尔"的展销厅，仔细察看了"埃德塞尔"之后，居然当场拍板成交，但他们选择的却是比克牌汽车。

　　这之后的几天，"埃德塞尔"的销售量一路狂跌。1957年10月上旬，只售出2757辆，平均每天才销售300多辆。而如果要完成每年销售20万辆的最低计划，每天应该销售600～700辆。

　　1958年，"埃德塞尔"的年销售量只有34481辆，还不到销售计划的五分之一。1958年11月推出第二代"埃德塞尔"，形势虽略有好转，但也回天乏术。1959年推出的第三代"埃德塞尔"，也没有激起什么水花。1959年底，"埃德塞尔"终于停止生产，退出了历史舞台。1957年至1960年间，生产"埃德塞尔"的人员和设备陆续转用于公司的其他分部,这样,弥补了1.5亿美元的投资,然而仍留下永远无法弥补的1亿多美元的最初投资和大约1亿美元的营业损失。至此,一幕现代营销史上惨痛的滑铁卢悲剧终于落下了帷幕。

"埃德塞尔"的寿终正寝,意味着里斯-克鲁索计划的彻底失败。这之后,杰克·里斯被调到了一个新的职位上——加拿大福特汽车公司总经理。这对杰克·里斯来说是又一次"放逐",失意的他决定离开福特。这之后,水星和林肯重新又合成了一个部门。

杰克·里斯辞职后,操劳过度的路易斯·克鲁索因为心脏病不得不住进医院,从此退出了福特汽车公司的权力角逐,由亨利·福特二世亲自选定的罗伯特·麦克纳马拉取而代之。但终于除掉竞争对手的欧尼斯特·布里奇也没能高兴太久,1960年,羽翼日益丰满、权力欲望膨胀到顶峰的亨利·福特二世来到他的办公室,要求他离开福特汽车公司,亨利·福特二世还把"埃德塞尔"的失败归咎于欧尼斯特·布里奇。

欧尼斯特·布里奇与路易斯·克鲁索的这场明争暗斗终于有了结局,但他们怎么也没想到,最终,两个人竟然都是输家。

第十章
巅峰后的危机
（1960—1970年）

李·艾柯卡崛起

1960年，41岁的亨利·福特二世在为摩纳哥公主举行的一次宴会上认识了一位叫作克里斯蒂娜·奥斯汀的姑娘，一见钟情的他们很快就坠入了爱河。为了这场久违的"爱情"，他不惜与妻子安妮离婚。就是在那几年，福特汽车公司的高层管理者们发现，亨利·福特二世对那些比自己年轻的产品策划人员和工程师们变得越来越不耐烦，他不再像最初时那样跟他们一起开很多会。他不再关心各种观点的产生过程，并从这些观点形成的初期就开始持赞成的态度，相反，他只去了解那些已经成形的想法，一旦这些想法让他感到吃惊，那么他立即会迫切地急于否定它们。亨利·福特二世就像是变了一个人。

也就在这一时期，福特汽车公司的权力格局变得越来越动荡。把欧尼斯特·布里奇赶走之后，亨利·福特二世开始物色新的助手。1960年11月，罗伯特·麦克纳马拉被任命为福特汽车公司的总裁，成为继约翰·格雷之后第一个担任这一职务而不叫"福特"的人。亨利·福特二世对他的器重可见一斑，要知道，即使是曾经备受信任的欧尼斯特·布里奇和路易斯·克鲁索也只是担任了福特的副总裁而已。亨利·福特二世希望罗伯特·麦克纳马拉能引领福特走向另一个巅峰。

不过，亨利·福特二世的愿望很快就落空了。在罗伯特·麦克纳马拉上任后不久，约翰·肯尼迪当选为美国新一任总统，开始寻找合适的内阁人

第十章 巅峰后的危机（1960—1970年）

选，他向罗伯特·麦克纳马拉抛来了橄榄枝，邀请他出任国防部长。对于这个邀约，罗伯特·麦克纳马拉非常意外，他后来曾半开玩笑地回忆道，自己当时连核弹头和旅行车有什么区别都不知道。他对约翰·肯尼迪说："这太荒谬了，我根本不合格。"而约翰·肯尼迪的回答是："这世界上也没有训练总统的学校。"为了这份年薪2.5万美元的工作，罗伯特·麦克纳马拉毅然决然地决定放弃在福特汽车公司50万美元的年薪和价值300万美元的股票和期权。

这个曾经引起很多争议的人离开福特开始在五角大楼的仕途后，福特汽车公司又出现了另一颗光彩夺目的新星，他就是李·艾柯卡。1960年11月，在罗伯特·麦克纳马拉的举荐下，刚满36岁的销售员李·艾柯卡应召来到亨利·福特二世的办公室，接受了公司销售部总经理的任命。

李·艾柯卡来自一个意大利移民家庭，1924年10月15日生于美国宾夕法尼亚州埃伦敦。他的父亲十二岁时就搭乘移民船来到美国，白手起家，先后涉足过餐厅、电影院、出租车队和房地产等行业，逐渐积攒起丰厚的家底。父亲在大萧条的艰苦岁月中，始终保持乐观和信心，这种积极的生活态度给李·艾柯卡带来了很大的影响。

李·艾柯卡的父亲酷爱汽车，他拥有一辆最早期的福特"T型车"，是镇上少数几个会开车的人之一。只要一有时间，他就会去摆弄汽车，想方设法改进车子的性能。从小就受到熏陶的李·艾柯卡也对汽车产生了浓厚的兴趣。他的父亲不允许他骑自行车，但当他年满16岁时，却鼓励和支持他去考汽车驾驶执照。结果，李·艾柯卡成为镇上第一个会开福特车的小伙子，并从此和汽车结下了不解之缘。

李·艾柯卡从小就表现出众，从小学、中学直至大学，不仅学业成绩始终名列前茅，而且兴趣广泛，对音乐、舞蹈、文学、体育都有狂热的爱好。他最终考上了利哈伊大学，选择了这所学校最出名的专业—机械工程。帕卡德汽车公司在这所学校有个很大的实验室，李·艾柯卡只要有空就会钻进实验室里去摆弄那些汽车零件。1945年，他修完工程学和商业学以及心理学，从利哈伊大学毕业。在二十多家公司中，他毫不犹豫地选择了福特汽车公司。然后他又花了一年时间在普林斯顿大学获得文科硕士学位。

其实，李·艾柯卡早在15岁的时候就已经是福特汽车公司的"员工"了。那时他在别人的推荐下到福特汽车公司的一家代理店打工，从那时起他就渴望有朝一日能够成为福特汽车公司的一名正式成员。1946年8月，这个梦想终于实现了，21岁的李·艾柯卡作为见习工程师在福特汽车公司工作，从而开始了他在汽车业中的传奇生涯。这时，亨利二世正在大量地招聘一些年轻人来帮助自己重建福特。

按照福特汽车公司的传统，见习工程师必须完成在全公司各个部门的训练，因此，李·艾柯卡进入福特之后，先进行了长达九个月的培训。但培训结束后，他却发现自己对制造行业失去了兴趣，相反，他更愿意和人一起工作，而不是和机器在一起。所以，他放弃了工程师的工作，选择了销售。经过一番努力，福特公司宾夕法尼亚州的地区经理终于给了他一个机会，让他当了一名推销员。他被分配在卡车销售部，做底层柜台工作。这段经历使李·艾柯卡受益匪浅，因为这个时期"二战"刚刚结束，汽车成了抢手货，而且每一辆都会按定价卖出。虽然李·艾柯卡职位很低，但是每一辆车都要经过他的手才能售出，因此他结识了很多经销商，虚心向他们学习，竭尽全力去干，很快学会了推销的本领，并积累了一些推销经验。没过多久，他被提拔为宾夕法尼亚州威尔克斯巴勒的地区经理。

1956年，李·艾柯卡被提升为费城地区销售副经理。同一年，福特公司的销售量明显下降，尤其是李·艾柯卡所在的费城地区。如果销售量再不上升，他就有被辞退的危险。李·艾柯卡急中生智，想出了一个吸引顾客的好办法，这是一个名为"花56元钱买一辆'56型'福特汽车"的推销计划。按

第十章　巅峰后的危机（1960—1970年）

照这个计划，如果有人想买一辆1956年生产的福特汽车，只需要先付20%货款，剩下的部分则按照每个月56美元的办法支付，只要在3年之内付清就可以。"花56美元买一辆56型福特车"，不但让一些对车价有顾虑的人松了一口气，也让人觉得"每个月花56美元，就能买车"真是太划算了。就这样，福特56型汽车因为这样一则诱人的广告，销量像火箭发射般直线上升，在短短三个月的时间里，销量就从原来的最末一名，一跃而居全国第一位。福特汽车公司把这种分期付款的推销方法在全国各地推广后，公司的年销量猛增了7.5万辆。李·艾柯卡也因此而名声大振，不久，他就升任为华盛顿特区经理。

几个月后，李·艾柯卡又调到福特公司总部，担任卡车和小汽车两个销售部的经理，这时他才32岁。在总部，他非凡的管理才能得到了充分的展示，他不断地根据公司的发展趋势，推出了一系列富有创意的销售方法。"他是销售领域里的天才。"威廉曾这样评价年轻的李·艾柯卡。

1960年11月10日，李·艾柯卡升任副总裁和福特分部的总经理职务。李·艾柯卡在大学时曾经立志"要在35岁担任福特公司副总裁"，这一年，他36岁，虽然晚了一年，但在福特汽车公司乃至整个汽车行业，他的发迹速度之快也已经非常罕见了。

"野马之父"

就任副总裁之后，李·艾柯卡的才华得到了全面发挥。他首先在福特汽车公司建立了季度检查制度，员工的工作效率因此大幅度提高。接着，他又组织手下聪明而有创造性的年轻人每星期聚会一次，分析、预测消费者心理和市场。

紧接着，他还进行了生产改革，停止了卡丁尔汽车的生产。卡丁尔汽车是罗伯特·麦克纳马拉力主推出的一款汽车，他原本打算将其缔造成美国汽车市场的王牌产品，但是李·艾柯卡认为这款车在设计上存在很大的缺陷，因此他取消了这个汽车项目，将目光放在吸引年轻一族的汽车市场上。亨利·福特二世采纳了他的建议。

李·艾柯卡敏锐地意识到，进入20世纪60年代之后，美国萌发了一股年轻化的社会变革浪潮。福特汽车公司的市场调查得到的客观数据也证明了他的这一观点：美国人口正在年轻化，到1965年年底，将有40%的美国人在20岁以下。而且这一趋势将在60年代的剩余时间里延续下去。根据年轻人数量逐渐增多这一事实，专家们预测每一年18~24岁的美国人中都将有1/3购买一辆新车，美国的汽车销量也会因此而上升。因此，他极力主张，设计新型车时必须把年轻一代的需求和愿望放在第一位。在艾柯卡的心中，一直在酝酿设计一种全新的汽车，一种适合年轻一代、有个性的汽车。

"早在1961年，汽车市场的特征就已经发生巨变，这一点是非常明显的"，李·艾柯卡在1965年的一次讲话中说，"我们的第一个任务是搞清楚什么样的产品是新市场正苦苦寻找但却找不到的产品。凭借深入的市场调查，新车的形象在我的脑海中形成了，它是一种与现在任何一款汽车都不一样的新产品。这种车必须极为敏捷，样式必须有特色——最好有一点异国风情。它是小型车，可操纵性强，但空间得像大卡车那样大，足以坐进四个人。最后——但并非最次要，这款车的价格水平要是大众所能接受的。"

得到了亨利·福特二世的支持后，李·艾柯卡开始了他的行动。他亲自组织了新车设计班子，夜以继日地加紧研制。福特部产品计划主任唐·弗雷和项目经理唐纳德·彼得森负责设定新车的基本规格。他们把李·艾柯卡所

第十章 巅峰后的危机（1960—1970年）

提出的理念转化成切实的数字和尺寸，然后把这些资料下发给了技术和设计人员。

对这款以年轻人为目标消费者的新车来说，外观是最重要的事情。不过，设计人员的第一个设计方案并没有通过，因为"它看起来就像过去那些车一样"，不能引起太多的热情与关注。

为了使设计师们重新燃起激情，样式设计副总裁吉恩·博迪纳特决定往新项目中注入一点竞争精神。他把设计工作分派给了三个独立队伍，这三个队伍分别出自他的三个主要部门：公司项目部、福特部和林肯-水星部。然后，吉恩·博迪纳特要求设计师们用两周的时间做出黏土模型，这使得这场设计竞赛变得非常刺激，几乎每个人都全身心地投入到了设计工作中。

在福特部工作组这边，首席样式设计师乔·奥罗斯组建了一支新老结合的设计队伍。因为时间紧张，他把大量时间都花在了与下属们针对设计细节的详细讨论上。描绘乔·奥罗斯团队的成果是一件非常简单的事情：这款车流出生产线的势头也正像奔腾的野马一样。福特部的黏土模型和后来所生产的无数辆野马汽车的唯一明显区别在于前灯。即使是在今天，原模型如此原封不动地转变为最终产品对汽车行业和任何消费品来说几乎是闻所未闻的。

在看到新车设计方案之后，福特的高层管理者们都被它深深吸引了。最终，乔·奥罗斯团队胜出。

1962年底，新车终于定型了。它是独特的，而且一切都是从年轻人的角度出发：白色车身，红色车轮，长长的引擎盖，短短的货仓，后保险杠构成一个小小的后尾，既漂亮又神气，酷似美国的赛车迷们崇尚的欧洲赛车。外形毫不矫揉造作，但从骨子里散发着一种野性，一切以实用为主，是野马的一个突出特点。它可以一车多用，不单是跑车，星期五晚上可以挂上一个车厢去乡村俱乐部度假，星期天又可驱动它去教堂做礼拜。它的价格相当便宜，仅需2368美元，它的座位又可容纳一个四口之家，非常符合年轻夫妇家庭的口味。看到自己梦想中的新车终于问世，李·艾柯卡兴奋不已。

不过，作为现代市场调查的鼻祖，福特汽车公司不会完全相信自己人的直觉。他们请一些预期顾客检验野马原型，执行官们也对这些顾客提出了一些问题，比如：还有哪一家汽车公司会造出这样的汽车？你认为这样的汽车值多少钱？它有没有你不喜欢的地方？你会买它吗？你会用它来干什么？等等。显然，调查结果令人满意。

为了给这款新车取一个令人惊艳的名字，李·艾柯卡可谓费尽心思。他让广告部拟定了6000个候选车名。最开始大家都倾向于将新车命名为"都灵"，这个词具有很浓的欧洲味道。后来公司又考虑了很多动物的名称，比如美洲豹、美洲狮、猎豹等。"野马"这个名字也在其中，这个名字曾经被用在二战中富有传奇色彩的美国空军P-51战斗机上，所以很多人并不青睐这个名字。但李·艾柯卡却非常喜欢这个令人遐想的名字。在广阔原野上驰骋奔腾的野马，不正符合美国年青一代追求的自由、奔放的形象吗？不正能激发埋藏在人们心中的那种野性吗？最终，他选定了"野马"这个名字，紧接着，一幅画着飞奔的马的福特野马标识也应运而生。

在汽车行业，李·艾柯卡一直有"野马之父"的美称，他最突出的贡献就是说服福特汽车公司的管理层生产这款新车。李·艾柯卡不愧为营销高手，他拥有让别人接受自己想法的能力，在公司仍沉浸于"埃德塞尔"失败的氛围中时，他成功说服公司开始尝试另一种大胆的新车。

实际上，真正令福特汽车公司那些高层管理者们惊讶的，是李·艾柯卡分割"野马"个性的计划。"野马"在合理的2368美元基本价位上竟然有超过八十个的可选项，包括四种不同引擎和七种变速器，等等。李·艾柯卡让人们看到了一匹"百变野马"。消费者可以根据自己的喜好来改变"野马"的风格。"野马"既可以变得像"猎鹰"一样实惠，也可以像"雷鸟"一样豪华，强劲的动力还可以让它在赛道上尽情驰骋。

第十章　巅峰后的危机（1960—1970年）

从此，"野马"开始了它的辉煌历史。

"野马"狂潮

1964年4月，世界博览会在纽约正式开幕，借此机会，福特汽车公司正式推出"野马"汽车。整个博览会成了"野马"的表演舞台，演讲、典礼和福特奇迹圆形大厅中的气派展示掀起了阵阵高潮。著名纽约珠宝商蒂芙尼公司的董事长亲自为亨利二世和福特汽车公司的野马汽车颁发了蒂芙尼金牌奖以表彰"野马"在"美国设计领域的卓越"贡献，这是这项荣誉第一次授予一辆汽车。

这款车受欢迎的程度，远远超过了李·艾柯卡和他的同事们所做的最乐观的估计。自从它上市后，美国汽车市场就刮起了一阵"野马狂潮"，这股热潮一直持续到20世纪70年代中期。

福特汽车公司对"野马"的宣传力度也是空前的，1964年4月16日晚上9点30分，"野马"的一系列宣传广告在美国三大电视台同时亮相。根据美国尼尔森收视率调查数据显示，当天晚上大约有2900万美国人第一次看到了福特"野马"。与此同时，几百家报刊在显著的位置刊登了"野马"的照片和介绍文章，就连一些报纸的新闻版和女性版都展示了"野马"的风采。事实证明，这次宣传非常成功。在广告播出后第一周内，美国就有400万人前往福特展示厅观赏了这款新车。

在"野马"推向市场的第三天，《时代》和《新闻周刊》还以野马汽车和李·艾柯卡为主题排出封面故事。《时代》评论说："艾柯卡不只是创造了一款新车那么简单。野马有长引擎罩、短后尾、'法拉利'的本领和张嘴进气口，很像美国跑车迷们向往已久的欧洲赛车。野马的设计是如此灵活，价格是如此合理，选择项又是如此丰富，以至于它吸引了2/3的美国汽车买家。定价只有2368美元并且能够凭4个座位容纳一个小家庭的野马对大众和汽车迷们来说似乎是跑车中的'A型车'。"这个评论让李·艾柯卡感到自豪极了，他说："我自己对野马的评价也不会比这更好了！"

一时间，"野马"风靡了整个美国。上市第一周内，福特汽车公司就收到了两万多份订单。一个月内，福特汽车公司就卖出了7万辆"野马"，这个数字比"雷鸟"前三年的总销量还要高。不到9个月的时间，"野马"的销售量就达到了25万辆，这让所有的福特员工都既震惊又欣喜。各地的福特经销商更是兴奋不已，底特律的一名经销商说他的停车场看起来就像是汽车拉力赛的赛场，芝加哥的一名经销商则表示太多参观者都想到野马车上坐一坐，以至于他不得不将车门锁上。

对于消费者的抢购狂潮，一向习惯于未雨绸缪的李·艾柯卡早就已经做好了准备，他将"野马"的初始产量定在36万辆。要知道，在当时能做出如此大胆决定的生产者没有几个。很多人都对李·艾柯卡的胆量和自信表示钦佩，但在另外一些人眼里，李·艾柯卡是在赌博。对此，李·艾柯卡给出的回应是："当你看到某一年卖了10万辆汽车才想到如果自己生产20万辆也能卖出去，这对事实根本一点作用都不起，因为你已经错过了良机。"李·艾柯卡抓住了这个良机。为了满足市场的需求，除了荣格河工厂和加利福尼亚的工厂生产"野马"外，新泽西的工厂也加入了这个队伍，转成了"野马"组装厂。

"野马"在上市第一年就创造了41.9万辆的销售成绩，创下了全美汽车制造业的最高纪录。

1965年4月17日，福特汽车公司热烈庆祝了这次胜利。当天晚上，在福

第十章　巅峰后的危机（1960—1970年）

特汽车公司的办公大楼里，很多房间都亮起了灯，这些灯光组成了一组特殊的数字。站在外面的广场上，人们可以清晰地看到那些亮光的窗户所组成的"418812"字样。所有人都知道这是值得福特骄傲的"野马"在第一年中的销量。

在这之后的几年里，"野马"一直保持着良好的销售量，"野马"二字也成了发财致富的象征，各行各业争先恐后地抢用"野马"的标志，有一家纽约的小餐馆曾经打出这样一条标语："我们的烤饼卖得像'野马'一样好！"。"野马"车推出不到一年，就出现了几百家"野马"俱乐部，还有"野马"太阳镜、"野马"钥匙链、"野马"帽及"野马"玩具等。

更令人惊叹的是，福特汽车公司给20世纪60年代中期的年轻人打上了一个生动的标签："野马一代"。《华尔街日报》最先在一篇文章的标题中使用了这个词，这篇文章报道的是针对婴儿潮一代的广告宣传。在美国彻底陷入越南战争而且反传统文化侵蚀年轻人之前，"野马"代表着婴儿潮一代带给美国市场的东西：自由、无拘无束，特立独行。

抢占小型车市场

20世纪60年代，美国汽车市场的竞争已经到了白热化的程度，福特汽车公司面对的不只是通用汽车公司这个宿敌，更要与进口车比拼。为了在这场不见硝烟的战争中取胜，美国各家汽车生产厂商纷纷推出了新车。福特的"猎鹰"、雪佛兰的"考威尔"和普利茅斯的"勇敢者"以及后来的"野马"曾一度让国外汽车严重受挫。然而，到了20世纪60年代的中后期，进口汽车又呈现出了一番新气象，尤其是日本车大量流入美国市场，不过，在进口车之中，最受消费者欢迎的莫过于德国大众的"甲壳虫"。

"甲壳虫"是德国大众旗下的一款经典车型，它的历史堪称传奇。第二次世界大战之前，在希特勒的竞选纲领中有一条是"让每个德国家庭都拥有一辆汽车"，为了实现这个纲领，希特勒要求德国汽车协会开发小型汽车，并指定这个协会代表德国政府与保时捷公司签订协议，由保时捷公司设计试制大众车。1934年1月17日，保时捷公司提供了详细的计划书，对这个计划书，希特勒并不满意。根据他的要求，这款车需要提供两个成年人和三个儿童的乘坐空间，最高时速达到100公里，以满足高速公路行驶需求，平均油耗不高于百公里7升，售价要控制在1000马克之下。他还大笔一挥，手绘了一张车型侧面的轮廓图。1934年6月22日，保时捷与德国汽车工业协会签署了制造大众汽车原型车的合同。合同规定保时捷需在10个月内完成原型车的制造，但因为研发进度延误，一直到1938年4月，保时捷公司才制造出了"甲壳虫"的模型，并受到了广泛的好评。但好景不长，很快，战争爆发，"甲壳虫"一度成了德国军队的作战指挥车。当苏联军队攻克柏林，纳粹德国走向穷途末路时，大众汽车也陷入了一片混乱之中。1945年，英国皇家机电工程部队的赫斯特少校接管了甲壳虫这个烂摊子。因为厂里的大部分设备仍然完好无损，因此赫斯特少校决定继续生产样车。凭借英国军方的订单，"甲壳虫"重获新生。

到了20世纪60年代，"甲壳虫"进入美国市场，受到了年轻且受过良好教育的人群的追捧。这种车没有炫目的车身设计和强劲的马力，它似乎只能满足交通的基本需要，但这对于那些需求不高的人来说已经足够了。这种小型车不但比美国汽车便宜，在拥挤的高速公路上也不会占据太大空间，而且对环境的污染也不像大型美国汽车那样严重。因此，以"甲壳虫"为首的外国小型汽车在美国市场上的销售量越来越高，美国汽车制造商们又开始变得

第十章 巅峰后的危机（1960—1970年）

紧张起来。

李·艾柯卡早就发现了进口车对福特汽车市场份额的蚕食，1969年，在他的主导下，福特汽车公司推出了一款叫作"小牛"的小型汽车，希望以此来占据小型汽车市场。"你试图理解市场，"李·艾柯卡说，"而你能听到的所有话就是你们这些迟疑不决的傻瓜，你们这些底特律人，怎么用了这么长时间才明白进口车会实现百万销量？现在，市场清清楚楚地摆在那里，你知道市场在说什么：给我标价2000美元的好货，能做到吗？"李·艾柯卡能做到，他用事实证明了自己对市场的敏感度。"小牛"双人汽车就是只有2000美元的"好货"。

1969年4月17日，"小牛"正式上市。为了尽可能降低设备成本，福特汽车把"小牛"设计成了其他车型的混合物，应用了"野马"、"费尔莱恩"和"猎鹰"的主要部件。在外形上，"小牛"比"甲壳虫"略长、略宽一点，但更有锐气，因为它同1969—1970年度福特的其他产品一样采用了斜背式设计。在反传统的和平与爱情时期，为了让小牛时髦一些，李·艾柯卡特别使用了格子花呢车内装饰，并采用了很多罕见的色彩来进行外部喷漆，吸引大众的眼球，就连颜色的名字都显得极为特别和另类，如感谢朱红、呼啦蓝、弗洛伊德镀金、原始黄棕，等等。

作为最早的"进口车杀手"，"小牛"成了小型汽车市场的一头斗牛，虽然没有完全消灭进口车，但是确实对进口车的销量造成了极大的影响。

在小型汽车市场上试水大获成功后，福特汽车公司又于1970年9月11日推出了比"小牛"更小的"花马"。这款真正的"迷你车"，刚一推出就受到了很多年轻人的喜爱，第一年的销量超过了35万辆，为福特汽车公司创造了新的佳绩。

凭借"小牛"和"花马"，福特汽车公司在1970—1971年度卖出了53万辆小型汽车，占领了18%的小型汽车市场。对此，亨利·福特二世非常满意，他曾经表示如果没有"花马"的话，每10个"花马"的买主中就会有4个去购买进口汽车。

1970年12月10日，功勋卓著的李·艾柯卡终于如愿以偿地登上福特汽车公司总裁的宝座，成了地位仅次于亨利·福特二世的第二号人物。这一天他已经盼望了很久，后来他说："当亨利来到我办公室把他的想法告诉我的时候，我觉得，这是我一生中收到的最好的圣诞礼物了。"

刚一上任，李·艾柯卡就开始对福特汽车公司进行大刀阔斧的改革，他提出"降低费用"和"消灭亏损部门"两个计划，先后撤销了将近二十个亏损部门，极大地缩减了管理成本。在这个过程中，李·艾柯卡逐渐建立了个人权威，管理层中的每个人都对他保持着绝对的忠诚，他在福特汽车公司的声望甚至一度超过了亨利·福特二世。

危机四伏

当福特汽车公司忙于在小型车市场抢占份额时，美国的汽车工业却陷入了一种尴尬的境地中。20世纪70年代早期，有人曾经做过一次民意测验，测验的结果显示，有70%的美国人认为环境污染是最紧迫的国内和国际问题，而造成环境污染的始作俑者则是汽车工业。风光无限的汽车城底特律，成了舆论关注的焦点，而福特汽车公司更是成了众矢之的。

为了避免在这场危机中受创，福特汽车公司做了很多努力，尽管如此，加利福尼亚州政府仍然要求它到1966年时要在所有新车上都安装排放控制装置，以降低铅化合物、一氧化碳和氮氧化物的排放量，减少空气污染。随着

第十章 巅峰后的危机（1960—1970年）

环境问题越来越受到重视，美国排放量标准很快也出台了。1970年，尼克松政府通过了《空气清洁法案》的更改，虽然福特汽车公司强烈反对国家对汽车制造业的干涉，却也无济于事。

一波未平，一波又起。环境危机还未平息，1973年，福特汽车公司又陷入了一场空前严重的"能源危机"中。不只是福特汽车公司，美国其他所有的汽车生产厂商在这场危机中也都未能幸免于难。

20世纪70年代以后，以美国为首的西方发达国家对石油的需求大幅度增长。作为当时最大的石油输入国，美国的石油价格是每桶3.01美元，生产石油的发展中国家希望提高油价，但西方石油公司却不肯让步。双方的矛盾越来越尖锐，一时间，山雨欲来风满楼。

1973年10月，第四次中东战争爆发，阿拉伯国家纷纷要求支持以色列的西方国家改变对以色列的庇护态度，并决定利用石油武器来与西方国家抗衡。10月16日，石油输出国组织决定提高石油价格，第二天，中东阿拉伯产油国决定减少石油生产，并对西方发达资本主义国家实行石油禁运。当时，美国、西欧和日本的石油有很大一部分来自中东。石油提价和禁运使西方等资本主义国家经济受到了极大的影响。

到1973年底，石油价格达到了每桶11.651美元，比之前提价3—4倍。石油提价大大加大了西方大国国际收支赤字，最终引发了1973—1975年的战后资本主义世界最大的一次经济危机。在这场危机中，美国的汽车制造业受到了极大的冲击。

一时间，美国人的生活陷入了一片混乱之中。曾经车水马龙的公路变得空空荡荡，加油站里也人烟稀少。就连福特汽车公司也不得不建议员工们不要开私家车上班，而改乘公共汽车。

这样一来，大型汽车彻底失去了市场，汽车生产厂商和经销商的仓库里堆满了卖不出去的大型汽车。人们的目光开始转向小型汽车，不过，虽然福特汽车公司有"小牛""花马"等小型汽车,在这场危机中,它还是遭受了巨大损失。

能源危机使美国汽车工业元气大伤。尽管1974年3月石油输出国组织取消了石油禁运,汽油的供应也恢复正常,但是陷入低谷的美国汽车工业始终未能得到复苏。1975年亨利·福特二世表示,他已经不再考虑1975年的车型了。

厄运并没有到此结束,紧接着,政府管制又给亨利·福特二世带来了新的难题。汽车产业的高速发展为美国社会带来了各种问题,为了加强这方面的管制,美国联邦政府在1965年成立了国家高速公路交通安全管理局。这个机构是由消费激进主义者拉尔夫·纳德发起的,是汽车安全运动的直接产物。拉尔夫·纳德没有上过大学,但却不失睿智,他曾经讽刺通用汽车公司"是一个渴望杀戮的大牌猎手"。虽然有人说拉尔夫·纳德的行为有些过于哗众取宠,但不可否认的是,他代表了广大消费者的心声,是人们急需的消费者权益的代言人。多年来,纳德和国家高速公路交通安全管理局对汽车制造商所施加的压力的确大大降低了交通伤亡率。国家高速公路交通安全管理局最大的力量在于呼唤人们关注那些有缺陷的汽车,并且强制汽车制造商召回有问题的汽车。

20世纪70年代,汽车生产厂商召回问题汽车成为非常普遍的一种现象。当然,对福特汽车公司以及其他的汽车生产厂商来说,强制召回政策非常糟糕,因为一旦召回某款汽车,公司的声誉和形象就会受到负面影响。可是这种强制召回政策也充分说明了一个问题,就是当时的汽车质量确实存在很多问题。1977年,一共有1290万辆汽车因为各种原因被召回。如果这些有问题的汽车没有及时被召回,很有可能就将出现1290万起事故。因此,美国政府对安全管制的力度越来越大。

危机使福特汽车公司茫然,昔日的汽车霸主不得不面对现实、不得不接

第十章 巅峰后的危机（1960—1970年）

受进口车的激烈竞争挑战。过去，它和通用、克莱斯勒等汽车生产厂商几乎算得上全世界最不在乎美国汽车消费者感受的公司，但如今，生产何种汽车和如何生产它们已经不完全取决于公司决策者了。对福特汽车公司而言，前路艰险，这些危机只是开始而已。

"花马"风波

自从福特汽车公司推出"花马"以来，销量不断提升，亨利·福特二世和李·艾柯卡都为之兴奋，但与此同时，一场关乎生死存亡的危机正向他们袭来——因"花马"质量问题而导致的交通事故也越来越多，"花马"存在着严重的质量危机。

1972年5月，一位女士驾驶着"花马"行驶在加利福尼亚的圣伯纳迪诺高速公路上，她的汽车不幸被追尾并燃起大火。这位女士最终死在了这场大火中，而车上的另一个人理查德·格里姆肖虽然活了下来，但90%的皮肤被烧伤。

为了向福特汽车公司索赔，理查德·格里姆肖聘请了一位叫作马克·罗宾逊的律师。这位尽职尽责的律师开始对"花马"的设计进行研究，他发现，"花马"存在着一个严重的设计缺陷——它的油箱装在了后轴的后面，这种设计导致油箱很容易被撞到，并且撞击之后，油箱很容易被差速螺栓和附近的尖头物体刺穿。保护油箱的一般就是车身的金属板和小小的保险杠，尖头物体可以轻易地穿过金属板直插进油箱。除此之外，油箱注油管的位置也设计得非常不合理，如果发生撞击，注油管很容易折断。如果汽油在事故中泄漏，那么起火几乎是不可避免的。也正因为如此，在1972年5月的那次事故中，一个简单的追尾到最后竟然演变成一场大灾难。

其实，对于这些设计缺陷，福特汽车公司并非一无所知。在"花马"刚刚推向市场时，福特汽车公司产品开发技术办公室的一份《最终测试报告》上就提示，"花马"在25公里时速下发生追尾碰撞很容易起火。在后来的一些测试中，他们发现，"花马"以稍微慢一些的速度倒撞一些障碍物也会发生汽油泄漏。为了提高"花马"油箱的安全性，福特的工程师们提出了很多设计更改方案，但却统统没有通过高层管理者们的审核。在当时，无论是亨利·福特二世还是李·艾柯卡，对"花马"的安全问题都没有太多关注，在他们看来，成本是最重要的。

1971年4月，在福特汽车公司一次专门讨论安全规划的产品研究会议上，"花马"的油箱安全问题再次被提及。经过讨论，这个问题终于有了解决方案，即"花马油箱既可以采用外部保护方法——聚乙烯外壳，也可以采用内部保护方法——橡胶球胆"。

然而，尽管制定了解决方案，遗憾的是，这个方案却迟迟没有得到实施。一直到1976年，福特汽车公司才真正采取措施，只是因为过几年执行这个方案可以节省2000万美元的设计成本。而另一个为了防止"花马"在剧烈翻滚中漏油的设计方案也被推迟到了1976年再采用，原因同样是为了节省设计成本。

更令人震惊的是，在尚未解决"花马"油箱问题时，福特汽车公司就把同样的油箱设计用在了1975年推出的"水星山猫"上。从1969年年底"花马"推向市场到1976年福特汽车公司最终做出安全设计变化，这期间一共有150万辆"花马"奔驰在美国的道路上。据保守估计，花马设计缺陷共导致500人死亡。1978年的实际统计死亡人数是59人。但是致死原因比死亡人数更重要。

第十章 巅峰后的危机（1960—1970年）

如果说有人应该为"花马"安全事故负责，那么这个人无疑是李·艾柯卡。"花马"的诞生是李·艾柯卡一手促成的，不过，作为主要负责人，李·艾柯卡注重的不是安全性，而是样式。李·艾柯卡事先锁定了"花马"的外观，然后让设计队伍在这个框架之内工作。在开发"花马"时，机械师们提出了两种安置油箱的方案。一种是将油箱装在后轴上方，不过这会减小行李箱的空间；另一种是将前引擎罩缩短两寸，将汽车后部加长两寸，为合理放置油箱创造条件。然而，这两种合理的设计方案都没有得到采纳。因为在福特汽车公司，通常的工作流程是样式设计部门设计出样式，然后机械师们去执行。没有一个机械师敢找李·艾柯卡讨论"花马"的设计缺陷，除非这个人已经打定主意要卷包袱走人了。

1978年2月，在法庭上，加利福尼亚陪审团判决福特汽车公司应该对理查德·格里姆肖进行赔偿，数额为1.28亿美元，这个数字算得上天文数字。显然，这个判决带有明显的惩罚性，这是对福特忽视产品改进和顾客安全的一种惩罚。

福特汽车公司当然不愿意缴纳如此巨额的赔偿，这意味着他们忽视产品改进而省下的那些钱全都打了水漂，因此，福特的律师们马上提起了上诉。不过，经过再次审判，加利福尼亚州法庭决定维持原判，只是把赔偿数额从1.28亿美元降低到了660万美元。即便如此，对福特汽车公司来说，还是得不偿失，因为它最大的损失并非金钱，而是多年积攒的声誉。

与此同时，美国高速公路交通安全管理局也对此事展开了调查。在它所测试的十辆"花马"中，有两辆在时速35公里的后部撞击下发生了爆炸，其余八辆也出现严重漏油——有的是油箱漏油，有的是注油管漏油。而同样接受测试的同类车型雪佛兰维加则没有一辆有明显的漏油现象。美国高速公路交通安全管理局原本计划于1978年6月14日举行公开听证会，公布这次调查结果，但福特汽车公司最终做出了让步，不情愿地宣布召回190万辆1971—1976

年生产的"花马"和1975—1976年生产的"水星山猫"。

然而,这样的补救措施并不能令公众满意。就在福特发布召回通知两天后,CBS(哥伦比亚广播公司)的电视节目《60分钟》做了一期关于"花马"油箱安全性的报道,对福特汽车公司对待消费者漠不关心的做法大加挞伐。从那之后,"花马"成了一个全国性的丑闻,销量也一跌再跌。

悲剧并没有到此结束。两个月之后,又一起由"花马"引发的交通事故引起了人们的关注。1978年8月10日,印第安纳州的三个女孩开着"花马"外出,一辆货车从后面疾驰而来,撞上了她们的小汽车。发生碰撞后,"花马"立刻起了大火。三个年轻美好的生命陨落在了汽车燃起的熊熊大火中。

这起令人悲痛的交通事故激怒了埃克哈特县检察官。他了解了"花马"的有关情况,把案子提交给了大陪审团,大陪审团随即以福特汽车公司误杀三个女孩为由将其起诉。在这之前,还从来没有发生过一家企业被控谋杀的事情,亨利·福特二世怎么也没想到,自己的公司竟然开创了这令人懊恼的第一次。

亨利·福特二世当然不会束手待毙,作为福特家族的领导者,他是不会眼睁睁地看着福特的名声毁在自己手里的。他亲自挑选了辩护律师,并提供了数百万美元的诉讼资金。光是担任第一辩护律师的扎姆斯·尼尔的酬金就是100万美元,另外有10名来自芝加哥的著名律师担任他的助手。

亨利·福特二世的诉讼资金没有白花。在整个审判过程中,经验老到的律师团队控制着大局,诱导法官接受他们的言辞。最终,他们成功地让检控方的大多数证据被否定,甚至让几个关键证人的证词也失效了。最终,尽管陪审团成员认定"花马"是"一种草率设计的汽车",但法庭证据还不足以证明被告有罪。福特汽车公司侥幸地逃过了这场劫难。

尽管赢了诉讼,但福特汽车公司却失去了人心。在公众眼中,"福特"已经与危险、漠视消费者的生命等词语联系在一起。

第十一章
重新崛起
（1970—1998年）

李·艾柯卡时代终结

在20世纪60年代末、70年代初,福特汽车公司的高管层里一直弥漫着一种紧张的氛围,这一切都要拜亨利·福特二世所赐。他在福特汽车公司掌权的时间越长,在选用和解雇最高级助手的时候就变得越反复无常。他时常会因为一些令人难以置信的理由赶走福特的高层管理者,比如甚至仅仅因为不喜欢对方衣服的款式而随意解雇人。

"伴君如伴虎",这句话正是对亨利·福特二世的最佳写照。他曾经对李·艾柯卡说:"要让你手下的人随时都感到焦虑和不安。"李·艾柯卡当时点了点头,但他没想到的是,很快,那个感到焦虑和不安的人,就成了自己。

在福特汽车公司,无论一个人多么有才能、多么聪明能干、创造了多么辉煌的业绩,只要他令亨利·福特二世不舒服,那么距离他离开福特的日子就不远了。

亨利·福特二世和李·艾柯卡曾经合作无间,然而,到20世纪70年代初期,他们在很多问题上都产生了分歧,时常发生冲突。"花马"事件爆发后,亨利·福特二世意识到,虽然李·艾柯卡重视成本、利润和资金的管理方式使福特在短期内销售量大增,但从长远来看,却使福特的声誉受到影响。因此,他开始不再信任李·艾柯卡。

与此同时,李·艾柯卡接连创造的销售神话,也使他在福特汽车公司高

第十一章 重新崛起（1970—1998年）

层管理者们心中的地位日益提高，并越来越受到董事会成员的赏识。而这，恰恰是亨利·福特二世无法容忍的。福特汽车公司自创办以来，一直由福特家族把持大权，再加上哈利·贝内特的前车之鉴，亨利·福特二世是绝不能允许"将强于帅""功高盖主"的事情再次发生的，因此，对李·艾柯卡在福特汽车公司声望的不断提高，亨利·福特认为这是对自己权力和地位的莫大威胁。

1975年发生的一件事情更加剧了亨利·福特二世的担忧。这一年，他患了一种严重的心脏疾病——心绞痛。对这种病，亨利·福特二世并不陌生，因为他的弟弟本森·福特就是死于心脏病发作。被病痛缠绕的亨利·福特二世感到自己时日无多，担心自己死后大权会落在外人手里，于是，他亲自安排了"除掉"李·艾柯卡的计划。

因为李·艾柯卡为福特汽车公司做出的巨大贡献有目共睹，亨利·福特二世不便明目张胆地赶他走，于是就暗地玩弄权术，对李·艾柯卡进行羞辱，企图迫使他自动离职。

1975年，亨利·福特二世曾动用公司200万美元的资金，对李·艾柯卡的个人生活、业务活动以及社会交往情况进行调查，希望从中找出攻击他的破绽，却没有发现任何有价值的信息。一无所获的亨利·福特二世只能以莫须有的罪名把李·艾柯卡在福特汽车公司的支持者们一个个解雇掉，使他陷入孤立无援的境地中。

1977年，亨利·福特二世夺走了李·艾柯卡的权力。这一年4月18日，亨利·福特二世在新闻发布会上宣布将要对福特汽车公司的管理结构做出重大调整。随后不久，福特成立了一个"首席执行官办公室"，亨利·福特二世、李·艾柯卡和被任命为副董事长的菲利普·考德威尔共同坐镇这个办公室，但亨利·福特二世"有特别投票权"。几个月后，他采取了进一步的措施，宣布李·艾柯卡将向菲利普·考德威尔报告，而不再向亨利·福特二世报告，这意味着李·艾柯卡在公司的地位从第二位下降到了第三位。从那之后，即使李·艾柯卡要用一下他很喜欢的公司飞机，也必须要先得到菲利普·考德威尔的许可。

亨利·福特二世的这些举动使得李·艾柯卡元气大伤，同时也伤心不已。在与亨利·福特二世之间的战争过去多年之后，李·艾柯卡曾经说："我努力记起1960年刚开始时那几年，当时我们是非常要好的朋友，我们一起去打猎，一起去参加聚会，还一起在欧洲狂欢。所以，我努力记住那16年美好的时光，而不是1977年和1978年那段黑暗的记忆。"

在一系列紧锣密鼓的"清洗"行动后，图穷匕见的时刻终于到了。1978年7月13日下午，亨利·福特二世把李·艾柯卡叫到自己的办公室，通知他已经被免去了福特汽车公司总裁的职务，从今以后不要再去总裁办公室办公了。

尽管李·艾柯卡对这一天早有预料，但当这一时刻终于到来时，还是无法按捺住心中的怒火，他要求亨利·福特二世给自己一个解释，亨利·福特二世傲慢地说："只是因为我不喜欢你。"

愤怒至极的李·艾柯卡慷慨陈词，列举自己担任公司总裁以来所做出的各项成就，然后提高嗓门对亨利·福特二世说："你会为你今天的决定后悔的，过去的两年我为公司赚取了35亿多美元的利润，而你以后也许再也见不到18亿美元的年利润了，因为你只会花钱而不懂赚钱！"

这突如其来的打击，对李·艾柯卡来说无异于从珠穆朗玛峰坠入万丈深渊，几乎置他于死地。他愤怒、彷徨、苦闷，甚至想到自杀。但他最终没有向命运屈服。

李·艾柯卡被福特汽车公司解雇的消息在整个美国引起了轰动。很多大公司久仰李·艾柯卡的大名与才干，纷纷找上门来，争相聘请他，其中包括财大气粗的国际造纸公司、洛克希德飞机公司、无线电收发装置公司等，聘用条件相当优厚。有些大学还邀请他出任学院院长。但都被他一一婉言谢绝，因为对他来说，自己一生中唯一感兴趣的只有汽车工业。最终，李·艾柯卡在朋友的介绍下与克莱斯勒汽车公司董事长约翰·李嘉图会面，并接替他成为克莱斯勒公司的总裁。后来，在他的带领下，原本濒临破产的克莱斯勒公司奇迹般地走出谷底，重新走上巅峰。

对福特汽车公司而言，李·艾柯卡时代彻底终结了。在亨利·福特二世看来，他是在帮助公司除掉另一个哈利·贝内特。后来，有人曾经请亨利·福特二世回忆一下自己1945年以来的这个强硬的对手，他说："哈利·贝内特是我一生中见过的最肮脏、最卑鄙的人，只有一个人除外。"显然，这个人指的是李·艾柯卡。

寻找接班人

1977年，亨利·福特二世的身体状况继续恶化，他知道自己无力再为福特汽车公司的事情操劳，现在已经到了将管理大权交给下一任领导者的时候，于是，他开始物色自己的接班人。

事实上，自从亨利·福特二世患病以来，谁将会成为下一代福特接班人的问题引起了很多人的关注。人们普遍认为，这个新的接班人肯定是福特家族中的一员。这也是亨利·福特二世最初的考虑，不过，要在福特家族中找到一个合适的人选来接替他并非易事。

亨利·福特二世的弟弟威廉·福特似乎是最合适的人选。他比亨利·福特二世小8岁，正合适做一个过渡人物，可以让福特的下一代有更充足的时间来学习如何管理福特汽车公司。在亨利·福特二世看来，从未经过历练的福特下一代还是太稚嫩了。他的儿子埃德塞尔·福特二世只有28岁，正担任福特汽车公司驻澳大利亚的领导者，而威廉·福特的儿子也暂时不具备领导一家大型企业的能力。

他们的母亲埃莉诺也赞成由威廉·福特来接班，但威廉·福特自己却无意于这一职位。自从他主导的林肯大陆车惨遭失败以后，他就不再参与福特汽车公司的事务管理。失败曾经令他一蹶不振，但没过多久，他就重新振奋起来，通过其他方式实现自己的价值。他以600万美元买下了当时的雄狮网球队，并将其从底特律城迁到了庞蒂亚克。后来，这支球队市值6.35亿美元，每年能够创造50万～700万美元的利润。在体育事业上获得的成就，极大地弥补了威廉·福特在企业经营管理上的遗憾。在他看来，与球队的队员们打交道，比和那些经理们一起开会要愉快得多。

还有人认为埃德塞尔·福特二世将会成为福特的继承者，因为福特汽车公司本来就是一个家族企业，交给亨利·福特二世的儿子似乎理所当然，就连李·艾柯卡在职的时候也认为亨利·福特二世会这么做。不过，亨利·福特二世并不像其他人所想的那样。他似乎从来没有刻意把埃德塞尔·福特二世培养成继承人的想法。他与儿子的关系也并不亲密，他们之间的话题一直局限于埃德塞尔·福特二世是不是应该减肥或者他的成就怎么一直这么糟糕，很少涉及福特汽车公司。

埃德塞尔·福特二世的性格与亨利·福特二世大相径庭，他没有父亲那种杀伐决断的魄力，也从来没有展示出比他人突出的能力。他在大学毕业后就进入了福特汽车公司，先是在总部担任产品设计师，后来到加州公司的销售部门锻炼，1976年被派往澳大利亚分公司担任副总经理。埃德塞尔·福特二世似乎一直都处在远离福特权力中心的位置。

在甄选接班人的过程中发生的一件事改变了亨利·福特二世的想法。

第十一章　重新崛起（1970—1998年）

1978年本森·福特去世后不久，他的儿子小本森·福特因为对父亲遗嘱的不满，就勾结外人想通过诋毁自己的父亲、污蔑自己的家族来寻求法庭撤销本森·福特的遗嘱。整个福特家族都将其视为耻辱，就连小本森·福特的母亲伊迪也马上宣布与其断绝母子关系。对于后代和晚辈们的唯利是图，亨利·福特二世感到痛心不已。

经过深思熟虑，一个有些离经叛道的想法在亨利·福特二世的脑海中浮现出来。出于对福特汽车公司未来发展的考虑，他决定结束这种世袭式的权力交接。1979年5月11日，在福特家族历史上是一个具有深远意义的日子。这一天，福特汽车公司召开了股东大会，在会上，亨利·福特二世向全体股东和家族所有的人郑重宣布：虽然福特家族掌握拥有投票权的公司B种股票（亨利·福特把股票分成A和B两种，即所谓的双层股权体系，B股只有福特家族才能持有。只要福特家族持有的B股大于6070万股，该家族在公司的投票权就是40%；其余股东不管持有多少股份，只能有60%的投票权），但是这绝对不是最高地位的护身符，也不是进入公司董事会的通行证。"如果家族中任何人想要牟取公司的最高职位，他只能通过建立功勋来争取并由公司董事会决定，福特公司不需要皇太子！"

亨利·福特二世的这番话意味着，福特公司的接班人有可能会是福特家族之外的人。在场的所有人都震惊了。从公司成立以来，福特家族一直掌握着福特汽车公司的大权，它们早就成了一个不可分割的整体，如今，亨利·福特二世竟然打算由一个不姓"福特"的人来继承他的事业，怎能不令人惊讶？

实际上，此时的亨利·福特二世心中已经有了一个人选，他就是1978年接替李·艾柯卡担任福特汽车公司总裁的菲利普·考德威尔。

菲利普·考德威尔出生于美国俄亥俄州，曾就读于哈佛大学商业学院，从1953年加入福特汽车公司，到为福特效力的二十多年来，他一直尽职尽责地做着自己的本职工作。不管遇到什么问题，菲利普·考德威尔都会对其进行认真仔细的分析，然后做出他认为最正确的抉择。他是一个很有才干的人，但却非常低调，从不张扬。他自律、谨慎，考虑问题非常周全。菲利普·考德威尔在早期曾经参与了"野马"的设计，后来担任福特汽车公司欧洲分部的主管。1972年被提升为福特国际部的领导人，他在任期间使得国际部成为公司最基本的利润来源。1978年，一直默默苦干的他被亨利·福特二世邀请进了经理办公室，走进了福特汽车公司的权力中心。

1980年3月，亨利·福特二世正式辞去了董事长和首席执行官的职务，将公司大权交给了菲利普·考德威尔，这是福特汽车公司首个非家族接班人。不过，尽管福特汽车公司由外人担任管理者，得益于后来被广泛使用的双层股权体系，福特家族还是对公司拥有绝对的控制权。

退休后的亨利·福特二世一直病痛缠身，1987年9月29日，像他的弟弟本森·福特一样，突如其来的心脏病夺去了他的生命。他的去世，标志着福特家族失去了最后一个权威人物。

菲利普·考德威尔的复兴

当菲利普·考德威尔在1980年被任命为首席执行官时，他面对的是一个泥足深陷的福特汽车公司。

20世纪80年代初的福特汽车公司被重重问题包围着。首先是资金链紧张、财政拮据，当时的福特汽车公司正以一种不可思议的速度亏损着，1980年，亏损额已经达到了14亿美元。但这并非福特汽车公司面临的最严重的问题，汽车质量问题更加棘手。在1980年之前的至少十年中，福特汽车公司一直重利润、重成本，却忽视了消费者最为重视的质量。结果，它受到了严重的惩罚，"花马"事件后，消费者对福特汽车公司的信任度几乎下降为零。

带领福特汽车公司重新站起来的重任，结结实实地落在了菲利普·考德威尔的肩膀上。

为了熬过财政短缺的难关，积攒资金开发新车型，菲利普·考德威尔开始大幅压缩成本。为此，他多管齐下——解雇了大量员工，关闭了很多工厂，尽可能节约日常管理开支，同时要求供应商把价格全面降低1.5%，短短两年之内，他就把公司运营成本压缩了40亿美元。

与此同时，在菲利普·考德威尔之后担任福特汽车公司总裁的唐纳德·彼得森则启动了新车型的研发工作。这一次，福特汽车公司打算推出的汽车看起来似乎不像福特汽车以前的风格，它没有棱角，边角浑圆，线条平滑柔和。不过，在菲利普·考德威尔的复兴大业中，新一代汽车的外观已经不再是首要考虑的事情，技术先进、做工优良、可靠耐用同样重要——因为日本和德国产的汽车就是这样。而最重要的是，它必须是高质量的，只有这样，才能使福特汽车公司从质量危机的泥淖中爬出来。

"高质量是福特汽车公司的首要目标。"菲利普·考德威尔在他上任后的第一次董事会上就提出了这样一个目标。在当时，福特的最高领导者说出这样的话是令人吃惊的，因为福特的生产现实与生产目标相差太远了。

菲利普·考德威尔很快就证明了自己所言非虚，1980年，福特汽车公司面临一个选择：是关闭陈旧过时的诺福克工厂，还是关闭新泽西马瓦的一家相对更新的工厂。如果从节约成本的角度来考虑，诺福克工厂应该被关闭。但诺福克工厂生产的产品质量非常高。马瓦工厂虽然相对比较新，但那里的员工合作不佳，生产的产品质量也不过关。权衡之后，菲利普·考德威尔决定关掉后者。这个决定向福特的工人们发出了一个简单的信号：从那一天开始，那些质量记录最差的工厂将最先消失。

还有一件事也充分证明了菲利普·考德威尔把产品质量放在了第一位。当时，因为小型汽车在市场上十分热门，福特汽车公司准备在国内生产由欧洲分公司设计的小型汽车"护卫者"。这款新车不但能提高公司产品的平均燃油效率，减轻企业的环保压力，而且还能满足经销商的要求，使已经冷清很久的福特展示厅再次热闹起来。因此，福特汽车公司将其视为"一号任务"。

1980年6月中旬，正当所有人都翘首期盼着"护卫者"问世时，菲利普·考德威尔得知"护卫者"的生产流程出现了一些问题，这会导致最终产品出现缺陷。如果是在以前，福特汽车公司是不会在乎这一点儿小问题的，生产将继续进行。但菲利普·考德威尔却决定推迟"一号任务"，这一推迟就是一个月，福特汽车公司损失了一些利润，却向市场发出了一个强烈的信号：我们非常重视质量。

菲利普·考德威尔还要求在工厂的每条生产线上都安装一个"停止按钮"。不管在生产过程中出现什么问题，都必须马上予以解决。虽然，生产一般只会被耽误30秒左右，然而，对公司的最高管理层来说，暂停生产比送出一辆质量不佳的汽车更易于接受。

菲利普·考德威尔还希望工人们能帮助公司改进生产过程中出现的问题，为此，他在公司内部发起了一项叫员工参与的工程，为员工们提供了一个提出建议和观点的平台。最初，员工们提出的问题通常是与个人有关的，比如车间里的卫生状况。在工人们对这项工程积累起信心之后，他们开始对如何改进生产工作提出了一些切实可行的建议。员工参与委员会在工人们的意见中挑出一些时常出现的问题，交给一个专门的团队来进行研究和讨论，使问题得到改进。

在菲利普·考德威尔的引领下，福特终于获得了复兴。1983年，福特推出了包括"天霸"、"蜂鸟"在内的五种空气动力式车型。除此之外，因为日本自行对汽车出口进行了限制，使得福特新车的销量远远超过了预期，市场份额马上就提高了两个百分点。

菲利普·考德威尔对质量的高度重视让盈利变成了一种必然。当福特汽车公司公布1983年的销售业绩时，整个汽车行业都震惊了——这一年，福特汽车公司的盈利高达18亿美元。这不光是连续三个亏损年后的一个难以置信的转折，还是福特汽车公司有史以来所创造的最高利润。1980年还亏损14亿美元的福特汽车公司竟然只用了不到三年的时间就盈利18亿美元，这不得不让人惊叹称奇。一向保守的菲利普·考德威尔还预测福特在1984年的状况将会更好。果然，1984年，福特的盈利达到了30亿美元，创造了又一个历史记录。

大放异彩的"金牛座"

20世纪80年代，福特汽车公司重新进入了辉煌时期，1985年上市的车"金牛座"无疑是这段美好时光中最浓墨重彩的一笔。

1985年年初，菲利普·考德威尔决定退休，唐纳德·彼得森接替他成了福特汽车公司的董事长和首席执行官。在福特的历史上，不必相互倾轧，也没有经历腥风血雨，如此平静的权力交接还是第一次。经过八十多年的浮浮沉沉，福特汽车公司终于找到了最合适的权力交接方式。

也是在这一年，福特"金牛座"问世了。这款车可以说是背负着巨大的使命感所诞生的一款车型。随着几次能源危机所带来的冲击，以往备受消费者追捧的美国汽车逐渐受到排挤，日系车和德系车在美国市场上取得了巨大的成功，这也给美国汽车品牌一记重击，当时的福特也面临着前所未有的窘境。在这样的大环境下，福特想要翻身可以说把赌注全部压在了"金牛座"身上。

"金牛座"的研发工作早在1980年时就已经展开了。当时，刚当上总裁不久的唐纳德·彼得森到北美汽车业务部设计工作室拜访设计副总裁杰克·特尔纳克。在福特汽车设计中心，杰克·特尔纳克收集了手下的设计师们所绘制的雷鸟设计图纸，可是几乎所有的图纸都不符合他的期望。于是，他告诉那些设计师们：除了禁止设计"大方块"外，不必再遵从通用设定的行业规范，甚至可以不必再理会那些既定的"福特"风格。

"金牛座"的外观设计先后经过了无数次修改，最初的原型车拥有一个完整的玻璃车顶，但是，因为福特的高层管理者们一致认为这样的设计实在是太激进了，作为一款家用车不宜有过多花哨的手笔，因此，这个方案被否定了。最终，"金牛座"采用了极为平庸的造型设计，其设计灵感源于"奥迪100"和福特"天霸"。

为了让"金牛座"能够得到消费者的认可，福特汽车公司在研发期间进行了大量的市场调查，调查内容包括音响系统、方向盘、座椅、轮圈以及整个车身悬架，以使其符合更多用户的需求。福特高层还发起了一个精益求精工程。福特的数百名计划者、机械师、供应商、装配工人和其他参与其中的人分成了一个个"评审团"，对所有汽车的重要特征进行评判。他们挑选出每种汽车最出色、最有竞争力的特征，然后对其进行学习、借鉴。在讨论会上，竞争对手的车获得了相当多的称赞，比如有人提出丰田"克雷西达"在前座扶手舒适性上排第一位，而欧洲"参议员"则具有"最佳后座扶手舒适性"的美誉，尼桑"千里马"赢得了"最佳滤油器通畅性"一项，"最佳油门踏板感觉"一项被"奥迪100"夺得。

第十一章 重新崛起（1970—1998年）

精益求精工程一共选出了四百多个"完美细节"，虽然没有几个人会根据前座或后座扶手的舒适度来决定是否购买一款汽车，但是这400多个"完美细节"集合在一起就使得福特"金牛座"成了高质量标准的合体。那些曾经参与到精益求精工程的员工和供应商们都知道，在"金牛座"上没有什么东西是不重要的。后来，福特汽车公司骄傲地宣称他们生产的"金牛座"可以在80%的精益求精比较项上获胜。

福特汽车公司还广泛征求了消费者的意见，在目标车主们的建议下，"金牛座"采用了最新的前轮驱动技术，成了福特汽车公司生产的第一辆中型前轮驱动汽车。实际上，福特汽车公司原本是打算将"金牛座"设计成小型车的，不过当油价稳定在每加仑1.25元左右，而不是涨到之前公司预计的每加仑3美元以上时，福特改变了策略，将"金牛座"改成了中型汽车。

在降低耗油量和提高引擎功率方面，"金牛座"也取得了重大突破。"金牛座"的马力重量比要远远高出大引擎的"福特LTD"。"金牛座"的每加仑汽油行驶公里数也比LTD要高出60%之多，这对于在1985年还没有达到企业一般燃料节约标准的福特汽车公司来说是一个非常大的飞跃。

在设计方面，"金牛座"最显著的成果就是精确的操纵和悬挂。在此之前，美国汽车只能保持大致正确的方向，在方向控制和抓地性能上都没有进口汽车好。"金牛座"的出现改变了这一状况，它可以精确地驶向指定地点，并且精雕细琢的悬架使它拥有令人惊讶的操控性能。

"金牛座"是在亚特兰大工厂和芝加哥工厂进行装配的，值得一提的是，这两家工厂当初都是为了生产"T型车"而建的。"T型车"曾经使福特汽车公司走上巅峰，福特的高层管理者们希望，"金牛座"能重现福特的另一次辉煌。

唐纳德·彼得森对"金牛座"的生产极其关注，他常常到亚特兰大工厂视察，向工人们征求关于改进生产效率的建议。及时有效的沟通使得很多问题都得到了尽快解决。有的工人抱怨车门实在很碍事，为什么不能到最后再安装，很快，与主装配线连在一起的车门装配线产生了。还有一名每天要与25种不同型号的螺丝钉打交道的老工人建议统一螺丝钉的规格，这个建议被采纳后大大提高了生产效率。从这个角度来说，"金牛座"是在数千名福特员工的共同努力下创造出来的，没有哪一个人能够独享这份成功的荣耀。

在"金牛座"的设计和生产过程中，福特汽车公司最为重视的莫过于质量了。尽管每个人都希望"金牛座"能早日推向市场，但为了在质量上做到万无一失，这款汽车的下线日期还是被推迟了三次。终于在1985年11月，"金牛座"第一辆车驶下了生产线，为了庆祝这一时刻，福特汽车公司在亚特兰大举行了为期一周的系列游行和媒体宣传活动。

因为下线日期一再推迟，"金牛座"错过了传统的秋季新车上市期，福特汽车公司只好等到圣诞节结束。1985年12月26日，"金牛座"终于亮相了。

在"金牛座"的发布会现场，唐纳德·彼得森和其他福特的高层管理者们脸上虽然挂着喜悦的表情，但他们深知，这场赌局决定着福特未来的命运。如果"金牛座"市场反响平平，福特有可能面临申请破产的局面。所幸的是，他们最终赢了这场赌局——"金牛座"发布后迅速成为1986年消费者最为期待的新车。

唐纳德·彼得森最初的预期是每年能卖掉五十万辆"金牛座"。但他显然低估了消费者对"金牛座"的喜爱。在上市的第一天，福特汽车公司就已经心满意足地拿到了十万份订单。"金牛座"引发的销售热潮不由得让人想起了历史上那些最佳福特新车型的上市——比如"T型车"、"A型车"和"野马"。

福特汽车公司在20世纪80年代的重新崛起是全球商业史上值得彪炳的一

第十一章　重新崛起（1970—1998年）

次复兴。历史上，有无数企业曾陷入绝境，就像80年代初的福特汽车公司一样。然而，没有一家企业能实现福特那样大的逆转。

全球收购行动

20世纪80年代堪称福特的"丰收时代"，这一时期，福特汽车公司迅猛上升的势头令整个美国汽车行业都为之震惊。到80年代末，福特汽车公司的市场份额已经上升为22.3%。在1988年创造新的利润纪录并再一次压倒通用汽车公司之后，福特汽车公司毫无悬念地成为世界上盈利能力最强的汽车生产厂商。

通过压缩成本和高效生产，福特汽车公司积攒了巨额资金，到1990年，这些资金已经高达100亿美元。这些钱必须要利用起来，而使用资金的方式将让这之后的福特汽车公司发生巨大的变化。

1985年成为福特最高领导者的唐纳德·彼得森首先瞄准了金融领域。20世纪80年代，福特汽车信用公司成了福特的一个非常重要的利润中心。1988年，福特信用公司的利润占了公司总利润的1/5。福特信用于1985年买下了第一全国银行，并很快使之成了美国第六大储蓄贷款银行。1992年，被重新命名为福特金融服务集团的福特信用又进行了一次令人惊叹的收购——花费27亿美元购买了以达拉斯为基地的金融公司联合公司。

福特汽车公司还在全球范围内进行收购，20世纪80年代中期，福特就像一个刚刚进入汽车市场打算买车的车迷一样，似乎任何一家汽车公司都有可能成为它的收购对象。当时在汽车行业一直流行着关于福特的传言——福特会买下宝马、丰田、菲亚特和阿斯顿·马丁等一些世界知名汽车公司。

　　福特的野心似乎人尽皆知，然而，收购行动却并不顺利。福特汽车公司最初曾经尝试收购意大利最大的汽车制造商菲亚特，在福特的高层管理者们看来，如果这笔生意能做成，可以实现双赢，一方面，福特在欧洲大陆的地位将会进一步提高；另一方面，菲亚特也能享受到任何与福特联姻的企业都能享受到的东西——世界第二大汽车公司的巨额资产。然而，谈判开始没多久就破裂了。

　　尽管出师不利，但福特的收购行动还是稳步进行着。1987年，福特汽车公司花了3300万美元入主阿斯顿·马丁公司，成为这家以生产"超级跑车"而家喻户晓的汽车公司的最大股东。这还是福特在1921年收购林肯汽车公司以来，第一次承认其他汽车制造商值得它青睐。

　　买下阿斯顿·马丁公司后，福特汽车公司并没有对其进行改造，而是保留了它原本的面貌。福特向阿斯顿·马丁提供了开发新车型的资金，对其产品推广给予了大力的支持。结果，阿斯顿·马丁的年产量迅速从200辆增加到了700辆，不过这仍然不能满足市场的需求。2002年，阿斯顿·马丁公司又启动了旨在让年产量在2005年达到5000辆的工程。

　　对福特汽车公司来说，收购阿斯顿·马丁似乎并不是一次革命性的收购，但却是福特所做出的一次极为成功的收购。《汽车与驾驶员》曾评论说："福特这一次猜对了，当他们展望未来时，正确地认识到了这个高端的市场有着很大的成长空间，而这个品牌的崇高形象将是无价之宝。"

　　接下来，福特汽车公司又向英国捷豹公司伸出了橄榄枝。英国捷豹公司最初曾经是一家车身制造公司，正因为如此，捷豹生产的汽车样式总是那么独领风骚。捷豹以生产跑车见长，同时它的客用汽车也极具特色，广受欢迎。不过，当时的捷豹公司正面临着严重的亏损，它的年销量只能勉强维持在5万辆左右。

第十一章 重新崛起（1970—1998年）

捷豹之所以会陷入这样的困境，主要的原因是缺乏开发新车型所需要的资金。事实上，捷豹公司拥有超过其他汽车公司的经营理念和专业技能，只是苦于资金匮乏。1989年，福特汽车公司购买了15%的捷豹公司股份，这对于捷豹公司来说，无异于久旱逢甘霖。然而，就在此时，捷豹公司的高层管理者们却退缩了，他们嗅到了一丝危险的气息——福特汽车公司的这次收购"醉翁之意不在酒"，他们实际上是想买下整个公司。捷豹公司的董事长约翰·伊根爵士不希望自己的公司失去自主权，于是，他向通用汽车公司求救。通用汽车公司向捷豹公司伸出了援手，准备在持股份额上压倒福特。

1989年10月，一场抢购大战在福特和通用之间展开，并发展得如火如荼。福特汽车公司最初表示愿意出资20亿美元购买捷豹公司，但通用汽车公司不断提高价码，在一番角力后，福特汽车公司最终花费了25.2亿美元拥有了捷豹公司。这个价格远远高于捷豹的实际价值，不过，福特汽车公司的高层却认为这么做是值得的，他们希望通过捷豹公司在欧洲豪华汽车市场的美誉赢得市场的一席之地。

收购捷豹公司后，福特汽车公司任命英国人尼古拉斯·谢勒为捷豹总裁兼首席执行官。这位精明能干的管理者通过减少工人数量和扩大产量让公司实现了盈利，也让福特打开了欧洲豪华车市场。

福特汽车公司的收购行动还蔓延到了亚洲。福特与日本第五大汽车制造商马自达汽车公司一直合作得非常愉快。1984年，福特与马自达合作在墨西哥建立了一家价值5亿美元的工厂，专门生产小型汽车"追踪者"。两家公司在日本和美国密歇根还有一些合资企业，并都持有韩国起亚汽车公司的股份。20世纪90年代初，日本开始出现泡沫经济，1995年马自达汽车公司第一次出现经营性巨额亏损，年度亏损最高达1552亿日元。

深陷泥潭之中的马自达公司不得不向外界求援，福特汽车公司抓住了这个绝佳的时机，1996年4月，福特汽车公司增加了马自达的持股比例，达到

33.4%，取得马自达的控制权，并把自己的管理者之一亨利·D·G·华莱士派到了马自达。

福特的全球大收购还在继续。1999年，福特汽车公司花费了64.7亿美元收购了沃尔沃客用汽车部。沃尔沃公司是卡车和重型设备的主要生产商，在世界范围内都享有较高声誉。沃尔沃汽车是一种低调的高档车，很多高端顾客都喜欢驾驶这种低调却又不失身份的瑞典汽车。想把汽车生意剥离出去的沃尔沃公司恰好与福特汽车公司一拍即合。

2000年，当新世纪的钟声响起时，福特汽车公司的收购风暴刮到了终点——收购路虎汽车。1994年，福特汽车公司曾经与其他公司竞争购买路虎汽车，不过，在那次收购中，宝马公司赢得了最终的胜利。当时，路虎已经是一家元气大伤的公司，只剩下了豪华汽车"路虎揽胜"和60年代的遗留物"迷你"两个小法宝。宝马花了12亿美元收购路虎，之后又投入50亿美元来让路虎摆脱困境。然而，不幸的是，尽管投入了巨额资金，宝马始终未能让路虎恢复生机，最后，它只能以30亿美元的价码把除了"迷你"之外的所有路虎资产都卖给了福特。

卡车撑起半边天

20世纪80年代以来，追求高质量已经成为福特汽车公司的一种企业文化。当然，要实现高质量，资金投入是重中之重。这时，使福特汽车公司避免陷入资金危机、撑起财务重任的是卡车部门。

卡车一直以来都是福特汽车公司一个非常重要的盈利来源。1968年时，福特卡车的销量就已经超过了通用雪佛兰，成了美国销量最高的卡车。

美国的卡车市场在快速成长，普通大小的轻型卡车已经不仅仅应用在农场中，很多城里人也将其当成一种物美价廉的日常用车。福特卡车在卡车行业当中一直处于领导地位。1971—1975年，在唐纳德·彼得森担任福特卡车部门主管期间，他在卡车业务方面做出了很多创新，促进了卡车的热销。福特参照日本汽车特别设计了小型卡车"游侠"，同时，公司还用"西部野马"开拓出了运动休闲车市场，用"艾科诺兰"创造了厢式货车的又一波热潮。当美国汽车业务陷入困境时，挑起福特大梁的是福特卡车业务，公司的利润将近一半都是卡车带来的。整个20世纪70年代后期，福特在美国销售的车辆中有超过1/3都是卡车。

在抵御外来竞争方面，卡车要比客用汽车更具有战斗力，这让很多福特的高层们深感欣慰。在20世纪80年代初期，福特客用汽车的市场份额只有16.6%，而此时的福特卡车已经占据了40%的市场份额。

福特卡车之所以能够取得如此好的业绩，一方面是因为做工优良、口碑较好，另一方面是因为美国消费者在选择卡车上更倾向于国内的品牌。除此之外，还有一个重要原因，就是卡车的利润相对于客用汽车来说要高出很多，因为卡车消费者对低价或打折的要求并不像汽车消费者那样强烈。

当福特的客用汽车在20世纪80年代突飞猛进时，福特卡车仍然一如既往地保持着良好的销售业绩，并且在20世纪90年代仍然独占鳌头。美国顾客最喜欢的三种福特车型有一种是汽车，剩下两种都是卡车。"金牛座"一直是客用汽车中的佼佼者，而从70年代以来就一直领跑于轻型卡车市场的"F-150"始终遥遥领先，在新兴的运动休闲车市场中一举跃居榜首的是1990年推出的福特"探险家"。

因为运动休闲车被归入了轻型卡车一类，不受美国燃料消耗法规的限制，因此，运动休闲车开始成为追求时髦、前卫的消费者的第一选择。

1986年，当福特副总裁及卡车业务部总经理埃德·哈根洛克决定跨过双门直接开发一种四门、四轮驱动的小型运动休闲车时，福特汽车公司开始策划"探险家"。与其他一些只不过是从双门变成四门的运动休闲车不同的是，"探险家"从一开始就是一种多人汽车，进入它的后座就像进入前座一样轻松。另外，"探险家"的内饰和外观都非常漂亮，车内尾部的样式就像轿车一样。"探险家"从里到外都透着一股自信和激情，让看到它的人都非常激动。

或许是"探险家"遇到了一个难得的好时代，又或许是"探险家"创造了一个全新的运动休闲车市场，它的销量远远超出了福特高层管理者们的预期。到1992年时，"探险家"已经卖出了25万辆，而且这一数字还在不断上涨。

"探险家"的热销促进了福特卡车业务的不断发展，福特汽车公司在卡车业务方面的领袖地位更是不可动摇了。这对于整个福特来说是一件值得庆祝的好事。伴随着销量的突飞猛进，福特的利润也在节节高升。卡车和小型货车，尤其是运动休闲车的利润甚至超过了豪华汽车，它们不需要大量的广告投入却依然卖得很好。

当福特汽车的国际业务和国内业务都在快速地发展时，福特的领导层也发生了更新换代。1990年11月，复兴福特的大功臣唐纳德·彼得森辞去了福特首席执行官的职位，为自己在福特的光辉岁月画上了句号。曾经协助菲利普·考德威尔压缩成本的雷德·波林接替了唐纳德·彼得森的位置，掌管福特大权。

在雷德·波林退休后，出生在苏格兰的亚历克斯·特罗特曼成了福特汽车公司新一任的福特掌权人。亚历克斯·特罗特曼虽然有些消瘦，但身体很结实，他的身上自然散发着一种威严，区别于菲利普·考德威尔的保守，那是一种十分精明强干的气质。亚历克斯·特罗特曼曾经做过英国皇家空军的

第十一章 重新崛起（1970—1998年）

飞行员，在20世纪60年代他加入了英国福特分公司，凭借出色的表现，他很快赢得了福特总部领导层的青睐，并坐进了迪尔伯恩的执行官办公室。1993年初，亚历克斯·特罗特曼被任命为福特汽车公司总裁，11月，他又一举压倒当时的副董事长艾伦·吉尔默成了福特汽车公司的董事长。

亚历克斯·特罗特曼接管福特大权后，便开始了新一轮的改革。他通过大刀阔斧的改革改变了福特汽车公司的组织结构，并且缔造了"福特2000"的新理念。特罗特曼构建了一个新的伞状组织，用福特汽车业务部取代了原来的北美汽车业务部、欧洲汽车业务部和汽车零部件集团，将欧美两个大陆的业务合并在了一起。不久后，拉丁美洲和亚太的业务也被纳入其中。

在"福特2000"理念的指导下，福特汽车公司还诞生了五个设计中心，即在迪尔伯恩负责标准大小前轮驱动汽车、后轮驱动汽车、运动休闲车、轻型卡车、商用卡车的设计中心和在欧洲负责开发小型汽车的设计中心。

"福特2000"的宗旨主要是提高福特汽车公司的效率，让福特在欧洲和北美等地快速地成长起来。福特需要更强更大的实力与丰田和通用在国际市场上竞争。特罗特曼想要福特成为一家真正的国际性的汽车公司，为了实现这个目标，他积极地探索着最适合福特所走的路。

当亚历克斯·特罗特曼于1998年退休时，他已经成功地将福特汽车公司推上了美国汽车业三巨头之首的宝座。而这时，福特家族掌控福特汽车公司的时代又一次来到了。

第十二章
"回到根基"
（1998—2017年）

冉冉升起的比尔·福特

新千年到来之前,《底特律自由新闻》刊登的一篇文章吸引了很多人的眼球。这篇题为《未来的公司还会有福特吗?》的文章,让人们重新将视线投到了福特家族的成员身上。自从1980年亨利·福特二世把控制权交给菲利普·考德威尔以来,虽然福特家族仍然拥有并控制着40%的福特股票,但福特汽车公司已经不再由福特家族的成员直接管理。因此,在经历了数次高层更迭后,很多人都产生了一个疑问:福特家族什么时候能重新入主福特汽车公司的权力中心?

这个问题似乎很难得到答案。福特家族的第四代成员大部分已经离开了福特汽车公司,只有四人仍在这里工作。年纪最大的是约瑟芬的儿子瓦尔特·布尔·福特,不过,他从事的是广告宣传工作,对管理丝毫不感兴趣。本森·福特的儿子小本森·福特在福特汽车公司做的是福特零部件和服务部的客服代表,然而,他是一个能力平平的人,无力承担管理福特的大任。亨利·福特二世的儿子埃德塞尔·福特二世和威廉·福特的儿子比尔·福特也在福特汽车公司工作,看上去,他们似乎才是福特家族能够担当重任的新一代人才。

埃德塞尔·福特二世于1948年出生于底特律,他身材肥胖,因此他与亨利·福特二世之间最常聊的话题就是减肥。与父亲一样,埃德塞尔·福特二世对学习提不起一丝一毫的兴趣,勉强完成学业后,他就顺理成章地进入了

第十二章 "回到根基"（1998—2017年）

福特汽车公司工作。埃德塞尔·福特二世性格开朗，脸上时常挂着笑容，喜欢与别人友好地交谈，福特的员工们都很喜欢他，在他们看来，他虽然是老板的儿子，却平易近人，一点儿架子都没有。埃德塞尔·福特二世曾在福特汽车公司的销售部门工作过，后来被派往澳大利亚担任副总经理。虽然他对自己的工作总是尽职尽责，但却没有什么野心，也从来都没有觊觎过福特的最高权力，而且，他对在镁光灯下的生活还有几分厌恶。

而埃德塞尔·福特二世的堂弟比尔·福特却与他截然不同，他是一个非常活跃的人，个性坚韧，拥有乐观积极的生活态度。出生于1957年的比尔·福特算得上是福特家族最幸运的一个人了。因为是在公众的注意之外长大的，他有着真正的童年。他热爱运动，对足球和曲棍球都十分擅长，还拥有跆拳道黑带段位。同时，他也对美国历史有着浓厚的兴趣，尤其对亚伯拉罕·林肯、托马斯·爱迪生、平原印第安人和他自己的先辈亨利·福特的历史特别感兴趣。大学毕业时，比尔·福特写的毕业论文就是有关亨利·福特的，题目叫作《亨利·福特和劳动者：重新评价》。虽然比尔·福特对自己这篇论文的评价不是很高，但是在撰写论文的过程中他对自己的祖辈有了更加深刻的了解。他研究了亨利·福特的人生经历，并从中学到了很多对自己未来商业生涯极为有益的经验。"我总是受到我曾祖父的鼓励，他从无到有，建立了福特公司，而且不断应对新的挑战。"比尔·福特曾经这样说。

1979年，比尔·福特进入了福特汽车公司，那时的他只是一名产品计划分析师。像他的父辈们一样，他也需要从最基层的工作开始做起。后来，他先后在福特汽车公司担任一系列职务，工作部门涉及生产、销售、营销、产品开发和融资。在1982年福特汽车公司与全美汽车工人联合工会进行的具有突破性的劳资谈判中，他在公司"全国谈判小组"任职，谈判结果使雇员广泛参与公司事务，为汽车行业带来了革命性的变革。

1983年，比尔·福特作为艾尔弗雷德·P·斯隆基金资助的研究生，在麻省理工学院开始为期一年的学习。1987年,他被任命为福特瑞士公司董事长兼执行总监,并于1988年1月14日入选福特汽车公司董事会。

1990年,比尔·福特担任福特汽车集团业务战略部负责人。他率领团队制定方针,提出了在发展中国家建立小量生产厂的建议,这个建议既大大降低了福特汽车公司的总成本,又确保了产品的高质量。

1992年,比尔·福特又到气候控制业务部任职。作为环保主义者,比尔·福特很喜欢这个职位。在他的领导下,这个部门盈利情况好转,产品质量有很大提高。他在厂区附近划出了公司首家野生动物栖息地,还建立了世界上首家使用回收塑料占所有塑料部件25%的汽车厂。在他担任该部门总经理期间,气候控制业务部因为使用水代替生产过程中的危险化学制剂而获得"总统环境质量委员会奖"。

1994年,一步一个脚印的比尔·福特升任福特汽车公司副总裁,并担任公司商用卡车中心负责人。他于1995年离任,接下来担任公司董事会下属的融资委员会主席一职,直至被任命为首席执行官。

1998年,亚历克斯·特罗特曼到了退休年龄,马上就要结束自己在福特汽车公司的使命。在物色接班人时,亚历克斯·特罗特曼原本并不打算将人选局限在福特家族中,然而,让比尔·福特接管福特似乎成了众望所归。人们都希望比尔·福特掌管福特。在他们看来,拥有家族价值观的比尔·福特有能力胜任这一工作。这一年,埃德塞尔·福特二世也从福特信用公司总裁的位置上退休,将通往福特最高领导人的快车道让给了比尔·福特。

1998年年底,在福特董事会与福特家族的共同商讨下,亚历克斯·特罗特曼将"帅印"交给了比尔·福特。1999年1月1日,比尔·福特正式上任,成为福特新一任董事长。在时隔多年后,福特的权力交接终于重新与福特家族联系在了一起。

"我的曾祖父亨利·福特真正重新定义了美国生活,从我出生以来福特

第十二章 "回到根基"（1998—2017年）

汽车公司就是我自身的一部分，别无可选。"这是比尔·福特为福特汽车公司拍摄的广告中的一段话。现在，到了他履行职责的时候了。

雅克·纳赛尔的陷阱

接掌福特大权时，比尔·福特已经41岁了。对于一家传承百年的大型跨国企业而言，41岁的比尔·福特算是非常年轻的。年轻意味着缺乏经验，正因为如此，福特董事会特别任命了在福特汽车公司摸爬滚打了三十多年的雅克·纳赛尔为总裁兼首席执行官，福特进入双重权力分享体系。真正的挑战也从那时降临到比尔·福特身上。

雅克·纳赛尔于1968年加入福特汽车公司，那时只有21岁的他不会想到，他会在自己选择的这家公司度过未来三十年的岁月，一路走上权力巅峰。凭借在财务方面的出众能力，雅克·纳赛尔不断得到提拔，历任福特澳大利亚财务副总裁、福特亚太地区主管、福特与大众在巴西和阿根廷的合资企业的经理、福特欧洲分公司总裁。

20世纪90年代中期，雅克·纳赛尔回到福特总部，主持福特的全球产品开发工作，负责管理福特所有产品规划、研发、工程和高级工程的汽车业务部。在执掌全球汽车业务期间，雅克·纳赛尔基本上负责了福特整个业务的80%，即除了车辆贷款以外的其他所有事情。他扮演了一个类似首席运营官的角色，直接向当时担任福特董事长兼首席执行官的亚历克斯·特罗特曼汇报工作。

比尔·福特成为福特汽车第四代掌门人后，雅克·纳赛尔从亚历克斯·特罗特曼手里接下首席执行官的职位。这一任命令他惊喜不已，他原本以为自己还需要做更长时间的运营工作。其实，如果能在福特总部的运营岗位干得时间长一些，或许对雅克·纳赛尔更有利，因为他到总部才不过三四年，还来不及在公司内部建立联盟，和董事会成员们培养亲密的一对一关系。

福特董事会之所以选择雅克·纳赛尔，或许是看中了他在压缩成本方面的丰富经验，虽然福特汽车公司的业绩在不断地提高，但是董事会担心比尔·福特可能由于经验不足而过于冒进，因此希望雅克·纳赛尔在财务方面能够及时进行调整、平衡。

但福特董事会错了，冒进的不是比尔·福特，而是雅克·纳赛尔。比尔·福特在接管福特后经过了一段坎坷的时期，而为他设下重重陷阱的正是雅克·纳赛尔。

在就职后的第一年，雅克·纳赛尔就雷厉风行地进行了许多变革，这些变革彻底改变了福特汽车公司。他迅速推出了多项举措，如与微软合作，在1999年9月提供互联网购车模式。两家公司都强调，此举并不会取代传统汽车经销商，而是为了帮助客户在线配置汽车，获取详细产品信息。2000年1月，纳赛尔宣布，福特和雅虎签署了一项协议，以帮助客户寻找到合适的汽车企业。

雅克·纳赛尔用了一年左右的时间来实施他的互联网战略，使福特在互联网以及电子商务与其他业务的配合上处在领先的地位。当然，雅克·纳赛尔的这种思想并不能得到公司里每个人的认可。雅克·纳赛尔为了改变一些内部员工的想法，又与惠普等公司合作，使得每位福特员工都用上了家用电脑，而每个人每个月只需要支付名义上的5美元费用。

除了向互联网领域进军之外，雅克·纳赛尔还组织发起了一些旨在让公司进入服务导向型行业的收购行动，如在英国收购了一些连锁修理店、一家

第十二章 "回到根基"（1998—2017年）

门房服务公司、一家提供保修延长服务的公司和一家废品回收公司。这些收购行动似乎与汽车行业都不沾边。

雅克·纳赛尔所做的决策中唯一与福特汽车生意相关的就是促成了第一汽车集团的成立，这个集团包括林肯、捷豹、阿斯顿·马丁、沃尔沃和路虎等部门。至于福特汽车，似乎一直以来就没有得到雅克·纳赛尔正眼相看，它被雅克·纳赛尔无情地忽视了。

压缩成本是福特董事会赋予雅克·纳赛尔的重任，然而，他的一番改革却并没有让福特的成本有所降低，而他选择降低成本的方式反而令很多福特员工寒了心。雅克·纳赛尔辞退了那些他认为没有多少进步潜力或兴趣不足的高级管理者和机械师，换上了一些他认为能胜任这些职位的人。他还雇用了一大批来自福特之外的年轻领导人，替换了很多为福特效力多年的销售经理。雅克·纳赛尔成了福特汽车公司的独裁者，而此时的比尔·福特似乎无力去挽回什么，因为他没有真正地掌握福特的大权。

比尔·福特与雅克·纳赛尔的合作也并不愉快。在坐上首席执行官宝座的初期，雅克·纳赛尔经常感到非常恼火，因为比尔·福特总是能够轻易地赢得人们的瞩目和追随，而自己则常常被忽视。为此，雅克·纳赛尔用更大的力度和更快的速度，将一些对于福特家族的名头和历史毫不知晓、对福特家族毫无忠诚度的局外人引进到福特汽车公司里面来。而这样的举动，就使雅克·纳赛尔进一步远离了公司内部绝大多数的老员工。同时，比尔·福特仍旧在公开地支持雅克·纳赛尔，但是他也对雅克·纳赛尔这位首席执行官公然的滥用职权感到失望，因为雅克·纳赛尔完全不顾福特汽车经过时间洗礼、历史考验的文化而肆意改变和发展福特汽车。

更令比尔·福特不满的是，雅克·纳赛尔因为其个人不良的生活方式，常常登上媒体的负面新闻头条。故事的起因来自雅克·纳赛尔失败的婚姻。雅克·纳赛尔与妻子詹妮弗曾经一度被公认为是底特律的"神仙眷侣"。詹妮弗是位积极热心于公益事业的女性，总是不知疲倦地为各种慈善事业奔波。而雅克·纳赛尔总是彻夜加班，作为卓有成就的大汽车公司的掌门人，时常开着豪华的跑车、穿着光鲜昂贵的西服穿梭于街头，出入于各种名流汇集的活动和鸡尾酒会。雅克·纳赛尔在福特汽车的年薪非常丰厚，将工资、奖金和期权加在一起计算的话，1999年他的水平可达到1400万美元，2000年更是涨到了近1700万美元。而他的妻子却说，纳赛尔变成了一个"沉溺于奢华生活标准……只能被财富和权力取悦"的俗人。因此，她需要用离婚的方式来离开雅克·纳赛尔，因为他控制欲极强而且是一个不称职的父亲。在比尔·福特看来，雅克·纳赛尔的负面新闻使福特汽车公司蒙了羞。

因为雅克·纳赛尔的种种行为，比尔·福特对他越来越失望，他对福特汽车公司的经营也变得越发关注。比尔·福特担心，福特汽车的品牌很可能因为雅克·纳赛尔的疏忽在质量和利润上失去自己的阵地与优势。原因很简单，公司对品牌的关注和投入已经被大大地削减了，因为雅克·纳赛尔正在迅速地朝电子商务方向发展。不过，当比尔·福特尝试着去了解一些经营上的细节时，却遭到了来自雅克·纳赛尔的重重阻挠。

雅克·纳赛尔的改革也以失败而告终。2000年，就在比尔·福特接任董事长不久后，福特汽车的股价大跌，跌幅高达30%。除此之外，2000年福特亏损额达55亿美元，这也是福特公司从1992年以来第一次出现全年亏损。面对这种局面，比尔·福特知道，是时候跳出雅克·纳赛尔给自己挖的陷阱了。他要对福特的350000名员工负责，要为他们、他们的家庭和他们的未来做出正确的决策。

2001年10月30日，比尔·福特宣布解雇雅克·纳赛尔，从他的手中夺回了福特的管理权，他亲自担任了福特的首席执行官，在上任后的第二天就发表了热情洋溢的演讲，号召所有的福特员工们将工作的重心重新放在生产和销售上。从那之后，"回到根基"成了福特汽车公司最响亮的口号。

第十二章 "回到根基"（1998—2017年）

费尔斯通轮胎召回案

在比尔·福特上任后的第一年，福特汽车公司一直处于混沌之中，管理层剧变、员工士气低沉、利润急剧下滑……这些都使得比尔·福特忙乱不堪。其中，最令他手忙脚乱的，莫过于费尔斯通轮胎召回案。

"探险家"自问世以来，一直是福特汽车公司的主要利润来源，为其贡献了三分之二的利润。但谁也没有想到，这颗福特产品中最为闪耀的明星，竟然出现了安全问题，甚至还导致了一场历史上规模最大、影响也最广的汽车安全召回行动。

从2000年开始，美国国家高速公路交通安全管理局不断收到消费者因使用费尔斯通轮胎而导致车祸的投诉。于是，这家机构开始对费尔斯通轮胎的质量问题展开调查，并陆续公布了与这种轮胎有关的车祸死亡人数。到2000年9月，美国国内与此相关的死亡人数已经达到了88人，受伤人数超过了250人，费尔斯通轮胎的质量问题由此引起了美国公众的高度重视。而安装着费尔斯通轮胎的福特"探险家"也毫无疑问地成了这起事件中最大的受害者。2000年5月，美国国家高速公路交通安全管理局向福特汽车公司与费尔斯通轮胎公司发出通告，称福特"探险家"轮胎存在巨大安全隐患，并已经导致多起交通事故。

福特汽车公司与费尔斯通轮胎公司有着很深的渊源。1896年，亨利·福特就与创建费尔斯通轮胎公司的哈维·费尔斯通建立了深厚的友谊。亨利·福特相信费尔斯通轮胎是世界上最好的轮胎，早在1904年，费尔斯通轮胎公司就开始为福特"T型车"提供充气轮胎，并于此后成为美国市场上规模最大的轮胎生产商。到20世纪20年代时，福特所使用的轮胎几乎65%都是来自费尔斯通。1947年，威廉·福特和玛莎·费尔斯通的结合使得福特汽车公司与费尔斯通轮胎公司之间的关系更加紧密了。在亨利·福特和哈维·费尔斯通去世很多年以后,这两家公司仍然保持着密切的合作关系。

然而,谁也没有想到,这两家如此亲密的公司会在世纪之交时发生巨大的分歧,甚至到了视对方为仇家的程度。

福特汽车公司很快就做出了反应,他们对"探险家"进行了调查,并出具了一份详细的报告。福特汽车公司在报告中说,每4000只费尔斯通的轮胎中就有一只出现突然开裂现象,导致汽车晃动甚至翻车,存在很大的安全隐患。福特汽车公司还披露说,费尔斯通的不合格轮胎缺少一层关键的尼龙层,尽管其商标上明确做了标注。这一尼龙层对轮胎来说,是在炎热的天气和粗糙的路面行驶时必不可少的保护层,由于这一原因,委内瑞拉的轮胎事故发生率是美洲其他地区的1000倍以上。

为了维护消费者的权益,保证消费者的安全,美国国家高速公路交通安全管理局强制要求费尔斯通轮胎公司召回有问题的轮胎。在巨大的压力下,费尔斯通轮胎公司于2000年8月9日宣布,回收可能引起安全问题的3种型号共650万个轮胎。费尔斯通轮胎公司甚至被迫耗费巨额成本从日本往美国运送轮胎。与此同时,大量使用费尔斯通轮胎的福特汽车公司也表示,将免费为消费者更换轮胎。此后生产的"探险家"将不再使用费尔斯通轮胎,而换为其竞争对手的轮胎。

福特汽车公司竭尽全力地挽救有关"探险家"的声誉问题。雅克·纳赛尔采取了先发制人的行动,他出现在了两则电视广告中,尽可能详细地解释了召回过程。"数百万家庭将他们的忠诚和信任给了福特'探险家'",雅克·纳赛尔在一则广告中说,"政府的数据证明,在过去的10年中,'探险家'一直是最安全的运动休闲车之一。"雅克·纳赛尔表示,自己的家里就有三辆"探险家"。他试图缓解"探险家"顾客们的怒气,甚至号召那些找不到替换轮胎的顾客打电话到他的办公室。虽然这差一点使得福特总部的电

第十二章 "回到根基"（1998—2017年）

话被打爆，但确实加快了召回任务的完成。

但就在此时，费尔斯通轮胎公司却再次发声。他们声称，通过对轮胎的召回与修复，他们发现造成这些事故的原因绝不仅仅是轮胎问题，福特"探险家"的某些自身设计缺陷使得车辆在行驶中极易爆胎，福特在此事件中应该承担相应的责任。

费尔斯通轮胎公司的反戈一击使福特汽车公司措手不及，不过，他们并没有对此做出回应。事实上，福特汽车公司并不想和对方一直纠缠于这个问题上，它希望这一事件能尽快"翻篇"，不然，福特即将推出的"新探险家"车型必将受到影响。

为了使"新探险家"赢得消费者的信任，福特汽车公司特别将轮胎加入了新车的担保范围，一方面是为了让消费者知道福特汽车公司会为产品的每一个细节负责，增加消费者对福特的信心，另一方面福特汽车可以理直气壮地要求它的轮胎供应商们与它分享所有有关投诉或问题的数据，而不必像在费尔斯通事件中一样去向对方索要数据，然后陷入被动。

2001年，"新探险家"正式推向市场，它像老款一样受到了很多消费者的关注。令福特感到欣慰的是，"探险家"的销量并没有受召回行动太大的影响，仍然名列美国运动休闲车销量排行榜的第一名。

关于福特"探险家"的调查一直在进行，然而，即使到最后都没有定论。有人认为，福特汽车公司和费尔斯通轮胎公司在产品上都没有什么过失，是运动休闲车本身就容易发生轮胎破损和翻车。虽然福特最终没有背上肇事者的罪名，"探险家"的设计也无需对事故负责，但福特汽车公司在这起事件中仍然遭受了巨大的损失，而271名"探险家"乘客的意外死亡也为福特汽车公司蒙上了一层挥之不去的阴影。

这起事件也让比尔·福特意识到，应该将更多的精力投入到汽车行业上，毕竟，这才是福特汽车公司的核心。

百年庆典

2003年6月16日,福特汽车公司已经走过了一个世纪的风风雨雨。一百年,对于任何一家公司而言,都是一个重要的里程碑。为了在百年庆典时上交一份完美的答卷,福特汽车公司开始借助老品牌来提高利润和形象认知度。

2002年,被誉为美式跑车的精神象征的福特"雷鸟"在停产多年后再度复出亮相,让很多拥有复古情结的消费者欣喜若狂。福特汽车公司只生产了250辆"雷鸟",结果在几个月内就销售告罄。"雷鸟"的高质量零部件和迷人的外观赢得了世界各地评论家的称赞,美国汽车协会甚至把"新雷鸟"选为了"年度酷车"。

2002年6月,"掠夺者"也重新回到了福特的展示厅里。这是福特汽车公司水星部根据广受赞誉的"1963款掠夺者"设计的,它为一直死气沉沉的水星部重新恢复了往日的生机。

最令比尔·福特欣慰的是,在费尔斯通轮胎事件过后,福特"探险家"仍然创造了很高的销量。2002年8月,福特汽车公司一共售出了51021辆"探险家",创造了所有运动休闲车销售的最高纪录。"探险家"历经波折依然能在运动休闲车市场上占据半壁江山,堪称一个奇迹。2002年9月,比尔·福特怀着极大的喜悦之情见证了第500万辆"探险家"驶下生产线。

2003年1月的底特律北美汽车展上,福特汽车公司还推出了新设计的"F-150"卡车。这款卡车受到了媒体的广泛关注,因为他们第一次看到有某种车型将自动变速器放在了座位之间而不是转向柱上。自从福特汽车公司于1948年推出战后全新的"F-1"卡车以来,卡车部一直都是福特最稳定的利润来源部门。1981—1997年的"F系列"卡车销量超过了北美地区的任何车辆。在北

第十二章 "回到根基"（1998—2017年）

美和南美地区一共有8家F系列装配工厂，它们都是世界上最富效率的工业设施之一。在亚利桑那沙漠中，福特拥有一个传奇性的卡车测试场，每一辆"F系列"的卡车都要在一条布满障碍物的跑道上接受考验。2003年推出的"新F-150卡车"通过了500多万公里的耐用性测试、改进和评估检测，它们被誉为"福特硬汉"，深受消费者的喜爱。

比尔·福特一直希望能够在福特百年庆典上完美地呈现福特所走过的百年历程，为此，他特别授意福特部门重新打造了新一代"T型车"。

在迪尔伯恩的福特总部里有一个倒计时钟，记录着距离2003年6月16日福特百年庆典还有多少日子。随着时间分分秒秒地过去，那个激动人心的时刻越来越近了。福特总部大楼的空气里弥漫着紧张和兴奋的氛围。

2003年6月16日，福特迎来了它的百年华诞。福特汽车公司特别在福特总部举行了为期五天的庆典活动，包括汽车展览、汽车表演、产品展览、百年前汽车生产线和最现代化汽车装备线参观、驾驶百年前著名的福特"T型汽车"、游览创办人亨利·福特故居、福特机场举办飞机展览等，与全球33万余名员工，以及业务伙伴、顾客和汽车爱好者们共同庆祝这一盛典。活动样式多种多样，声势十分浩大，吸引了16万观众。最引人注目的，还是展出的这一百年中福特汽车公司在不同时期生产的不同型号、不同款式的汽车。这场百年庆典同时也是福特汽车的展示会。在一百年里，福特汽车公司生产了无数的汽车和卡车，收获了无数的荣耀和赞誉。

在这些汽车中，最令人铭记于心的莫过于亨利·福特时期生产的享誉全国的"T型车"。"T型车"的狂潮虽然已经过去了几十年，但是仍然有很多人深深地怀念着它。令人们感到惊喜的是，来自世界各地的"T型汽车"俱乐部成员驾驶了40多辆T型汽车从加州出发，专程到迪尔伯恩参加福特百年庆典，展示了T型汽车的不朽风采。

经过多年的巅峰与低谷、衰退与崛起，福特汽车公司从一个人、一间小修理厂和一辆四轮车，发展成为一个促进全球经济繁荣的美国汽车巨头。一个世纪前，福特汽车的创始人亨利·福特把第一部汽车推到世人面前，改写了人类交通历史，并发明了生产线概念，使得大规模生产成为可能，为世界装上了轮子。而比尔·福特，承袭亨利·福特"制造人人都买得起的汽车"的理念，并利用科技专业管理，把福特汽车公司推向了新的成长阶段。

比尔·福特2002年3月14日致福特汽车公司九十五万股东的信中，对福特的未来进行了展望：

"福特是一个伟大的公司，拥有悠久的传统。明年我们将庆祝公司的百年诞辰。对我们来说，回顾过去并不意味着退回过去，而是为更好地走向未来。我们在过去的一百年中学到了很多。

我们明白了创新的突破性产品是我们成功的原因。我们知道，我们与那些和我们息息相关的人们具有特殊的关系，包括我们的雇员、经销商、供应商和顾客。

我们学会了如何在一个充满激烈竞争的行业中生存和壮大，如何克服逆境。我们矢志做一名优秀的企业公民，对我们所有的股东开诚布公。

我们将借鉴所有的经验教训，在二十一世纪创造更大的物质与精神财富。让我们期盼未来，奔向未来。

福特一直致力于创造最好的产品，同时坚持全球社会责任原则和企业公民原则。开明的企业都有一个共识：企业应兼顾环境问题和社会责任。福特计划在解决当今社会面临的难题方面发挥更大的作用。

福特的历史在某种意义上是一部美国的传奇故事。公司拥有强大的财力和人力、出色的产品与服务、卓识的远见以及悠久的企业价值观。福特以顾客为一切行动的基础，以丰厚的股东回报为衡量成功的最终标准。

将近100年前，我的曾祖父萌发了一个想法，那就是为每个人提供一辆买得起的汽车，从而使这个世界更加美好。今天，在即将迎来我们的新世纪之际，在福特汽车公司，这一信念比以往任何时候都要强烈。"

退位让贤

在比尔·福特的努力下，福特汽车公司终于走出了困境，实现了连续盈利。但2006年，一场更大的危机降临了。这一年，整个美国信贷市场陷入了崩溃之中，因为经济环境不景气，福特汽车面临产能过剩却运营低效的窘境，为了应付危机福特不得不减少产量，这导致2006年福特汽车公司销量比2005年销量锐减9.5%，亏损额高达127亿美元，创下了福特汽车公司创立一百年来的最高亏损纪录，这意味着福特每售出一辆汽车或卡车就要亏损1925美元，福特似乎已经走上了穷途末路。

站在十字路口的比尔·福特做出了一个令人震惊的决定——主动退居二线，邀请在波音公司工作了37年的艾伦·穆拉利接任福特汽车公司首席执行官。尽管艾伦·穆拉利在企业管理方面可谓经验老到，然而，在汽车行业，他算得上是一个不折不扣的门外汉。比尔·福特竟然请一个外行来管理福特汽车公司，很多人都觉得不可思议，还有人认为他疯了，当时有记者甚至对他说："你雇用了他，等于把福特公司给葬送了。"

但比尔·福特却坚持认为艾伦·穆拉利是最合适的人选。"'911事件'之后，穆拉利对波音公司的重组令其走出阴霾，而这也正是福特汽车所需要的——一个经验丰富的、可以带领福特在困境中进行变革和重组的领导者。在2006年穆拉利接受了我的邀请来到福特汽车公司的时候，我就知道他会是一个优秀的领导者。"比尔·福特后来回忆道，"福特和波音虽分属不同行业却有相同点，波音有丰田的精益生产方式。两家最大的差别是福特有零售商，波音没有。但当我见到穆拉利五分钟之后，我就知道他能和零售商保持非常好的关系。因为他性格非常好，是一个外向的人，是一位很好的销售人员。我跟他打交道很舒服。"

为了说服艾伦·穆拉利到底特律来就职，比尔·福特每周都会给他打电话，一个月后，艾伦·穆拉利终于同意了。

2006年9月，艾伦·穆拉利正式被任命为福特汽车公司的首席执行官。福特的员工们向他报以掌声、呐喊，他们希望艾伦·穆拉利能带领他们远离失业和公司破产的泥潭。不过，尽管如此，他们也知道，在底特律巨头们倒下的时刻，寄希望于一个空降兵能扭转败局实在是空想。

艾伦·穆拉利是单枪匹马来福特就职的，这个举动颇令人惊诧：一般空降的首席执行官都会带来自己的人马，然而，艾伦·穆拉利却不同，他更喜欢合作，很快，他就与福特的老兵们建立起了感情纽带。这一切来自艾伦·穆拉利的管理信条——"如果我的团队不成功，那么我也不可能成功。"

上任之后，艾伦·穆拉利在最短的时间里为福特汽车公司设计了一套具体方案，制定了完成目标的进程并构架起一套完成目标的体系。艾伦·穆拉利密切地关注这套体系，他要求工作人员每周甚至每天都向他汇报最新的进展情况。"艾伦的风格是既谦和又坚决"，福特首席财务官里维斯·布斯曾经这样评价道，艾伦·穆拉利经常挂在嘴边的话是——"如果事实是这样，我们应该如何去做"而不是"我们正在按我们固有的方式处理它"。

在进入福特汽车公司之前，艾伦·穆拉利从未设计或组装过哪怕一辆汽车。但他用实际行动向世人宣告：一位汽车产业的门外汉改造一家汽车公司的手段，绝不会是循规蹈矩地在百年钢铁领域里继续深挖，而是用一种全新的角度去改变公司业务的运作方法。

第十二章 "回到根基"（1998—2017年）

艾伦·穆拉利带来了全新的思维，几乎是快刀斩乱麻一般，从2007年到2010年，他说服了比尔·福特，将原本属于福特的路虎、沃尔沃、捷豹、阿斯顿马丁等品牌全部卖掉。比尔·福特也因此被称为"家族的叛逆者"。不过，比尔·福特却始终站在艾伦·穆拉利的一边，后来，他曾经说："公司要简化，之前的品牌太庞杂，很难去管理。确定一点，就是福特要成功，福特就是最强大的品牌。虽有遗憾，但是我们就此全身心投入福特和林肯两个品牌。"

当沃尔沃被中国吉利集团收购后，福特汽车公司终于甩掉了最后一个"花费"产能的包袱。将这些过剩资产一一剥离之后，福特汽车公司有了更多的精力和资源只做一个品牌的产品。艾伦·穆拉利恰逢其时地制定了"一个福特"战略——一项被外界誉为真正拯救了福特的商业计划。

"一个福特"战略的制定并不是拍脑门的结果，而是艾伦·穆拉利在深思熟虑后做出的决定，他发现，从前的福特不同地区"各自为政"的问题很严重，同一级别中重复的车型既有研发和生产上的浪费，又不能形成规模效益，还不利于打造产品光环效应。于是，他决定集合公司的全部资源，着重设计开发少数但能适合全球销售的车型，以便削减成本。

尽管很多人认为艾伦·穆拉利的种种行为太过激进，但比尔·福特一直是"一个福特"战略的支持者，他一直认为，"'一个福特'战略让我们能够专注于福特和林肯两个品牌，整合福特汽车在全球的资源，将我们的产品覆盖到全球任何一个市场。虽然卖掉了那些品牌令我感到有些伤感，但是回过头来看，'一个福特'战略是绝对正确的。"

比尔·福特所言不虚，得益于"一个福特"战略，福特汽车公司才能在2008年开始的那场史无前例的金融危机中幸存下来。

艾伦·穆拉利还以非常强硬的姿态与全美汽车工人联合会周旋。通过谈判，福特汽车公司的劳动成本从以前的每小时71美元降为58美元。这让福特汽车公司能够以类似丰田美国车厂的劳工成本进行运营。他还精简了车间的工作程序，并把技术工人和生产线工人组合在一起，建立新的工作团队（这种模式是日本车厂首先应用的）。

艾伦·穆拉利对福特汽车公司做出的最重要的决策是实施小型车战略。在他看来，从长远的角度来考虑，能源供不应求将会成为一种必然趋势，生产耗油量低的优质小型车是持久的制胜之道。这之后，福特投资5.5亿美元改造车厂，并很快推出了能让福特赚钱的小型车福克斯，使福特汽车公司始终保持盈利。

艾伦·穆拉利证明了自己，也证明了比尔·福特的慧眼识珠。在他的领导下，拥有百年历史的福特汽车公司开始向着新的目的地行驶。

车轮永远转动

2005年，福特汽车公司盈利20亿美元，然而，在其全球主要市场——北美业务亏损则高达16亿美元。2005年5月，福特汽车公司的债券被美国两大信用评级机构降级，成为所谓的"垃圾债券"。这次债券降级是由于福特公司长期给员工极好的终身退休金与高额度医疗保健给付造成的，相比之下日本车厂并未给员工同样好的薪资福利。与此同时，油价的上涨使原本高利润又畅销的SUV运动休闲车和卡车的销量降低，同时又要面对来自日本和韩国的竞争，这些使福特深陷窘境。福特北美地区当时的年生产能力是450万辆汽车，但是2005年只销售出320万辆左右的汽车，这意味着福特北美地区的装配车间生产力仅仅发挥了79%。

第十二章 "回到根基"（1998—2017年）

2005下半年，为了扭转公司在北美地区的严重亏损，比尔·福特要求福特美洲区总裁马克·菲尔兹制订一套能使公司提高盈利能力的公司重组计划。马克·菲尔兹在2005年12月7日在公司董事会上推出了该计划，并将其命名"前进之路"。这个计划包括调整公司规模以适应市场现实，在北美地区大规模裁员以及在2012年前关闭14家工厂（其中包括7家汽车装配厂），停产一些不赚钱的车型，降低材料成本，专注研发交叉车型、混合动力车、小型车，以及巩固原有的"福特–林肯–水星"三大生产线。

2006年1月23日，福特汽车公司正式向人们公布"前进之路"计划，并宣布将于2006年关闭有近一千五百万员工的圣路易斯装配厂，2006年10月关闭有两千多万员工的亚特兰大装配厂，2007年关闭弗吉尼亚州诺福克装配厂，2007年6月关闭位于密歇根州的威克瑟姆装配厂，2008年关闭位于俄亥俄州的主要生产变速箱的巴达维亚机件厂，2008年关闭加拿大安大略省的温莎铸造厂，2011年关闭明尼苏达州的双子城装配厂。

关闭工厂是"前进之路"计划之一，相伴而生的是大裁员。计划中指出，在北美地区的高达三万名员工（福特28%的职工人数），无论是装配工人还是管理层白领（尤其是中层管理），在六年内将都将被公司裁减。针对这次裁员，福特为每个工人提供高达十万美元的遣散费，公司还会为重返学校的工人支付1.5万美元的学费。55岁以上的工人，假如已经为公司工作了30年，他们可以得到3.5万美元的奖金，提早退休。如果只是工作了28年，未满30的那两年可以休假，并得到两年工资的85%。

"前进之路"计划的第三个重点是以撤资、出售一些企业的方式来筹集现金。2005年12月22日，福特将赫兹汽车租赁公司以56亿美元的价格出售给一家私人股份集团。作为美国也是世界汽车租赁业的头号霸主，赫兹汽车租赁公司在全球超过150个国家拥有7400多个营业网点，近年来连续实现盈利，2004年公司净利润翻了一倍多，达到3.655亿美元，销售额为67亿美元。但汽车租赁公司游离于福特汽车核心业务之外，所以赫兹没有逃过被剥离的命运。2007年3月，福特以8.48亿美元的价格出售阿斯顿·马丁公司给由竞技车队总裁理戴维·理查德领导的投资者组织，但福特将继续保留在该公司7700万美元的投资。

或许正是因为福特的持续不断的"瘦身运动"，才能在2008年由次贷危机引发的金融危机中逃过一劫。进入2008年下半年以来，汽车市场需求急剧萎缩，汽车销量锐减。在金融危机的冲击下，美国汽车巨头克莱斯勒公司因其高昂的成本和沉重的负债，不得不向政府伸出求助之手，进入破产保护通道，联合意大利汽车厂商菲亚特，成立新的公司继续维持其步履维艰的运营。通用紧步其后尘，在通用申请破产保护后，联邦政府掌握了其72%的股份，成为其名副其实的控股股东。克莱斯勒和通用相继落马后，美国汽车三巨头只剩福特还在独立支撑。

跨越金融危机后，福特汽车公司的改革还在继续。2008年3月，福特宣布签署向印度塔塔汽车公司（Tata Motors）出售捷豹和路虎的最终协议。捷豹和路虎这两家英国公司的售价高达23亿美元。2008年11月18日，福特宣布出售马自达公司20%的股权，持股份额由原来的33.4%下降到13.4%，并交出公司的控制权。2010年6月2日，福特汽车公司宣布出售旗下高端汽车沃尔沃给中国吉利汽车，同时于2010年第四季停止旗下中阶房车品牌水星的所有业务，并将其资源全数转移至高级车品牌林肯。

经过改革和阵痛，福特汽车公司2016年创造了1518亿美元的营业收入，其利润则达到了45.96亿美元。2017年福特的净收入达到78亿美元，相比2016年涨幅达到70%，而税前利润更是达到84亿美元。根据美国《财富》杂志正式公布的"2017世界500强"排名，福特汽车排名世界500强第21位。

"可以说，我从来没有见到过今天所见到的这么大规模的变革。我们可以看过去100多年时间里，汽车行业有过'渐变'，但从来没有过'剧变'。

第十二章 "回到根基"（1998—2017年）

今天，用一个大家常用的词：一切都在被颠覆。"正如比尔·福特所言，一切都在被颠覆，但永远不会颠覆的，是福特家族传承百年的精神力量。

在全球商业史上，很少有企业能像福特汽车公司一样，只凭借着一个家族的控制与管理，就让如此庞大的公司维持上百年。福特汽车公司经历了一百多年的风风雨雨、起起落落，福特也一直在努力成长，这离不开福特家族专注而持久的家族传承理念。家族成员对汽车行业充满热情，帮助企业走过百年来到今天。

车轮永远在转动，福特汽车的辉煌还在延续。与其遥相辉映的，是福特家族还在影响美国乃至整个世界，自亨利·福特开始，这个家族的财富思想和商业哲学一直在启迪无数创业者和管理者。他们爱这个世界，并渴望尽力改变世界，留下福祉。

参 考 文 献

[1]（美）亨利·福特.陈永年.福特自传：不忘初心，进无止境［M］.北京：华文出版社，2018.

[2]（美）亨利·福特，汝敏.亨利·福特商道：勇往直前［M］.北京：中国城市出版社，2006.

[3]（美）亨利·福特，梓浪，莫丽芸.我的生活与工作——亨利·福特自传［M］.北京：北京邮电大学出版社有限公司，2005.

[4]（美）科利尔.石向实等.美国豪门家族传记译丛——福特家族传［M］.北京：中国时代经济出版社，2004.

[5]（美）亨利·福特，张舟.超级产品的本质：汽车大王亨利·福特自传［M］.南京：江苏凤凰文艺出版社，2012.

[6] 季阳明.福特家族传奇［M］.杭州：浙江人民出版社，2012.6.

[7]（美）亨利·福特，王海颖.把一个产品做到极致：福特自传［M］.南京：江苏凤凰文艺出版社，2016.9.

[8] 黄晓丽.给世界装上轮子的福特［M］.长春：吉林出版集团有限责任公司，2014.

[9] 王志艳.告诉你一个亨利·福特的故事［M］.天津：天津人民出版社，2013.

[10] 张艳玲.汽车大亨：福特成长日记［M］.合肥：安徽人民出版社，2013.

[11]（美）亨利·福特，李伟.为人生加速：福特自传［M］.合肥：安徽人民出版社，2012.